Jost W. Kramer

Gesellschaft, Politik und Wirtschaft
in der Verantwortung

Lesewerkstatt Rezensionen, Band 1

Kramer, Jost. W.

Gesellschaft, Politik und Wirtschaft in der Verantwortung

Hrsg.: Prof. Dr. Jost W. Kramer und PD Dr. Robert Schediwy

2. Auflage 2008   ISBN: 978-3-86741-077-9

© CT Salzwasser-Verlag GmbH & Co. KG, Bremen, 2008
(www.salzwasserverlag.de)

Die Deutsche Bibliothek verzeichnet diesen Titel in der Deutschen Nationalbibliografie. Bibliografische Daten sind unter http://dnb.ddb.de verfügbar.

Jost W. Kramer

Gesellschaft, Politik und Wirtschaft
in der Verantwortung

Ich widme dieses Buch den drei Personen, die mich am nachhaltigsten zum
Lesen angeregt haben,
nämlich meiner Mutter Helga Kramer
und meinen Großeltern Frieda und Richard Engling,
sowie jenen drei Personen, die mich immer noch lesen lassen:
Meiner Frau Michaela Kramer
und meinen Töchtern Swantje und Mareike.

Inhalt

Zur Einführung   10

Warum Rezensionen – und wie?   10

REICH-RANICKI, Marcel: Über Literaturkritik   12

Ökonomie für Verschwörungstheoretiker - Leserbrief an die tageszeitung zum Artikel von Ricarda Mietzko „Die Lüge der Eliten über Arbeit für alle", taz, 23.09.1997, S. 13.   12

Rezensionen   14

ADAM, Konrad: Die Republik dankt ab. Die Deutschen vor der europäischen Versuchung   14

ANGRES, Volker/HUTTER, Claus-Peter/RIBBE, Lutz: Bananen für Brüssel. Von Lobbyisten, Geldvernichtern und Subventionsbetrügern   15

Arbeitskreis Nonprofit-Organisationen: Nonprofit-Organisationen im Wandel. Ende der Besonderheiten oder Besonderheiten ohne Ende?   15

ASPRIN, Robert: Die Chaos-Kompanie/Das Chaos-Casino   17

Atmaça, Delal/Stoffregen, Heinz: Produktivgenossenschaften. 11 Beiträge zu Einzelfragen   18

ATTAC (Hrsg.): Die geheimen Spielregeln des Welthandels. WTO – GATS – TRIPS – M. A. I.   19

ATTAC Schweiz (Hrsg.): Nestlé. Anatomie eines Weltkonzerns   20

AVENARIUS, Thomas: Mehr Gottesfurcht als Allah brauchen kann. Afghanische Eindrücke   21

BACKHAUS, Klaus/BONUS, Holger (Hrsg.): Die Beschleunigungsfalle oder der Triumph der Schildkröte   22

BADELT, Christoph (Hrsg.): Handbuch der Nonprofit Organisation. Strukturen und Management   24

BAISCH, Friedemann: Implementierung von Früherkennungssystemen in Unternehmen   26

BANDULET, Bruno: Tatort Brüssel. Das Geld, die Macht, die Bürokraten   28

BECK, Ulrich: Was ist Globalisierung? Irrtümer des Globalismus – Antworten auf Globalisierung   29

BEN JELLOUN, Tahar: Papa, was ist ein Fremder? Gespräch mit meiner Tochter   30

BERMAN, Paul: Idealisten an der Macht. Die Passion des Joschka Fischer   30

BIALEK, Axel: Perspektiven der Genossenschaft als Organisationsform   31

BIRNBAUM, Norman: Nach dem Fortschritt. Vorletzte Anmerkungen zum Sozialismus — 34

BITALA, Michael: Hundert Jahre Finsternis. Afrikanische Schlaglichter — 34

BLISSE, Holger: Eigenkapitalbildung und Mitgliederbindung bei Kreditgenossenschaften — 35

BLOMERT, Reinhard: Die Habgierigen. Firmenpiraten, Börsenmanipulation: Kapitalismus außer Kontrolle — 36

BOMMARIUS, Christian: Wir kriminellen Deutschen — 37

BORGE, Dan: Wenn sich der Löwe mit dem Lamm zum Schlafen legt. Was Entscheider über Risikomanagement wissen müssen — 38

Born, Karl: Bilanzanalyse international. Deutsche und ausländische Jahresabschlüsse lesen und beurteilen — 40

BORN, Karl: Rechnungslegung nach IAS, US-GAAP und HGB im Vergleich — 42

BRAZDA, Johann (Hrsg.): 150 Jahre Volksbanken in Österreich — 43

BREISIG, Thomas (Hrsg.): Mitbestimmung – Gesellschaftlicher Auftrag und ökonomische Ressource. Festschrift für Hartmut Wächter — 44

BRISARD, Jean-Charles/DASQUIÉ, Guillaume: Die verbotene Wahrheit. Die Verstrickungen der USA mit Osama bin Laden — 46

BROCKMEIER, Thomas: Wettbewerb und Unternehmertum in der Systemtransformation. Das Problem des institutionellen Interregnums im Prozeß des Wandels von Wirtschaftssystemen — 46

BRÜHL, Tanja/FELDT, Heidi/HAMM, Brigitte u. a. (Hrsg.): Unternehmen in der Weltpolitik. Politiknetzwerke, Unternehmensregeln und die Zukunft des Multilateralismus — 49

BURGHOF, Hans-Peter: Eigenkapitalnormen in der Theorie der Finanzintermediation — 50

BUSCH, Berthold/LIST, Juliane/SCHRÖDER, Christoph/SEFFEN, Achim/WEISS, Reinhold/WERNER, Dirk: Verdienst, Vermögen und Verteilung. Reichtumsbericht Deutschland — 52

CHOMSKY, Noam: Profit Over People. Neoliberalismus und globale Weltordnung — 53

CHOMSKY, Noam: War against People. Menschenrechte und Schurkenstaaten. — 53

Chomsky, Noam: Media Control. Wie die Medien uns manipulieren — 54

CHOMSKY, Noam: Hybris. Die endgültige Sicherung der globalen Vormachtstellung der USA — 55

CHOMSKY, Noam: Power and Terror. US-Waffen, Menschenrechte und internationaler Terrorismus — 56

CONNIFF, Richard: Magnaten und Primaten. Über das Imponiergehabe der Reichen — 57

CRESCENZO, Luciano de: Und sie bewegt sich doch. Die Anfänge des modernen Denkens	58
DECKSTEIN, Dagmar/FELIXBERGER, Peter: Arbeit neu denken. Wie wir die Chancen der New Economy nutzen können	59
DERBER, Charles: One World. Von globaler Gewalt zur sozialen Globalisierung	59
DOBERKAT, Ernst-Erich/ENGELS, Gregor/GRAUER, Manfred/GROB, Heinz Lothar/KELTER, Udo/LEIDHOLD, Wolfgang/NIENHAUS, Volker (Hrsg.): Multimedia in der wirtschaftswissenschaftlichen Lehre. Erfahrungsbericht	61
EMMOTT, Bill: Vision 20/21. Die Weltordnung des 21. Jahrhunderts	62
ENDLICH, Lisa: Goldman Sachs. Erfolg als Unternehmenskultur	63
ENGELHARDT, Werner Wilhelm: Sozial- und Gesellschaftspolitik – grundlagenbezogen diskutiert	63
FINK, Ulf: Arbeit für alle. Neue Initiativen zur Beschäftigungsförderung	64
FISCHER, Joschka: Für einen neuen Gesellschaftsvertrag. Eine politische Antwort auf die globale Revolution	65
FRANK, Thomas: Das falsche Versprechen der New Economy. Wider die neoliberale Schönfärberei	66
FRANKFURT, Harry G.: Bullshit	67
FÜRSTENBERG, Friedrich : Arbeitsbeziehungen im gesellschaftlichen Wandel	67
GAERTNER, Wulf (Hrsg.): Wirtschaftsethische Perspektiven IV. Methodische Grundsatzfragen, Unternehmensethik, Kooperations- und Verteilungsprobleme	69
GAMMELIN, Cerstin/HAMANN, Götz: Die Strippenzieher. Manager, Minister, Medien – wie Deutschland regiert wird	73
GASCHE, Urs P./GUGGENBÜHL, Hanspeter/VONTOBEL, Werner: Das Geschwätz von der freien Marktwirtschaft. Wie Unternehmen den Wettbewerb verfälschen, die Natur ausbeuten und die Steuerzahler zur Kasse bitten	74
GAUS, Bettina: Die scheinheilige Republik. Das Ende der demokratischen Streitkultur	74
GAUS, Günter: Widersprüche. Erinnerungen eines linken Konservativen	75
GEISSLER, Heiner: Intoleranz. Vom Unglück unserer Zeit	76
GIDDENS, Anthony: Der dritte Weg. Die Erneuerung der sozialen Demokratie	77
GIRARD, Joe/SHOOK, Robert L.: Abschlusssicher verhandeln mit Joe Girard. Die goldenen Regeln des besten Verkäufers der Welt	77
GOEUDEVERT, Daniel: Der Horizont hat Flügel. Die Zukunft der Bildung	78
Goeudevert, Daniel: Wie Gott in Deutschland. Eine Liebeserklärung	79

HAENSCH, Dietrich: Produktivgenossenschaften in Italiens Landwirtschaft. Ursprung, Anspruch und Behauptung im Wandel — 79

HAKELMACHER, Sebastian: Corporate Governance oder Die korpulente Gouvernante — 81

HAKELMACHER, Sebastian: Das Alternative WP-Handbuch — 81

HAMANN, Andreas/GIESE, Gudrun: Billig auf Kosten der Beschäftigten: SCHWARZ-BUCH LIDL — 82

HAMM, Walter: Das Ende der Bequemlichkeit. Ein Leitfaden zur Modernisierung von Wirtschaft und Gesellschaft — 83

HAWKEN, Paul/LOVINS, Amory & Hunter : Öko-Kapitalismus. Die industrielle Revolution
des 21. Jahrhunderts. Wohlstand im Einklang mit der Natur — 85

HEINEMANN, Gustav W.: Einspruch. Ermutigung für entschiedene Demokraten — 87

HENDRICH, Fritz: Horse Sense. Oder wie Alexander der Große erst ein Pferd und dann ein Weltreich eroberte. Drei Schritte zum Charisma der Führung — 88

HENKEL, Hans-Olaf: Jetzt oder nie. Ein Bündnis für Nachhaltigkeit in der Politik — 89

HERTZ, Noreena: Wir lassen uns nicht kaufen! Keine Kapitulation vor der Macht der Wirtschaft — 89

HITCHENS, Christopher: Die Akte Kissinger — 90

HOCHE, Karl: In diesem unserem Lande. Eine Geschichte der Bundesrepublik in ihren Bildern — 91

HOERNER, Rolf/VITINIUS, Katharina : Heiße Luft in neuen Schläuchen. Ein kritischer Führer durch die Managementtheorien — 91

IHLAU, Olaf: Weltmacht Indien. Die neue Herausforderung des Westens — 92

JÄGER, Wilhelm (Hrsg.): Freiheit und Bindung als Grundlagen der marktwirtschaftlichen und demokratischen Ordnung. 50 Jahre Institut für Genossenschaftswesen der Westfälischen Wilhelms-Universität Münster — 93

JAY, Peter: Das Streben nach Wohlstand. Die Wirtschaftsgeschichte des Menschen — 94

JOHANNING, Lutz/RUDOLPH, Bernd (Hrsg.): Handbuch Risikomanagement. Band 1: Risikomanagement für Markt-, Kredit- und operative Risiken. Band 2: Risikomanagement in Banken, Asset Management Gesellschaften, Versicherungs- und Industrieunternehmen — 95

KIRCHHOF, Paul: Der sanfte Verlust der Freiheit. Für ein neues Steuerrecht – klar, verständlich, gerecht — 97

KLEIN, Dieter/KUPF, Martin/SCHEDIWY, Robert: Stadtbildverluste Wien. Ein Rückblick auf fünf Jahrzehnte — 98

KLUGE, Ulrich: Ökowende. Agrarpolitik zwischen Reform und Rinderwahnsinn — 99

KRÄMER, Walter/MACKENTHUN, Gerald: Die Panik-Macher — 100

KREUZ, Werner et al.: Mit Benchmarking zur Weltspitze aufsteigen. Strategien neu gestalten – Geschäftsprozesse optimieren – Unternehmenswandel forcieren — 101

KRUGMAN, Paul: Der Mythos vom globalen Wirtschaftskrieg. Eine Abrechnung mit den Pop-Ökonomen — 104

KRUGMAN, Paul: Die große Rezession. Was zu tun ist, damit die Weltwirtschaft nicht kippt — 105

KUHN, Joseph/GÖBEL, Eberhard (Hrsg.): Gesundheit als Preis der Arbeit? Gesundheitliche und wirtschaftliche Interessen im Wandel — 105

KUNATH, Ulrich: Der kundige Patient. Wie bekomme ich die optimale Behandlung? — 106

KUSS, Heike: Qualitätscontrolling in der kreditwirtschaftlichen Weiterbildung. Konzeptionelle Überlegungen und empirische Untersuchung am Beispiel der Bildungseinrichtung einer Kreditinstitutsgruppe — 107

LAFONTAINE, Oskar: Das Herz schlägt links — 110

LAFONTAINE, Oskar: Politik für alle. Streitschrift für eine gerechte Gesellschaft — 110

LANGE, Knut Werner/WALL, Friederike (Hrsg.): Risikomanagement nach dem KonTraG. Aufgaben und Chancen aus betriebswirtschaftlicher und juristischer Sicht — 111

LEVITT, Steven D./DUBNER, Stephen J.: Freakonomics. Überraschende Antworten auf alltägliche Lebensfragen — 114

Lindenthal, Sabine: Die Kontrollfunktion des mitbestimmten Aufsichtsrats. Ein vertragstheoretischer Beitrag zur Corporate Governance-Debatte — 115

Linhart, Sepp: „Niedliche Japaner" oder Gelbe Gefahr? Westliche Kriegspostkarten/"Dainty Japanese" or Yellow Peril? Western War Postcards 1900 – 1945 — 117

LUTTWAK, Edward: Turbo-Kapitalismus. Gewinner und Verlierer der Globalisierung — 117

LÜTZ, Manfred: Der blockierte Riese. Psycho-Analyse der katholischen Kirche — 118

MAIER, Corinne: Die Entdeckung der Faulheit. Von der Kunst, bei der Arbeit möglichst wenig zu tun — 119

MAILER, Norman: Heiliger Krieg: Amerikas Kreuzzug — 120

MARSHALL, Matt: Die Bank. Die Europäische Zentralbank und der Aufstieg Europas zur führenden Wirtschaftsmacht — 121

MITCHELL, Lawrence E.: Der parasitäre Konzern. Shareholder Value und der Abschied von gesellschaftlicher Verantwortung — 121

MOORE, Michael: Querschüsse. „Downsize This!" 122

MÜNKNER, Hans-H. u. a.:Unternehmen mit sozialer Zielsetzung. Rahmenbedingungen in Deutschland und anderen europäischen Ländern 123

MÜNKNER, Hans-H.: Organisierte Selbsthilfe gegen soziale Ausgrenzung. „Multi-stakeholder Genossenschaften" in der internationalen Praxis 124

Murtaugh, Niall: Blauäugig in Tokio. Meine verrückten Jahre bei Mitsubishi 125

NEUMANN, Reiner/ROSS, Alexander: Der perfekte Auftritt. Erste Hilfe für Manager in der Öffentlichkeit 126

NIX, Christoph: Deutsche Kurzschlüsse. Einlassungen zu Justiz, Macht und Herrschaft 127

PAULI, Gunter: UpCycling. Wirtschaften nach dem Vorbild der Natur für mehr Arbeitsplätze und eine saubere Umwelt 127

PFEFFER, Jeffrey/SUTTON, Robert I.: Wie aus Wissen Taten werden. So schließen die besten Unternehmen die Umsetzungslücke 129

PIPER, Nikolaus: Felix und das liebe Geld. Roman vom Reichwerden und anderen wichtigen Dingen 131

POSTMAN, Neil: Die zweite Aufklärung. Vom 18. ins 21. Jahrhundert 132

PRANTL, Heribert: Kein schöner Land. Die Zerstörung der sozialen Gerechtigkeit 133

RAMGE, Thomas: Die großen Polit-Skandale. Eine andere Geschichte der Bundesrepublik 134

RICHTER, Jörg: Grundsätze ordnungsmäßiger Finanzberatung. Normensystem zur Gestaltung und Prüfung von Finanzberatungen 134

RISSE, Stefan: Manager außer Kontrolle. Wie Gier und Größenwahn unsere Wirtschaft ruinieren 136

ROSE, Mathew D.: Eine ehrenwerte Gesellschaft. Die Bankgesellschaft Berlin 137

RUNKEL, Gunter: Genossenschaft, Repräsentation und Partizipation 138

SACHS, Jeffrey D.: Das Ende der Armut: Ein ökonomisches Programm für eine gerechtere Welt 140

SCHEDIWY, Robert: Hundertwassers Häuser. Dokumente einer Kontroverse über zeitgemäße Architektur 141

SCHEDIWY, Robert Kritisches Glossar 142

SCHEDIWY, Robert: Städtebilder. Reflexionen zum Wandel in Architektur und Urbanistik 142

SCHEUCH, Erwin K. & Ute: Deutsche Pleiten. Manager im Größen-Wahn oder Der irrationale Faktor 143

SCHILDBACH, Thomas: US-GAAP. Amerikanische Rechnungslegung und ihre Grundlagen 144

SCHIRRMACHER, Frank: Minimum. Vom Vergehen und Neuentstehen unserer Gemeinschaft	146
SCHMIDT, Helmut: Globalisierung. Politische, ökonomische und kulturelle Herausforderungen	147
SCHMIDT, Helmut: Auf der Suche nach einer öffentlichen Moral. Deutschland vor dem neuen Jahrhundert	148
SCHÖB, Ronnie: Steuerreform und Gewinnbeteiligung. Neue Wege aus der Beschäftigungskrise	149
SCHÜLER, Thorsten: Rating und Kreditvergabe an mittelständische Unternehmen	152
SCHUR, Raimund: Kreditgenossenschaftliches Frühwarnsystem: Vermeidung, Identifikation und Bewältigung von Krisengefahren bei Kreditgenossenschaften durch Genossenschaftsverbände	153
SCHWARZ, Friedhelm: Wirtschaftsimperium Kirche. Der mächtigste Konzern Deutschlands	155
SEN, Amartya: Ökonomie für den Menschen. Wege zu Gerechtigkeit und Solidarität in der Marktwirtschaft	155
SIEBERT, Horst: Der Kobra-Effekt. Wie man Irrwege der Wirtschaftspolitik vermeiden kann	156
SMITH, David: Wirtschaftswissen leicht serviert. Die perfekte Einführung in die Welt der Wirtschaft	157
SOLSCHENIZYN, Alexander: Rußland im Absturz	158
SPINNEN, Burkhard: Der schwarze Grat. Die Geschichte des Unternehmers Walter Lindenmaier aus Laupheim	159
STEDING, Rolf: Das Recht der eingetragenen Genossenschaft. Ein Überblick	159
STIGLITZ, Joseph E.: Die Schatten der Globalisierung	160
STIGLITZ, Joseph E.: Die Roaring Nineties. Der entzauberte Boom	161
STRATHERN, Paul: Schumpeters Reithosen. Die genialsten Wirtschaftstheorien und ihre verrückten Erfinder	162
STRAUB, Eberhard: Albert Ballin. Der Reeder des Kaisers	163
STROMMER, Franz & Roswitha: Im Vertrauen auf die Macht der Hausfrau. Die Rolle der Frauen in den österreichischen Arbeiterkonsumvereinen 1856 bis 1977	163
SUTER, Martin: Business Class. Geschichten aus der Welt des Managements	165
SUTER, Martin: Business Class. Neue Geschichten aus der Welt des Managements	166
THEURL, Theresia (Hrsg.): Internet – Chance für Genossenschaften. Beiträge des Oberseminars zum Genossenschaftswesen im Sommersemester 2000	166
TÜRCKE, Christoph: Rückblick aufs Kommende. Altlasten der neuen Weltordnung	167

VESTER, Frederic: Die Kunst vernetzt zu denken. Ideen und Werkzeuge für einen neuen Umgang mit Komplexität	168
WALLIMANN, Isidor/DOBKOWSKI, Michael N. (Hrsg.): Das Zeitalter der Knappheit. Ressourcen, Konflikte, Lebenschancen	168
Weiss, Hans/Schmiederer, Ernst: Asoziale Marktwirtschaft. Insider aus Politik und Wirtschaft enthüllen, wie die Konzerne den Staat ausplündern	169
WELCH, Jack: Was zählt. Die Autobiografie des besten Managers der Welt	170
WIRTH, Roland: Marktwirtschaft ohne Kapitalismus. Eine Neubewertung der Freiwirtschaftslehre aus wirtschaftsethischer Sicht	171
WULF, Inge: Stille Reserven im Jahresabschluss nach US-GAAP und IAS. Möglichkeiten ihrer Berücksichtigung im Rahmen der Unternehmensanalyse	171
YERGIN, Daniel/STANISLAW, Joseph: Staat oder Markt. Die Schlüsselfrage unseres Jahrhunderts	174
YUNUS, Muhammad/JOLIS, Alan: GRAMEEN. Eine Bank für die Armen der Welt	175
Angaben zur Erstveröffentlichung	**178**

Zur Einführung

Warum Rezensionen – und wie?

Die Frage, warum man – und das auch noch als Wissenschaftler – Rezensionen schreibt und vielleicht sogar grundsätzlich schreiben sollte, ist so verblüffend wie naheliegend. Zwar kann man als Wissenschaftler mit Rezensionen, auch wenn man noch so viel Arbeit hineinsteckt, weder Ruhm und Ehre noch Geld verdienen. Denn einerseits zählen Rezensionen nicht zu den wissenschaftlichen Veröffentlichungen im engeren Sinne, andererseits zahlen die meisten Zeitschriften kein Autorenhonorar für Buchbesprechungen. Warum tut man so etwas dann trotzdem?

Die Antworten darauf dürften von Rezensent zu Rezensent verschieden ausfallen – und mir sind durchaus auch schon einige Kollegen begegnet, die es rundheraus ablehnen, Rezensionen zu verfassen – aus den oben genannten Gründen und weil sie keine Zeit für so etwas haben.

Gleichwohl zeigt aber meine eigene Erfahrung, dass das Schreiben von Rezensionen einige unschätzbare Vorteile hat. Der unwichtigste ist dabei übrigens, dass man die teilweise durchaus teuren Bücher kostenlos erhält und nach dem Schreiben der Buchbesprechung auch behalten darf. Diesem „geldwerten" Vorteil steht aber auch ein mehrstündiger Lese- und Schreib-Zeitaufwand gegenüber, der die Geld-Zeit-Relation in die Nähe der berühmten Ein-Euro-Jobs rückt.

Ungleich wichtiger als der kostenlose Erhalt von Büchern ist die durch diese eröffnete Chance. Denn jedes Jahr gelangt eine Vielzahl neuer Publikationen im eigenen Fachgebiet auf den Markt, die man unmöglich komplett verfolgen geschweige denn lesen kann. Darüber hinaus erscheinen in den angrenzenden Fachgebieten weitere Bücher, die hilfreich sein könnten – wenn man sie denn kennen würde!

Die Einladung zu einer Rezension eröffnet einem gerade die Möglichkeit, Bücher aus angrenzenden Bereichen oder anderen Interessengebieten kennen zu lernen. Gleichzeitig setzt die Zusage, ein Buch zu besprechen, den Rezensenten auch unter Druck, denn er verpflichtet sich ja, das Buch zu lesen. Daher teilen Rezensionsexemplare eben nicht das Schicksal all jener anderen Bücher, die man sich kauft, weil man sie interessant findet, dann aber gerade nicht die Zeit hat, diese spezielle Buch zu lesen und – bis auf weiteres – ins Regal zu den anderen interessanten Büchern stellt.

Die Einladung zur Rezension hilft gerade an dieser Stelle weiter, denn ihre Annahme enthält ja das Versprechen, das Buch nicht nur zu lesen, sondern sich auch kritisch mit ihm auseinander zu setzen. Dies verlangt vom Leser eine intensive Beschäftigung mit dem Inhalt des Buches und dessen Einordnung in den eigenen Wissens-, Meinungs- und vielleicht auch Überzeugungskanon. Erst dann kann eine kritische Würdigung erfolgen – unabhängig davon, ob man bei einem (populär)wissenschaftlichem Buch die Aussagen diskutiert, bei einer Biographie die Lebenslinien nachverfolgt oder sich bei einem Roman mit dem Plot, seiner Gestaltung und seiner Aussage auseinandersetzt.

So wird zugleich aber auch der eigene Kanon in vielen Fällen erweitert und ausgebaut – wertvoll gerade dann, wenn man in einem Bereich arbeitet, wo sich verschiedene Wissen(schaft)sdisziplinen überschneiden. Die eigene Fach- und Allgemeinbildung gewinnt durch das Rezensieren somit ungemein – ein großer Vorteil für den Rezensenten – und was hat der Leser davon?

Nun wird's persönlich, denn die Frage, unter welchem Blickwinkel man Bücher bespricht, hängt sehr stark vom jeweiligen Rezensenten ab. Da gibt es auf der einen Seite jene Kritiker, die auf der Suche nach der „großen Literatur" sind. Marcel Reich-Ranicki und Helmuth Karasek dürften wohl die beiden bekanntesten Rezensenten dieses Typus sein.[1] Auf der anderen Seite stehen – gerade bei der Vorstellung von Sachbüchern – jene Kritiker, die loben, was ihnen politisch gefällt, und ablehnen, was ihren (Vor-)Urteilen widerspricht. Beispiele hierfür finden sich in den Besprechungen aller großen Tageszeitungen.[2] Abgerundet wird das Spektrum durch jene, die reine Inhaltsangaben darbieten, ohne auch nur den Ansatz einer kritischen Einordnung zu unternehmen. Und dann gibt es auch noch die Spezies jener Kritiker, die ein Buch besprechen sollen – und sich statt dessen auf die Person des Verfassers konzentrieren.[3]

Der von mir verfolgte Ansatz steht irgendwo dazwischen und ist geprägt durch meine betriebswirtschaftliche Ausbildung. Ich suche nicht nach der großen Literatur, und Inhaltsangaben stehen meist in ausreichender Länge auf dem Umschlag. Meine Buchbesprechungen orientieren sich an dem – mehr oder weniger bekannten – Interesse des Lesers. Dabei gehe ich davon aus, dass in nahezu allen Büchern etwas Interessantes steht, und meine Aufgabe als Rezensent sehe ich zunächst einmal darin, dieses Interessante aufzufinden und meinen Lesern mitzuteilen. Kritische Anmerkungen zum Inhalt dienen vor diesem Hintergrund weder dem Verriss des Buches noch der eigenen Glorifizierung, sondern sollen den Lesern dazu dienen, Schwächen eines Buches gezielt durch weitere Informationen ausgleichen zu können.

Zugegebenermaßen ist diese Vorgehensweise bei Rezensionen wohl eher für Sach- und Fachbücher geeignet, auf denen auch das Schwergewicht meiner Rezensententätigkeit liegt. Vor vielen Jahren stolperte ich aber über die Aussage, dass jedes Lesen der Unterhaltung diene – was auch für Fachliteratur gelte. Vor dem Hintergrund dieses Unterhaltungsaspektes stelle ich daher bei der Besprechung von Belletristik stark darauf ab, wie ich mich von ihnen unterhalten fühle. Gute Bücher, so meine Überzeugung, dürfen nicht langweilen – wenn sie langweilen, sind es eben keine guten Bücher. Auch bei der Besprechung von Belletristik ist es also nicht die Suche nach dem großen Roman, sondern die Frage, ob es eine spannende Geschichte ist, die erzählt wird, und ob diese Geschichte auch spannend erzählt wird.

Auf diese Weise, so meine Hoffnung, habe dann nicht nur ich als Rezensent einen Gewinn von der Lektüre des Buches, sondern auch die Leser von meiner Besprechung.

---

[1] Vgl. hierzu auch die nachfolgende Besprechung des Buches „Über Literaturkritik" von Marcel Reich-Ranicki.
[2] Vgl. hierzu den nachfolgenden Beitrag „Ökonomie für Verschwörungstheoretiker" – Leserbrief an die tageszeitung zum Artikel von Ricarda Mietzko „Die Lüge der Eliten über Arbeit für alle".
[3] Ein besonders gelungenes Beispiel für diese Form der Rezension ist der Artikel „Familie unter dem Seziermesser" von Jan Brandt über das Buch „Die Haushälterin" von Jens Petersen in der tageszeitung vom 16.04.2005.

REICH-RANICKI, Marcel: Über Literaturkritik

Stuttgart/München: Deutsche Verlags-Anstalt 2002. 80 S., geb.

Das vorliegende Bändchen des Groß- und Altmeisters der Literaturkritik ist eigentlich keine Neuveröffentlichung, sondern eine Wiederveröffentlichung des einleitenden Essays zu seiner Rezensionssammlung „Lauter Verrisse" aus dem Jahr 1970. Angesichts der Prominenz des Verfassers – und vermutlich auch aufgrund der Debatte über den Walser-Roman „Tod eines Kritikers" hat man sich zu dieser Neuausgabe entschieden.

Der Text ist – wie man es von Reich-Ranicki gewohnt ist – durchaus gut lesbar und gespickt mit Verweisen, Vergleichen und Belegen. Inhaltlich ist es weniger eine Auseinandersetzung mit der Literaturkritik, wie man es aufgrund des Titels hätte vermuten können, sondern eine wohl formulierte und engagierte Verteidigungsschrift im Namen der Literaturkritik. Quer durch die Jahrhunderte reist man mit Reich-Ranicki, immer an der Seite der jeweils wichtigsten deutschen Literaturkritiker, immer angegriffen und teilweise verfemt von den Schriftstellern, wobei Reich-Ranicki durchaus zu Recht Parallelen zwischen der Literaturkritik und der Kritik in einer Demokratie zieht.

Besonders interessant wird das Buch in jenen Passagen, wo sich Reich-Ranicki den Zielen der Literaturkritik zuwendet. So stellt er beispielsweise fest, dass der Literaturkritiker jedes Buch als ein Symptom werte. „Daher verbirgt sich in jeder einzelnen Kritik ... ein Bekenntnis, dem sich mehr oder weniger genau entnehmen lässt, welche Art Literatur der Kritiker anstrebt und welche er verhindern möchte." (S. 76). Derartige Feststellungen führen nahezu zwangsläufig zu der Frage, ob es eigentlich Aufgabe eines Literaturkritikers ist, eine bestimmte Art Literatur zu verhindern oder eine andere anzustreben – oder genauer gesagt anstreben zu lassen. Führt dies doch zu einer Sichtweise, in der der Kritiker derjenige ist, der den Autoren vorgibt, welche Literatur sie zu schreiben hätten. Aus der Sicht eines Amateurkritikers wäre es darüber hinaus höchst spannend gewesen, die Kriterien eines Großmeisters kennen zu lernen, aber diese bleiben leider im Verborgenen.

Insgesamt liegt mit dem Buch ein durchaus lesenswerter Essay zur Literaturkritik vor, der über die Jahre nichts von seiner Faszination eingebüßt hat – auch wenn man selbst möglicherweise einer anderen Sichtweise der Literaturkritik anhängt.

Ökonomie für Verschwörungstheoretiker - Leserbrief an die tageszeitung zum Artikel von Ricarda Mietzko „Die Lüge der Eliten über Arbeit für alle", taz, 23.09.1997, S. 13.

Voller Faszination habe ich Ricarda Mietzkos Besprechung des Buches „Der Terror der Ökonomie" von Viviane Forrester gelesen. Anschließend war ich nicht sicher, welcher Text ärgerlicher ausgefallen war: Die Besprechung oder das zugrunde liegende Buch.

Der Besprechung konnte zumindest zugute gehalten werden, dass die zentrale These des Buches, wonach es Vollbeschäftigung nie wieder geben würde, sauber herausgearbeitet wurde. Zutreffend hat Ricarda Mietzko auch erkannt, dass Viviane Forrester die Schuld daran den ökonomischen und politischen Eliten zuweist. Ärgerlich ist jedoch in höchstem Maße, dass weder die These noch die Schuldzuweisung kritisch hinterfragt wurden. Statt dessen wird die Buchautorin unterschwellig noch dafür gelobt, dass sie keine Veränderungsvorschläge bringt.

So wenig hilfreich diese Form der Besprechung auch ist, noch schlimmer ist das Buch selbst. Viviane Forrester ist es zwar gelungen, rund 200 Seiten mit ihrem Lamento über das Verschwinden der Arbeit und die Schuld der Eliten zu füllen, doch hat sie es nie auch nur annähernd für nötig befunden, diese Thesen zu belegen. Ihre Argumentation vollzieht sich nach dem einfachen Strickmuster: Die Zahl der Arbeitslosen ist gestiegen, also wird es auch nie wieder Vollbeschäftigung geben. Diese Behauptung dient dann dazu, die Schuldfrage zu stellen, wer denn dafür verantwortlich sei. Die Schuldigen sind dann auch schnell erkannt, handelt es sich doch um die „üblichen Verdächtigen", nämlich die ökonomischen und politischen Eliten. Diese hätten sich gegen die Arbeitnehmer und insbesondere gegen die Arbeitslosen verschworen, da diese Menschen nicht mehr zur Profiterzielung nötig seien. Diese ganze Argumentation fällt um so ärgerlicher aus, als es Viviane Forrester ebenfalls nicht für nötig hält, ihre Behauptungen an konkreten Beispielen festzumachen. Statt dessen wird allgemein von den „Eliten" gefaselt, zu denen sie letztlich meines Erachtens sowohl aufgrund ihres Einkommens als auch ihres Status wohl selber zu zählen sein dürfte.

So notwendig und berechtigt Kritik an den derzeitigen Deformationen der wirtschaftlichen, rechtlichen und politischen Ordnung ist, dieses Buch über den „Terror der Ökonomie" hilft lediglich Viviane Forrester und ihren Verlegern, nämlich beim Füllen ihrer eigenen Taschen.

Rezensionen

ADAM, Konrad: Die Republik dankt ab. Die Deutschen vor der europäischen Versuchung

Berlin: Alexander Fest 1998. 239 S., geb.

Adam thematisiert im vorliegenden Buch sein Unbehagen gegenüber der politischen Entwicklung in Deutschland und in der Europäischen Union. Er diagnostiziert, dass sich Staat und Bürger immer weiter voneinander entfernt haben. In vielen Bereichen ist es bereits zu einer Abkoppelung der Entscheidungsgremien vom Willen der Bürger, dem eigentlichen Souverän, gekommen. Verantwortlich für diese Entdemokratisierung sind vorrangig die politischen Parteien, die sich mit Hilfe staatlicher Finanzierung der Kontrolle durch Mitglieder oder Bevölkerung weitgehend entzogen haben. Mitverursacher ist die Wirtschaft, die eigene Interessen zu Lasten der demokratischen Strukturen durchsetzt.

Insgesamt hat dies laut Adam dazu geführt, dass die Bilanz des deutschen Parlamentarismus für die letzten Jahre verheerend ausfällt: Seine ureigenen Aufgaben sind ihm teils entzogen, teils von ihm willentlich aufgegeben worden. An seine Stelle sind demokratisch mangelhaft legitimierte Kräfte getreten, wozu neben Exekutive und Judikatur insbesondere die Wirtschaft und das „Kartell der Fachleute" zählen. Die parlamentarische Gewalt erstreckt sich formal zwar über immer weitere Räume – auch und gerade über solche, wo sie nichts zu suchen habe –, gleichzeitig ist sie aber immer weniger in der Lage, ihre Aufgaben zu erfüllen.

Die klaren Verlierer dieses Prozesses sind die Staatsbürger, die zwar von staatlicher Seite immer weiter gegen alle möglichen Risiken abgesichert werden (Pflegeversicherung etc.), aber dieser Schutz geht zu Lasten ihrer Freiheit und ihrer Finanzen. Das Zusammenwachsen Europas in der derzeitigen Form verstärkt diesen Prozess noch, da angestammte Kompetenzen des Nationalstaates an eine „höhere" Stelle delegiert – und damit dem Zugriff des Bürgers weiter entzogen werden. „Auf europäischer Ebene soll legitime Herrschaft auf die ausdrückliche Zustimmung der Untergebenen verzichten und sich statt dessen mit einer viel oberflächlicheren Form des Einverständnisses zufriedengeben, mit einer technokratisch-utilitaristischen Legitimität, die durch simple Funktionstüchtigkeit erworben wird." (S. 234f.) Grundlage einer so erlangten Legitimation ist das Motto: „Wer schweigt, stimmt zu!" Adam gelangt zu dem Fazit: „Das europäische Bürgerrecht ist ein Geschenk der hohen vertragsschließenden Parteien, kein Recht des Bürgers, den man im neuen Ständestaat auch nicht mehr braucht" (S. 237).

Die Analysen und Schlussfolgerungen Adams machen das Buch zu einer Streitschrift gegen die Entdemokratisierung und die damit einher gehende Entmündigung der Bürger. Zwar ist der Fokus auf Deutschland gerichtet, doch lässt sich die grundlegende Kritik an den Entwicklungen der letzten Jahrzehnte ohne größere Schwierigkeiten auch auf die anderen europäischen Demokratien übertragen.

Die Verteidigung der Bürgerrechte macht das vorliegende Buch wertvoll; gleichzeitig weist die Argumentation jedoch erhebliche Schwächen auf, vornehmlich, wenn die Ausführungen in pure Polemik abgleiten („fröhliche Barbaren, die heute Wissenschaft betreiben", S. 154). Derartige Passagen sind zu zahlreich, um noch als „Ausrutscher" durchzugehen, und schaden dem ehrenwerten Anliegen erheblich.

ANGRES, Volker/HUTTER, Claus-Peter/RIBBE, Lutz: Bananen für Brüssel. Von Lobbyisten, Geldvernichtern und Subventionsbetrügern

München: Droemer 1999. 318 S., geb.

Die Autoren haben sich geärgert, das merkt man dem Buch an. Daher erzählen sie aus unterschiedlichen Blickwinkeln, was in der Europäischen Union der Politiker, Lobbyisten und Bürokraten schief läuft. Subventionsunwesen und die Bürokratisierung Europas stehen im Mittelpunkt der Ausführungen, wobei die Autoren dankenswerterweise immer den Bezug zum Verbraucher und Steuerzahler herstellen.

Was dieses Buch gegenüber anderen, ähnlich gelagerten auszeichnet, ist das Bemühen der Autoren, nicht nur Vorwürfe aufzustellen und zu belegen, sondern auch zu zeigen, aus welchen Gründen es zu den praktizierten legalen und illegalen Vorgängen kommt. Sie zeichnen anhand von Fakten und Beispielen die Motive der Akteure ebenso nach wie die Methoden, derer sich die Nutznießer dieses Systems bedienen.

Auf diese Weise ist ein Buch entstanden, das einerseits amüsant und leicht zu lesen ist, andererseits aber zum Nachdenken anregt, vielleicht auch das eigene (Konsum-) Verhalten zu ändern. Nicht zuletzt ist das Buch auch eine verbale Ohrfeige für die europäischen Politiker, die die Verantwortung für die beschriebenen Zustände tragen.

Um diese an ihre Verantwortung zu erinnern, bietet das Buch sogar die Möglichkeit, sich in Form einer Umfrage zu engagieren. Hierdurch und mit Hilfe der nützlichen Adressensammlung werden die Leser in die Lage versetzt, einen Beitrag für ein vernünftigeres und funktionstüchtigeres Europa zu leisten.

Arbeitskreis Nonprofit-Organisationen: Nonprofit-Organisationen im Wandel. Ende der Besonderheiten oder Besonderheiten ohne Ende?

Stuttgart/Berlin/Köln: W. Kohlhammer 1998. 291 S. br.

Die Entwicklung des sog. „Dritten Sektors" zwischen wirtschaftlichem Druck einerseits und selbstgesetzter Aufgabenerfüllung andererseits steht im Mittelpunkt des Buches. Bereits der Untertitel spiegelt dieses Spannungsverhältnis höchst anschaulich wider: „Ende der Besonderheiten oder Besonderheiten ohne Ende?"

Formal ist der Band in drei Bereiche aufgeteilt, erstens eine breite Einführung in die grundlegende Problematik von Nonprofit-Organisationen (NPO) im Allgemeinen mit einem Überblick über die folgenden Beiträge im Besonderen, zweitens eine Sammlung von Studien zur Entwicklung unterschiedlichster Nonprofit-Organisationen, wobei die Bandbreite von Bankenverbänden über Gewerkschaften bis hin zu Wohlfahrtsorganisationen reicht und drittens zwei Überblicksartikel, die aus wirtschaftlicher respektive soziologischer Sicht sich mit der „Modernisierung von Nonprofit-Organisationen" befassen. Dieser Aufbau hat für den interessierten Leser, der das gesamte Buch studiert, den großen Vorzug, dass nach der thematischen Einführung ein breit gefächerter, wenngleich keineswegs vollständiger Überblick über die Entwicklung unterschiedlicher Organisationen des „Dritten Sektors" geboten wird, bevor im abschließenden Teil wesentliche Merkmale noch einmal, und zwar aus unterschiedlicher Perspektive, zusammengefasst werden.

Einen guten Überblick sowohl über die Organisationen selbst als auch über die Probleme, mit denen sie konfrontiert sind, bieten die „Terrainstudien". Dargestellt und kritisch hinterfragt wird die Entwicklung bei Wohlfahrtsverbänden (Susanne Angerhausen), Krankenversicherungen (Ingo Bode), Gewerkschaften (Birgit Frey), Bankenverbänden (Dietmar Grichnik) und öffentlichen Wohlfahrtsorganisationen (Ludwig Theuvsen). Abgerundet werden diese Beiträge durch drei Aufsätze, die sich speziellen Problemen verschrieben haben. So befasst sich Hilke Jessen eingehend mit der Problematik des Marketing in und für spendenfinanzierte Nonprofit-Organisationen, Stefan Pabst untersucht das veränderte Verhältnis zwischen Wohlfahrtsverbänden und Staat im „Postkorporatismus" der neunziger Jahre, während Detlef Luthe und Christoph Strünck auf die neuen Formen ehrenamtlichen Engagements eingehen (weg von dauerhafter Mitgliedschaft hin zu neuen Formen der Beteiligung). Jeder dieser Beiträge bewegt sich auf hohem Niveau und ist in hohem Maße problemorientiert.

Dies gilt in gleichem Maße auch für die beiden abschließenden Beiträge, die sich aus ökonomischer bzw. soziologischer Perspektive mit den Besonderheiten von Nonprofit-Organisationen befassen. Insbesondere Stefan Nährlich bietet einen guten Überblick über die bisherigen Forschungsansätze zu der Frage, warum Nonprofit-Organisationen entstehen bzw. warum sie (bis jetzt) überlebt haben. Zu Recht wird von ihm betont, dass im Unterschied zur Existenz von Unternehmen die Aufgabe der Organisation im Sinne ihrer Mission bzw. ideellen Zielsetzung von entscheidender Bedeutung ist. Entsprechend arbeitet er nicht nur Unterschiede heraus, sondern betont auch die Überlebensfähigkeit derartiger Organisationen aufgrund der Möglichkeit zur differenzierten, individuellen Beteiligung (vgl. auch Luthe/Strünck im selben Band). Unter Bezugnahme auf soziologische Klassiker bietet Thomas Wex eine ähnliche Übersicht vor stärker gesellschaftswissenschaftlichem Hintergrund. Von besonderem Interesse ist dabei die von ihm ausgearbeitete Morphologie des Nonprofit-Sektors, wobei er zum einen hinsichtlich der ausgeübten gesellschaftlichen Funktionen differenziert: Wirtschaftlich, soziokulturell, politisch und karitativ. Zum anderen versucht er mit Hilfe eines Kreis-Diagramms die Stellung des Nonprofit-Sektors „zwischen Markt und Staat" herauszuarbeiten. Dabei integriert er auch – durchaus zu Recht – die „Informelle Sphäre" als vierten Sektor, sieht allerdings Überschneidungsbereiche der informellen Sphäre lediglich mit dem Nonprofit-Sektor, nicht aber mit den erwerbswirtschaftlichen Organisationen im Markt-Sektor oder den Verwaltungen und Behörden im Staats-Sektor. Dies erscheint jedoch vor dem Hintergrund informeller Wirtschaftstätigkeit von Personen und Gruppen oder der Existenz sogenannter „Küchenkabinette" ohne formelle Struktur nicht angemessen. Dessen ungeachtet hebt Wex aber einen besonders gravierenden Aspekt hervor: Ihm zufolge besteht das Problem nicht in einem etwaigen Verschwinden von Nonprofit-Organisationen, sondern in dem durch wirtschaftliche Faktoren ausgeübten Druck auf ihre ureigene Qualität: „Nicht was NPO alles tun, ist entscheidend, sondern wie sie es tun, da ein großer Teil der konkreten Leistungen auch erwerbswirtschaftlich oder staatlich erbracht werden könnte. Im Extremfall kann das Eindringen erwerbswirtschaftlicher Logik zu einer regelrechten Kolonialisierung der NPO führen, die auch einen Übergang in den „Markt"-Sektor zur Folge haben kann." (S. 270). Hierin ist Wex mehr als zuzustimmen, wobei gerade die Entwicklung des Genossenschaftswesens in Deutschland ein Musterbeispiel für die Anpassung förderungswirtschaftlicher Organisationen an ökonomischen Druck darstellt.

Bei allen Vorzügen des Bandes ist zugleich dennoch ein Manko anzusprechen: Wie zahlreiche andere Bücher zur gleichen Thematik wird auf eine konsistente Definition des Begriffs „Nonprofit-Organisation", „Économie sociale" und/oder „Dritter Sektor" verzichtet, nicht zuletzt aufgrund der hier nach wie vor erheblichen Definitionsprobleme. Zwar wird in dem einleitenden Beitrag auf diese Definitionsprobleme hingewiesen, wodurch die Problematik bei der Einordnung jedoch nur bedingt erleichtert wird. Gerade die Organisationsform der Genossenschaft bereitet hier immer wieder erhebliche Schwierigkeiten, da sie sich (innerhalb der Wexschen Strukturbetrachtung) in einem Überschneidungsbereich zwischen Markt-Sektor einerseits und Nonprofit-Sektor andererseits bewegt, durchaus aber – zumindest in ihren Anfängen bzw. als Kleingruppe – zur informellen Sphäre gehören kann und in Ausnahmefällen (z. B. Deichgenossenschaft) sogar dem staatlichen Sektor zuzurechnen wäre.

Vernachlässigt man das Dilemma derartig ungelöster Begrifflichkeiten jedoch, hat der Arbeitskreis Nonprofit-Organisationen einen beispielhaften Sammelband vorgelegt, der eine ebenso gelungene wie gut lesbare Einführung in die allgemeine Thematik, die grundsätzlichen Probleme von Nonprofit-Organisationen und nicht zuletzt auch in einzelne Spezialbereiche bietet.

ASPRIN, Robert: Die Chaos-Kompanie/Das Chaos-Casino

Bergisch Gladbach: Bastei-Verlag Gustav H. Lübbe, versch. Aufl. seit 1991, br.

Fragen der Führung und Motivierung von Mitarbeitern stehen immer wieder im Mittelpunkt von Studien, Analysen und Berichten. Während ein großer Teil der entsprechenden Fachliteratur theoretisch-trocken ausfällt, findet man doch immer wieder zumeist von Praktikern verfasste Beiträge, die sich durch Humor und Menschenkenntnis auszeichnen. Hierzu gehört z. B. das nahezu klassische Werk „Hoch lebe die Organisation" von Robert Townsend (München/Zürich 1970), der beklagt: „Die meisten Mitarbeiter in den heutigen großen Firmen werden verwaltet, nicht geführt. Sie werden als Personal behandelt, nicht als Menschen" (S. 155). Zur Behebung dieses Missstandes, der sich bei einem Blick in die Unternehmenspraxis auch heute noch vielfach und leicht bestätigen lässt, findet man gelegentlich Hilfe und Anregungen an Stellen, wo man sie nicht vermutet hätte. Beispielhaft hierfür stehen die beiden humoristischen Science-Fiction-Romane von Robert Asprin.

Ohne den literarischen Gehalt beurteilen zu wollen, lässt sich hinsichtlich ihrer Eignung als Anleitung für Menschenführung konstatieren, dass sie diesbezüglich sehr gelungen sind. Im ersten Band wird die nach einhelliger Ansicht schlechteste Kompanie des Universums mit einem neuen Kommandeur beglückt, dem dieses Kommando anstelle einer Kriegsgerichtsstrafe übertragen wurde. In den folgenden Kapiteln wird gezeigt, wie er es mit durchaus recht unorthodoxen Methoden schafft, die SoldatInnen zu motivieren und zu einer leistungsfähigen Einheit zu verschmelzen. Im zweiten Band wird die inzwischen eingespielte Truppe mit einer Problemlage auf einem anderen Planeten konfrontiert, die es zu bewältigen gilt.

Erklärtes Ziel ist, Effektivität zu erreichen, und zwar sowohl beim Einzelnen als auch in der Einheit insgesamt. Dazu gehört es ebenso, kompetente Zyniker zu integrieren wie Vorgesetzte mit ihrer Vorbildfunktion zu konfrontieren. Sensibilitäten müssen berücksichtigt und die zu erledigenden Aufgaben gemäß den individuellen Fähigkeiten delegiert werden. All diese Aufgaben und zahlreiche weitere finden sich auch in Unternehmen, wo sie sich durchaus zu gravierenden Problemen auswachsen können, wenn sie nicht frühzeitig durch das Management gelöst werden. Anregungen, wie dies geschehen kann, finden sich in den beiden Science-Fiction-Romanen zuhauf.

In der Wirtschaftswissenschaft ist man zu recht stolz darauf, zahlreiche Instrumente entwickelt zu haben, von denen Nicht-Ökonomen gelernt haben und die sie zur Lösung von Problemen in anderen Bereichen nutzen. Hier liegt der eher seltene Fall vor, dass Wirtschaftspraktiker und -theoretiker die Arbeit eines Romanautors nutzen (und vielleicht auch von ihm lernen können).

Atmaça, Delal/Stoffregen, Heinz: Produktivgenossenschaften. 11 Beiträge zu Einzelfragen

---

Marburg: Marburg Consult für Selbsthilfeförderung 1999. 92 S., br.

Immer noch beschäftigt das Konzept der Produktivgenossenschaft Praktiker und Theoretiker des Genossenschaftswesens. Einen der jüngsten Beiträge zu dieser Thematik haben Atmaça und Stoffregen abgeliefert, der zudem vor einem besonders originellen Hintergrund entstanden ist: Es handelt sich um die zusammengefassten deutschen Beiträge zu einem für die russische Praxis bestimmten Handbuch über Produktivgenossenschaften.

Diese Entstehungsgeschichte bedingt auch den Charakter der Beiträge, die sich verschiedenen für die Gründung und den Fortbestand einer Produktivgenossenschaft wichtigen Fragen zuwenden, ohne eine umfassende Darstellung liefern zu können oder zu wollen. Inhaltlich stehen zunächst praktisch organisatorische Fragen im Vordergrund (Bedingungen für die Mitgliedschaft, Gewinnverwendung, Festlegung des Arbeitseinkommens, Fragen der Ausbildung etc.), die auch für all jene, die sich in Deutschland für die Gründung einer Produktivgenossenschaft interessieren, wichtige Informationen beinhalten. Daneben finden sich mehrere Beiträge zur Funktion von Produktivgenossenschaften innerhalb einer Wirtschaftsordnung (Instrument der Transformation, soziale Funktionen, Instrument zum Abbau von Arbeitslosigkeit).

Ergänzend werden mehrere Beispiele von Produktivgenossenschaften (Frauen-Gesundheits-Zentrum Neuhofstraße, Gerätewerk Matrei, Marburg Consult) beschrieben, die einen gewissen Einblick in die produktivgenossenschaftliche Wirklichkeit erlauben.

Problematisch erscheint jedoch, dass die ökonomischen Zwänge, denen Produktivgenossenschaften ebenso wie alle anderen Unternehmen unterliegen, nur sehr kursorisch angesprochen werden. Der gesamte Komplex der Aufbau- und Ablauforganisation einer Produktivgenossenschaft einschließlich der Probleme bei der Zieldefinition, der Festlegung von Entscheidungsstrukturen, der Informationsverbreitung etc. werden mit Ausnahme des Entlohnungs- und Gewinnverteilungsaspektes nicht angesprochen – und scheinen auch im russischen Original kaum erwähnt worden zu sein: Produktivgenossenschaften werden eher hinsichtlich ihrer Gruppeneigenschaft beleuchtet, während die andere Seite der von Draheim hervorgehobenen Doppelnatur, das Wirtschaftsunternehmen, etwas zu kurz kommt. Dessen ungeachtet bleibt das Buch aber eine nützliche erste Information für alle an der Produktivgenossenschaft Interessierten.

ATTAC (Hrsg.): Die geheimen Spielregeln des Welthandels. WTO – GATS – TRIPS – M. A. I.

Wien: Promedia 2003. 174 S., br.

Seit geraumer Zeit scheint eine neue Gattung von wirtschaftspolitischen Büchern auf reges Interesse zu stoßen, nämlich „Ökonomie für Verschwörungstheoretiker". Prominentes Beispiel für dieses Genre ist „Der Terror der Ökonomie" von Viviane Forrester, aber leider zählt auch der von ATTAC vorgelegte Band zu dieser Kategorie. Das heißt keineswegs, dass die Darstellungen und Erläuterungen in diesem Buch per se falsch sind. Dafür haben die zahlreichen Autoren sich viel zu intensiv mit der Materie beschäftigt.

Das Problem liegt an anderer Stelle, nämlich an einer ideologischen Einäugigkeit: So wie der vielgescholtene Neoliberalismus eine Neigung dazu hat, jene Ereignisse und Fakten nicht zur Kenntnis zu nehmen, die mit seinem grundlegenden Ansatz nicht vereinbar sind, geht es ärgerlicherweise auch seinen Kritikern. Beispielhaft hierfür stehen die Ausführungen zu Freihandel und Entwicklungsländern: So erklären beispielsweise Pichlmann einerseits und Felber/Staritz/Lichtblau andererseits die Entwicklungsländer zu den großen Verlierern und Benachteiligten des Freihandels. In den von Felber/Knirsch als Beispielen für negative Umweltauswirkungen vorgebrachten Streitverfahren vor der WTO sind es aber in drei von fünf Fällen Entwicklungsländer, die gegen Industrieländer geklagt – und Recht bekommen haben.

Insgesamt erweckt das Buch den Eindruck, als wären seine VerfasserInnen von vornherein davon überzeugt, dass von internationalen Handelsorganisationen einerseits und multinationalen Konzernen andererseits nichts Gutes kommen kann – und suchen dann Belege dafür. Ärgerlicher ist allerdings noch ein anderer Aspekt, nämlich die Neigung, sich um unliebsame Konsequenzen herumzudrücken: Beispielhaft hierfür steht der Beitrag von Felber/Staritz/Lichtblau verfasste Beitrag zum durchaus

Kritik bedürftigen Dienstleistungsabkommen GATS der Welthandelsorganisation. Hier merken die Autoren zu den öffentlichen Diensten im allgemeinen, Wasserversorgung, Verkehr, Bildung und Gesundheit im Besonderen an, dass diese Bereiche viel zu existenziell sind, um sie den Verwertungsinteressen des Kapitals zu überlassen. Statt dessen wird ein Verbleib dieser Branchen in der öffentlichen Hand gefordert – ohne sich dann allerdings mit der Frage zu befassen, wie diese die notwendigen Mittel langfristig aufbringen soll.

Das Buch hinterlässt somit einen durchaus zwiespältigen Eindruck: Die Analysen sind wertvoll, wenngleich ideologisch gefärbt; die Lösungsansätze sind zu einfach ausgefallen. Die VerfasserInnen können sich diesbezüglich mit Autoren wie Bill Emmott (Vision 20/21) die Hand reichen: Unterschiedliche Standpunkte, Überzeugungen und Blickwinkel, aber gleiche Schwächen. These und Antithese liegen somit vor; auf die Synthese wird noch gewartet.

ATTAC Schweiz (Hrsg.): Nestlé. Anatomie eines Weltkonzerns

Zürich: Rotpunktverlag 2005. 128 S., br.

Nestlé ist ein Unternehmen, das es einem schwer macht. Einerseits sind seine Produkte in vielen Haushalten zu finden, was nicht nur auf die Größe des Unternehmens zurückzuführen sein dürfte, sondern auch auf die Qualität der Produkte. Andererseits haftet dem Unternehmen seit Jahren ein eher zweifelhafter Ruf an, der u. a. auf den Vertrieb von Muttermilchersatzprodukten in Ländern der Dritten Welt zurückzuführen ist. Derartige Produkte erfordern einerseits ausreichend Geld, um in ausreichender Menge gekauft, und andererseits sauberes Wasser und gute Hygienebedingungen, um angemessen zubereitet werden zu können. Da genau diese Bedingungen in vielen Ländern der Dritten Welt nicht gegeben sind, ließen die Folgen nicht lange auf sich warten und viele Kinder starben. Die Öffentlichkeitsarbeit verschiedener Nonprofit-Organisationen zu diesem Vorgehen führte zu einem Prozess, den Susan George in ihrem Vorwort zu dem Buch von ATTAC Schweiz wie folgt kommentiert: „Das Unternehmen fälschte schamlos Zitate von Ärztinnen und Ernährungswissenschaftlerinnen, denen mehr oder weniger das Gegenteil dessen in den Mund gelegt wurde, was sie tatsächlich sagten. Ein für Nestlé arbeitender Arzt schreckte nicht einmal vor wissenschaftlichen Fälschungen zurück." (S. 8).

Angesichts dieser Vorgeschichte ist es nahe liegend, das aktuelle Verhalten von Nestlé dahingehend zu untersuchen, ob derartiges Verhalten weiterhin beobachtbar ist. Kritische Punkte sind dafür bei einem international agierenden Lebensmittelkonzern beispielsweise die Einhaltung arbeitsrechtlicher Vorschriften, der Einsatz genetisch veränderter Stoffe sowie das Verhalten auf den verschiedenen Märkten.

Entsprechende Schwerpunkte finden sich denn auch in der vorliegenden Studie: Zunächst befasst sich Attac Schweiz mit der Rolle von Nestlé als Arbeitgeber, beleuchtet dabei skizzenhaft das Vorgehen in verschiedenen Ländern der Ersten und Dritten Welt, und konstatiert dabei einen dauerhaften Zwist mit dem Arbeitsrecht. Dabei erscheint insbesondere die Situation in Kolumbien gravierend, wo es im Gefolge von Arbeitskämpfen zu Morddrohungen gegen Gewerkschafter gekommen ist (S. 54).

Hier wie auch an anderer Stelle ist es ATTAC allerdings keineswegs gelungen, die Spuren eindeutig bis zum Konzern zurück zu verfolgen. Allerdings, so ATTAC, habe sich der Konzern von derartigen Morddrohungen auch nicht distanziert – was wiederum zu Spekulationen einlädt.

Hierin besteht denn auch ein großes Dilemma des Bandes: Es gibt Indizien für unethisches Verhalten, es gibt Belege für die Ausnutzung von Markt- und Machtpositionen, aber letztlich schlüssige Beweise fehlen weitgehend. Darüber hinaus weist der Band allerdings noch einen weiteren Schwachpunkt auf, nämlich der nicht ganz saubere Umgang von ATTAC mit Zahlen. So wird im ersten Kapitel zur Dokumentation der hohen Konzern-Gewinne auf EBITA-Zahlen verwiesen. Dieser Wert beinhaltet aber per Definition eben nicht nur den Gewinn, sondern u. a. auch Steuern und Zinsaufwand. Vor diesem Hintergrund ist denn auch das Fazit hinsichtlich des Buches eher uneindeutig: Das Unternehmen erscheint unsympathisch und sein Verhalten zumindest fragwürdig; für mehr reichen die Belege nicht.

AVENARIUS, Thomas: Mehr Gottesfurcht als Allah brauchen kann. Afghanische Eindrücke

---

Wien: Picus 2002. 132 S., geb.

Der vorliegende Band versammelt eine Handvoll Reportagen aus Afghanistan und dem afghanisch-pakistanischen Grenzgebiet, die der Journalist Avenarius während der letzten Jahre für die Süddeutsche Zeitung verfasst hat. Aus diesem Grund fehlt einigen dieser Reportagen zwar eine gewisse Tagesaktualität, aber dafür haben sie in ihrer Zusammenführung den Vorteil des umfassenderen Blicks gewonnen.

Avenarius verbindet dabei im Einzelnen eher „klassische" Reiseimpressionen wie die Fahrt mit einem schrottreifen Jeep durch das nordafghanische Gebirge mit Impressionen aus dem Afghanistan während und nach dem Taliban-Regime. Ohne Anspruch auf Vollständigkeit oder gar Repräsentativität gewinnt der Leser dabei Einblick in das Leben im religiös ausgerichteten Überwachungsstaat (Unterdrückung der Frauen, Zerstörung von Buddhastatuen, Zensur der Wissenschaft), in das Elend des Krieges und auch in die Veränderungen, die der Sturz der Taliban bewirkt hat. Die Personen, denen man in diesen Berichten begegnet, sind unterschiedlichsten Charakters und reichen von dem in England geborenen Taliban-Kämpfer, der sich in der Hoffnung auf Ruhm und Ehre locken ließ, über zwei Frauen, die unter den Taliban nur illegal Englisch lernen konnten, und eine weitere, die zum Betteln gezwungen wurde, bis hin zum Fernsehdirektor, der sich ohne Geld, ohne Material und fast ohne Mitarbeiter bemüht, seinen Fernsehsender wieder auf die Beine zu stellen.

Zugleich macht das Buch auf erschreckende Weise deutlich, dass Afghanistan selbst im günstigsten aller Fälle noch auf Jahre hinaus von seinen Kriegsverletzungen geprägt sein wird: Dafür steht die Reportage aus zwei benachbarten Dörfern, die während der Zeit des Taliban-Regimes auf unterschiedlichen Seiten standen und deren Leben jetzt vom aufgestauten Hass geprägt ist. Die Überwindung solcher Emotionen stellt eine der größten Herausforderungen für einen echten Frieden in Afghanistan dar – und es ist Thomas Avenarius' Verdienst, dies den Lesern zu vermitteln.

BACKHAUS, Klaus/BONUS, Holger (Hrsg.): Die Beschleunigungsfalle oder der Triumph der Schildkröte

Stuttgart: Schäffer-Poeschel, 3. Aufl., 1998. 350 S., geb.

Die „Beschleunigungsfalle" ist ein Lesebuch, eine Sammlung von Aufsätzen, die sich aus unterschiedlichen Perspektiven mit Schnelligkeit und Beschleunigung bzw. mit dem Phänomen der Zeit befassen. Im Unterschied zu den beiden vorangegangenen Auflagen ist nicht nur der Aufbau des Buches geändert worden, sondern es sind auch acht neue Beiträge hinzugekommen.

Der Lesebuchcharakter macht sich durchaus auch in den Beiträgen bemerkbar, die weitestgehend gut lesbar geschrieben sind. Hinsichtlich ihrer Qualität und Originalität macht sich jedoch recht bald eine Dreiteilung bemerkbar, wobei neben hochinteressanten und originellen Aufsätzen auch mehrere Beiträge stehen, die als Prädikat nur ein „bekannt" oder gar ein „belanglos" verdienen.

Bekannt sind beispielsweise die Ausführungen von Heinz Dürr über die Bedeutung des Faktors Zeit für die Deutsche Bahn oder die von Holger Bonus über die Langsamkeit von Spielregeln. Eher belanglos oder gar banal ist z. B. „Rechte Zeit" von Bernhard Großfeld, der unter Zurschaustellung seiner breiten Belesenheit über die Bedeutung der Zeit in der Jurisprudenz reflektiert, ohne jedoch zu einem Ergebnis zu gelangen. Ärgerlicher noch sind jene Beiträge, in denen, wie z. B. bei Peter Busch und Georges Füllgraff, lediglich ein lautes Wehklagen darüber angestimmt wird, dass in der modernen Zeit alles so viel schneller von statten geht, als es den Autoren recht wäre. Ein großes Lob gebührt den Herausgebern dafür, dass sie diesen beiden, aus früheren Auflagen bekannten Aufsätzen zur „Entschleunigung" nun eine vehemente Kritik von Peter Glotz hinzugefügt haben.

Wenn Füllgraff konstatiert, die industrielle Ökonomie seit durch das Akronym „DEBIL" gekennzeichnet, wobei DEBIL stehe für Dynamik, Entgrenzung, Beschleunigung, Identitätsverlust und Leistungsdruck, und gefordert wäre die Ersetzung durch Lebensqualität, Sein statt Haben und beispielgebende Bescheidenheit, so findet sich bei Glotz eine gezielte Kritik dieser Auffassung. Er sieht Entschleunigung als aggressive Ideologie von Modernisierungsopfern, die er zunächst mit gravierenden Einwänden hinsichtlich ihrer Erfolgschancen, ihrer geistesgeschichtlichen Hintergründe und ihrer argumentativen Überzeugungskraft konfrontiert, bevor er nüchtern feststellt, dass die sich entwickelnde moderne Kommunikationskultur wie alle technischen Neuerungen sowohl Emanzipations- als auch Destruktionspotentiale beinhalte. „Der generelle Verdacht gegen Geschwindigkeit, Effizienz, Wachstum wäre so dogmatisch wie der generelle Verdacht des Sozialismus gegen Privateigentum, Elite und Profit. Deswegen muß man das gute Gewissen der ideologischen Entschleuniger erschüttern. Sie müssen lernen, daß sie keineswegs über eine auf alles anwendbare, generell überlegene Philosophie verfügen. Nur wenn sie das begreifen, werden sie bereit sein, mit den Beschleunigern Kompromisse zu schließen." (S. 89)

Sehr anregende Beiträge finden sich im Kapitel „Zeitökonomie". Unter dem Titel „Epidemie des Zeitwettbewerbs" zeigen Klaus Backhaus und Kai Gruner die Grenzen der Beschleunigung auf, wobei sie (auch graphisch) sichtbar machen, dass zunehmende Beschleunigung von Produktlebenszyklen für die Unternehmen mit gravierenden Problemen verbunden sein und die Überlebensfähigkeit bedrohen kann. Für sie stellt sich die durchaus ernst gemeinte Frage der Zulassung von Verlangsamungskartellen, da die sinnvolle Tempodrosselung nur auf gemeinsamer Basis realisierbar ist. Eine Fallstudie für ihre eher theoretischen Überlegungen findet sich im Beitrag von Klaus Steilmann, der anhand der Modeindustrie sowohl die Probleme als auch Lösungsmöglichkeiten skizziert. Eine ernüchternde Nachhilfelektion für alle Befürworter des „Grünen Punktes" sind die Ausführungen von Walter R. Stahel über die Zusammenhänge von Innovation, Nachhaltigkeit, Ressourcenschonung und Nutzungsoptimierung. Faszinierend sind insbesondere seine Überlegungen zur Trennung von Unternehmenserfolg und Ressourcenverbrauch, den der Verkauf von Leistungen anstelle von Gütern erlaubt. Der Kauf von Leistungen (z. B. Kopieren statt Kopierer) ermöglichen hohe Flexibilität und Service bei großer Kalkulierbarkeit der Kosten für den Kunden und eine langfristige Kundenbeziehung mit hoher Rendite für den Anbieter, da dieser das gesamte Risiko zu tragen hat und nur bei Leistungserbringung bezahlt wird (S. 177). Eine spezielle praktische Realisation dieses Gedankenganges zeigt Norbert A. Platt anhand der Luxusmarke Montblanc, die Beständigkeit und Langsamkeit vermittelt.

Interessante Perspektiven eröffnet der Beitrag „Die Entmachtung der Uhren" von Stefan Klein, der neue Forschungsergebnisse zum Phänomen Zeit vorstellt, speziell im Bereich der Astrophysik und der Biologie. Zwar klingen die dabei gestellten Fragen (Was war vor der Entstehung der Zeit? Sind Zeitreisen doch möglich? Wo befindet sich die körpereigene Uhr?) heute noch stark nach Science-Fiction, doch die bisherigen Forschungsergebnisse deuten daraufhin, dass sich das menschliche Verständnis von Zeit wird wandeln müssen.

Eine erhellende Auseinandersetzung mit den Problemen von Zeit, Erkenntnis und Geschwindigkeit auf dem Gebiet der Medizin und des medizinischen Fortschritts bietet die Analyse von Wolfgang Holzgreve. „Das Wissen in der Medizin nimmt exponentiell zu, und die Geschwindigkeit des Wissenszuwachses birgt Chancen, aber auch Risiken in sich. ... [Wir müssen] auf der Zeitachse zwischen medizinischer Forschung und Praxis dafür sorgen, daß einerseits die neuen Erkenntnisse nicht zu schnell und damit unkritisch das Bewährte verdrängen, andererseits aber echte Fortschritte auch schnell genug den Patienten zugute kommen." (S. 338f)

Das vorliegende Buch hinterlässt nach der Lektüre einen zwiespältigen Eindruck. Einige Beiträge bieten neue Informationen, bedenkenswerte Lösungswege für aktuelle Probleme oder zumindest interessante Unterhaltung, viele sind jedoch von nur geringem „Nährwert". Als Lesebuch ist die „Beschleunigungsfalle" durchaus akzeptabel, als wissenschaftliche Auseinandersetzung mit den Phänomenen Geschwindigkeit, Beschleunigung und Zeit jedoch nur bedingt befriedigend. Eindeutig positiv fällt der Vergleich mit der zweiten Auflage aus, da unter den neu hinzugekommenen Artikeln viel Lesenswertes ist (Glotz, Holzgreve, Klein und Platt).

BADELT, Christoph (Hrsg.): Handbuch der Nonprofit Organisation. Strukturen und Management

Stuttgart: Schäffer-Poeschel, 2. Aufl., 1999. 686 S., geb.

Während die Zielgruppe, an die sich das Handbuch der Nonprofit Organisation wendet, von Anfang an klar benannt wird, nämlich „Leserinnen und Leser, die in Nonprofit Organisationen (NPOs) arbeiten, mit NPOs (z. B. als Angehörige der Verwaltung, als Politiker, als Kunden, Lieferanten oder Spender) zu tun haben oder sich wissenschaftlich mit Nonprofit Organisationen beschäftigen"(S. V), bleibt die Zielsetzung des Buches eher unklar. Auch die Ausführungen im einführenden ersten Kapitel sind dabei wenig hilfreich bzw. stellen sich im Nachhinein sogar als falsch heraus: Zwar hebt Badelt zu Recht hervor, dass das Handbuch Fragen der Praxis und der Wissenschaft beantworten soll – und dies tut es in vielerlei Hinsicht in der Tat – , aber die Feststellung, dass sich der Teil II des Buches „den Managementfragen einzelner NPOs" (S. 16) widmet, ist falsch: So wird der Eindruck erweckt, die Manager verschiedenster NPOs erhielten mit Hilfe des Buches Lektionen verabreicht, die sie – gewissermaßen im Sinne von Blaupausen – nur noch in ihre NPO übertragen müssten.

Tatsächlich passiert jedoch das genaue Gegenteil: Dieser sowohl seiten- als auch artikelmäßig umfangreichste Teil des Buches ist im wesentlichen eine „Betriebswirtschaftslehre für Nonprofit Organisationen", in deren Verlauf alle instrumentellen Teile der Betriebswirtschaft von der Organisation über das Marketing, das Personalmanagement, die Finanzierung und zahlreiche weitere Bereiche bis hin zum „Change Management" auf ihren Einsatz in NPOs abgeklopft werden. Hierin liegt folgerichtig auch das große Verdienst dieses Buches, das nämlich systematisch die verschiedensten Bereiche der Betriebswirtschaftslehre – hilfreicherweise ergänzt um gesellschafts-, arbeits- und sozialrechtliche Ausführungen – auf NPOs anwendet. Betriebswirte erhalten auf diese Weise einen Einblick darin, wie die im Unternehmensbereich entwickelten Instrumente außerhalb ihrer originären Domäne zum Einsatz kommen können, und NPO-Interessierte bekommen einen exzellenten Schnellkursus „BWL für NPOs" – einschließlich Projekt-, Entscheidungs- und Konfliktmanagement.

Durch diesen Ansatz sind zugleich aber auch die Grenzen des Handbuchs gezogen: Das Führungspersonal spezifischer NPOs erhält zwar einen Einblick in die grundsätzlichen Chancen und Grenzen, die mit dem betriebswirtschaftlichen Instrumentarium verbunden sind, aber eine direkte Übertragung auf die jeweils in Frage stehende NPO wird nicht ermöglicht.

Dies ist keineswegs die Schuld der verschiedenen Autoren, die durchweg interessante und lesenswerte Beiträge verfasst haben, sondern ist in der gewählten Analyseebene begründet, wie sie im grundlegenden Teil I ausgeführt wird: Der Begriff der Nonprofit Organisation ist per se eine Negativabgrenzung gegenüber dem Staat sowie gegenüber privaten gewinnorientierten Unternehmen. Für Negativabgrenzungen ist jedoch charakteristisch, dass sie nicht das Gemeinsame der untersuchten Objekte hervorheben, sondern durch die Betonung des (von anderen Objekten) Trennenden ein Sammelsurium von Untersuchungsobjekten erhalten, bei dem keinesfalls klar ist, ob jenseits dieses Trennenden überhaupt systematische Gemeinsamkeiten bestehen. Im Falle der Nonprofit Organisationen ist auf diese Weise eine sehr heterogene Gruppe zustande gekommen, für deren Definition Badelts Ausführungen (formale, nichtstaatliche Organisationen ohne Gewinnausschüttung an Mitglieder oder Eigentümer mit einem Mindestmaß an Selbstverwaltung und Freiwilligkeit (vgl. S. 8f)) zwar ebenso verdienstvoll wie notwendig sind, aber nicht zu einer nennenswerten Ähnlichkeit der Untersuchungsobjekte führen.

Folgerichtig bleiben die Darstellungen immer wieder im Allgemeinen und Unkonkreten stecken, da die Gemeinsamkeiten zwischen beispielsweise Amnesty International, einem kirchlichen Krankenhaus, der SPD und dem Bundesverband der Deutschen Industrie zu gering sind, um jenseits grundsätzlicher Ausführungen Hilfestellung bei der Lösung konkreter Managementprobleme zu leisten. Dafür benötigen die jeweiligen Führungskräfte speziellere Informationen als sie im Rahmen einen NPO-Handbuchs geliefert werden können. Vorbildfunktion für die erforderlichen speziellen BWL-Ansätze kommt hier den einschlägigen Arbeiten zu einer Betriebswirtschaftslehre der Genossenschaften zu.

Diese grundsätzliche Schwäche der gewählten Betrachtungsebene, im Verbund mit den gerade auch von den beitragenden Fachleuten beklagten Defiziten in der Anwendungsorientierung, wirft die Frage auf, ob eine Analyse auf der „Meta-Ebene" der Nonprofit Organisation nicht überhaupt eine Sackgasse darstellt. Fruchtbarer könnte beispielsweise eine Differenzierung der NPOs in verwaltungsnahe, basisnahe und wirtschaftsnahe Organisationen (S. 4) sein. Darauf deuten zudem auch die systemtheoretischen Ausführen von Alfred Zauner (S. 123-125) hin. Eine derartige Analyseebene hätte ungeachtet aller konkreten Zuordnungsprobleme zumindest den Vorteil, die Heterogenität eingeschränkt und gewisse gemeinsame Charakteristika betont zu haben.

Bei der Lektüre des Buches stellt sich zudem immer wieder heraus, dass augenscheinlich Definitionen, Begriffsbestimmungen und Abgrenzungen im Bereich der Nonprofit Organisationen von besonderer Brisanz sind. Dafür steht nicht nur die bereits erwähnte grundsätzliche Problematik der Negativabgrenzung, sondern auch die zwischen den Autoren keinesfalls einheitliche Betrachtung von Genossenschaften: Fallen sie anfangs aufgrund von Badelts Definition aus dem Kreis der Betrachtungsobjekte heraus (da sie Gewinne an Mitglieder ausschütten), tauchen sie dessen ungeachtet an den verschiedensten Stellen im Buch wieder auf, nicht zuletzt aufgrund des Umstands, dass sie primär ihre Mitglieder nicht über Gewinne, sondern durch gemeinsame Einrichtungen fördern sollen (S. 189). Als ähnlich problematisch erweist sich bei näherer Betrachtung der Begriff der ehrenamtlichen Arbeit, bei dem Badelt zwar bereits vielfältige Differenzierungen vorgenommen hat (ehrenamtliche versus bezahlte, Laien- versus professionelle, leitende versus ausführende Arbeit etc.), ohne damit jedoch bereits alle Probleme aus dem Weg geräumt zu haben. So unterstellt er beispielsweise implizit, dass ehrenamtliche Arbeit immer freiwillig geleistet wird. Dies ist aber gerade in komplexen Verbundstrukturen keineswegs immer der Fall, wenn z. B. Vorstandsmitglieder einer Organisation qua Amt zugleich auch ehrenamtliche Positionen in verbundenen Nonprofit Organisationen, wie z. B. Verbänden, übernehmen (müssen). Auch weitere Fragen in diesem Zusammenhang bleiben offen, wie z. B. nach dem Amtscharakter der Ehrenamtlichkeit und ob man außerhalb von Organisationen überhaupt ehrenamtlich tätig sein kann.

Im Unklaren bleibt darüber hinaus die „Mission" von Nonprofit Organisationen. Zwar wird zu Recht von mehreren Autoren deren Bedeutung hervorgehoben, ohne jedoch zu hinterfragen, wie sich diese Mission herausbildet und möglicherweise im Zeitablauf verändert. Folgerichtig wird auch die Problematik nicht erörtert, wann eine derartige Mission zu einem erfolgreichen Ende geführt worden ist – und damit die Voraussetzung für die Weiterexistenz der NPO nicht mehr gegeben ist.

Ungeachtet derartiger Probleme und Schwächen ist es Badelt mit dem Handbuch gelungen, eine informative und weitgehend umfassende Einführung in den Sektor der Nonprofit Organisationen zu geben, der nicht nur über die gesellschaftliche und politische Bedeutung des Sektors informiert, sondern im Rahmen des statistisch Machbaren dies auch mit Zahlen untermauert und sogar im dritten Teil Entwicklungstendenzen skizziert. Hilfreich ist zudem die ebenfalls im Grundlagenteil vorgenommene Betrachtung der Nonprofit Organisationen aus betriebswirtschaftlicher und sozioökonomischer Sicht, die gerade für wissenschaftlich Interessierte wichtige Informationen liefert. Insgesamt ist es ein durchaus gelungenes und informatives Werk, auch – und vielleicht gerade weil – es Beschäftigte von Nonprofit Organisationen dazu verleitet, ihre Kenntnis der eigenen Organisation als Benchmark zu nutzen und so festzustellen, wo einerseits das eigene Haus vom Dargestellten abweicht und andererseits Detaillierungsbedarf für eine Anwendungsorientierung zu erkennen.

BAISCH, Friedemann: Implementierung von Früherkennungssystemen in Unternehmen
---

Lohmar/Köln: Josef Eul 2000. 302 S., br.

In jüngerer Zeit finden sich vermehrt Bücher, die sich eines von der ökonomischen Forschung bislang eher vernachlässigten Themas annehmen: Der Umsetzung komplexer Projekte bzw. der Implementierung von Management(unterstützungs)- systemen. Zwar ist durchaus bekannt, dass zwischen 60 und 80 % aller komplexen Veränderungsprojekte im Zuge ihrer Einführung und Umsetzung scheitern – dennoch konzentrieren sich betriebswirtschaftliche Studien eher auf die Entwicklung neuer Konzepte, Verfahren, Methoden und Systeme, als sich der Frage anzunehmen, wie man bekanntes (Theorie-)Wissen möglichst effizient in die betriebliche Praxis überträgt.[4] Von diesem Hintergrund hebt sich die Dissertation von Baisch bereits im Ansatz sehr positiv ab, da sich sein Erkenntnisinteresse ausdrücklich auf die Einführung von Früherkennungssystemen richtet.

Konzeptionell folgt seine Arbeit den üblichen Pfaden wissenschaftlicher Arbeiten: Zunächst die Vorstellung der wissenschaftlichen und inhaltlichen Grundlagen, danach die Analyse der wichtigsten Elemente des gewählten Themas, anschließend ein Überblick über den Stand der wissenschaftlichen Literatur, bevor Lösungsansätze für

---

[4] Selbstverständlich existieren auch zu dieser Regel Ausnahmen, wie z. B. Pfeffer, Jeffrey/Sutton, Robert I.: Wie aus Wissen Taten werden. So schließen die besten Unternehmen die Umsetzungslücke, Frankfurt am Main/New York 2001 oder Nippa, Michael: Empirische Untersuchung ausgewählter Erfolgsmerkmale organisatorischer Veränderungsprozesse, Freiberger Arbeitspapiere, Freiberg 1996.

das untersuchte Problem vorgestellt werden. Diese tendenziell recht „trockene" Vorgehensweise, die sich bereits aus der umfangreichen Gliederung erschließt, lässt den Leser nicht gerade eine sehr erquickende Lektüre erwarten. Auch die Abhandlung der einzelnen Themenkomplexe ist sprachlich recht spröde, so dass Baischs Buch leider nicht gerade flüssig zu lesen ist.

Dessen ungeachtet lohnt sich aber die Lektüre, denn Baisch liefert bereits im Grundlagenteil der Arbeit wichtige Gedanken, wie beispielsweise über die Zusammenhänge zwischen individuellem Lernen und organisationalem Lernen. Er skizziert hier die verschiedenen Lerntheorien und prüft sie auf ihre „Tauglichkeit" für organisationales Lernen und Früherkennungssysteme. Der Leser gewinnt auf diese Weise nicht nur einen wertvollen Überblick über die wichtigsten Lerntheorien, sondern wird gezielt mit dem Problem konfrontiert, wie das Lernverhalten von Mitarbeitern und die Einführung eines Früherkennungssystems miteinander korrespondieren. Konsequenterweise betont Baisch, dass organisationales Lernen grundsätzlich[5] mehr ist als die Summe individuellen Lernens (S. 58).

Anschließend bietet Baisch eine umfassende Analyse der grundlegenden Bestandteile von Früherkennungssystemen, wobei er Metakonzepte, Instrumente, Ressourcen und Strukturen säuberlich unterscheidet. Auf diese Weise entsteht einerseits ein umfassender und zugleich in sich konsistenter Bezugsrahmen für die weiteren Ausführungen, andererseits gewinnt der interessierte Leser einen tiefen Einblick in den Aufbau und die Wirkungsweise von Früherkennungssystemen. Dem Wissenschaftler dienen diese Ausführungen zur Einordnung sowohl eigener als auch fremder Studien zur Früherkennung, wodurch eine kritische Rezeption der Baisch'schen Arbeit wesentlich erleichtert wird. Noch wichtiger ist dieser Teil für alle Praktiker, die an der Entwicklung eines eigenen, unternehmensspezifischen Früherkennungssystems arbeiten: Ihnen wird gleichsam in Form einer Kontrollliste vorgeführt, welche elementaren Bestandteile eines Früherkennungssystems in betriebswirtschaftlich-methodischer Hinsicht zu beachten sind.

Im vierten Kapitel befasst sich Baisch intensiv mit der Implementierung von Früherkennungssystemen, wobei er zunächst einen allgemeinen Bezugsrahmen skizziert. Dabei wird die Implementierung entsprechender Systeme als Managementaufgabe verstanden, die aus verschiedenen Aufgabenfeldern besteht, bei denen jeweils Ziele, Hürden und Motoren der Implementierung zu berücksichtigen sind. Unter Nutzung dieses Bezugsrahmens referiert Baisch die einschlägige Literatur zur Implementierung, die er kritisch würdigt. Abschließender Unterpunkt dieses Kapitels ist die Analyse von Implementierungshürden. Dabei geht er so vor, dass er die aus der Literatur erkennbaren Probleme den zuvor benannten vier Hauptbestandteilen (Metakonzepte, Instrumente, Ressourcen und Strukturen) zuordnet, bevor er aus der Ursachenanalyse seine Schlussfolgerungen zieht.

Im fünften Kapitel, das mit einem Umfang von ca. 100 Seiten den Schwerpunkt der Studie bildet, liefert Baisch eine Vielzahl von eigenen Lösungsbeiträgen, um die Implementierungschancen von Früherkennungssystemen zu verbessern. Dabei setzt er drei wesentliche Akzente, nämlich hinsichtlich der mit Früherkennungssystemen ver-

---

[5] Der Umstand, dass es trotz lernender oder zumindest lernbereiter Mitarbeiter lernresistente Organisationen gibt, wird von Baisch bewusst oder unbewusst vernachlässigt.

folgten Ziele, der Berücksichtigung des unternehmerischen Kontextes und letztlich der Durchsetzung der Systeme. Auf diese Weise wird es erleichtert, die verfolgten Ziele selbst als Motoren für die Implementierung einzusetzen und ihnen so eine Motivationsfunktion zuzuweisen. Darüber hinaus geht er nicht nur grundsätzlich auf den unternehmerischen Kontext ein, sondern verdeutlicht anhand von vier relevanten Kontextfaktoren (Unternehmenskultur, Komplexität des Umfeldes, Geschichte des Unternehmens und Früherkennungsrelevanz), wo tendenziell Probleme bestehen und wie diese Kontextfaktoren im Implementierungsinteresse beeinflusst werden können. Abschließend zeigt Baisch darüber hinaus auf, an welchen Stellen innerhalb eines Unternehmens Handlungsbedarf für die Durchsetzung von Früherkennungssystemen besteht, welche Strategien und Instrumente sich eignen und wie sich Projektmanagement zielführend einsetzen lässt.

Insgesamt hat Baisch mit seiner Studie eine äußerst verdienstvolle Arbeit vorgelegt. Angefangen mit der Aufarbeitung der Grundlagen über die Analyse der Elemente von Früherkennungssystemen und die Herausarbeitung von Implementierungshürden bis hin zu seinen Vorschlägen für die Überwindung dieser Hürden hat er sich Verdienste um den Wissen(schaft)stransfer in die betriebliche Praxis erworben. Angesichts des großen Spektrums wichtiger Themen, dass der Verfasser mit dieser Studie behandelt, dürfte es kaum einen an Früherkennung und Risikomanagement interessierten Leser geben, der aus der Lektüre dieses Buches keinen Gewinn zieht. Aufgrund der thematischen Relevanz ist dem Buch insbesondere in Praktikerkreisen eine große Verbreitung zu wünschen, da mit seiner Hilfe nicht allein bei der Implementierung von Früherkennungssystemen effizienter vorgegangen werden kann, sondern auch im thematisch eng verwandten Bereich der Risikosteuerung, die – wie das KonTraG verdeutlicht – zunehmend an Bedeutung in allen Unternehmensbereichen gewinnt.

BANDULET, Bruno: Tatort Brüssel. Das Geld, die Macht, die Bürokraten

---

München: Langen Müller 1999. 262 S., geb.

„Die EG-Gesundheitsminister warnen: Der Inhalt dieses Buches verletzt Tabus und gefährdet die Sprachregelung in Europa". Diese großen Worte auf dem Klappentext des neuesten Buches von Bandulet machen neugierig auf den Inhalt. Dieser fällt dann jedoch eher enttäuschend aus.

Das Buch zerfällt in zwei Abschnitte. Im ersten Teil kommentiert Bandulet die sattsam bekannten Vorgänge in Zusammenhang mit dem Rücktritt der Europäischen Kommission am 16. März 1999. Der Neuigkeitsgehalt und die Darstellung sind eher mäßig. Besonders ärgerlich ist, dass die durchaus berechtigten Vorwürfe nach dem Gut-Böse-Schema vorgebracht werden: Südeuropa einschließlich Frankreichs sind die Bösen, Nordeuropa sind die Guten, und Deutschland wird ohnehin immer benachteiligt. Per se böse sind die Europäischen Institutionen selbst. Eine kritische Auseinandersetzung oder gar die Frage nach Ursachen und Zusammenhängen hat sich Bandulet erspart.

Die interessantesten Passagen finden sich im Dokumentationsteil, der in Auszügen den Bericht des Ausschusses unabhängiger Sachverständiger über die Anschuldigungen zu Betrug, Missmanagement und Nepotismus innerhalb der Europäischen Kommission wiedergibt. Dieser Teil liest sich wie ein Krimi und erhellt das erschreckende Ausmaß struktureller und personenbezogener Unfähigkeit.

Wer Interesse an der Entwicklung Europas hat, sollte diese Ausführungen lesen, vorzugsweise allerdings aus der Originalquelle. Dann könnte man sich nämlich das gesamte Buch Bandulets sparen und nicht nur die ersten hundert Seiten.

BECK, Ulrich: Was ist Globalisierung? Irrtümer des Globalismus – Antworten auf Globalisierung

---

Frankfurt am Main: Suhrkamp 1997. 270 S., br.

Der Anspruch des Buches ist, pointiert und klärend in die Globalisierungsdebatte einzugreifen. Es ist untergliedert in vier Teile, in denen sich Beck bemüht, die mit der Globalisierung verbundenen Aspekte aus verschiedenen Blickwinkeln zu beleuchten. Nach einer umfangreichen Einleitung befasst er sich daher erstens mit den Dimensionen, Kontroversen und Definitionen der Globalisierung, zweitens mit deren Irrtümern und versucht drittens Antworten auf die mit ihr verbundenen Probleme zu geben.

Methodisch geht Beck dabei so vor, dass er zu den einzelnen Aspekten ausgiebig verschiedene andere Autoren zitiert, die sich mit einzelnen Teilbereichen der Globalisierung beschäftigen. Dadurch stellt das Buch eine monographische Zusammenfassung der wesentlichen Teile der Globalisierungsdiskussion dar und dient zugleich als eine Einführung in die von Beck herausgegebene Edition Zweite Moderne bei Suhrkamp, da viele der zitierten Werke in derselben Reihe erschienen sind.

Während die Herausarbeitung der verschiedenen Dimensionen und der mit der Globalisierung verbundenen Irrtümer insgesamt sehr gelungen und informativ erscheinen, wirken die von Beck skizzierten Antworten merkwürdig unverbunden. So fallen insbesondere die ökonomischen und ökologischen Argumentationen etwas knapp aus, bei denen man dem Verfasser anmerkt, dass er die Globalisierung vorrangig aus soziologischer Sicht betrachtet. Dies zeigt sich insbesondere bei seinem Plädoyer für Bürgerarbeit.

Ähnlich wie Joschka Fischer plädiert Beck für einen neuen Gesellschaftsvertrag, aber anders als bei jenem fehlt es seinen Antwortversuchen an inhaltlicher Geschlossenheit und einer überzeugenden Verbindung der politischen, soziologischen und wirtschaftlichen Dimensionen zur Bewältigung der Globalisierung.

Insgesamt ist der Band eine gelungene Einführung in die Problematik; als Versuch einer politischen Antwort auf die Globalisierung ist es jedoch unzureichend.

BEN JELLOUN, Tahar: *Papa, was ist ein Fremder? Gespräch mit meiner Tochter*

Berlin: Rowohlt 1999. 110 S., geb.

Manche Kinderbücher sollten Pflichtlektüre für Erwachsene werden, unabhängig davon, ob diese Kinder haben oder nicht. Zu diesen besonderen Büchern zählt das Gespräch von Tahar Ben Jelloun mit seiner Tochter Mérièm über Rassismus und Fremdenfeindlichkeit. Anlass war beider Teilnahme an einer Demonstration gegen ein Gesetz, das Ausländern die Einreise nach und den Aufenthalt in Frankreich erschweren sollte.

In Form kindlicher Fragen und elterlicher Antworten werden nicht nur Begriffe wie Rassismus, Ghetto und Genozid in einfachen Worten erklärt, sondern auch erläutert, wie es überhaupt zu Fremdenfeindlichkeit kommt. Angst, Unwissenheit, Dummheit und Böswilligkeit werden als Gründe für Fremdenfeindlichkeit herausgestellt. Aber Ben Jelloun gelingt noch mehr, wenn er einen Ausweg aufzeigt, der sowohl als Aufforderung an die Leser als auch an alle Erzieher zu verstehen ist: „Lernen. Uns bilden. Nachdenken. Zu verstehen versuchen, auf alles Menschliche neugierig sein, unser natürliches Misstrauen überwinden, unsere Vorurteile hinterfragen ..."

Eltern und Lehrer sind dabei in besonderem Maße angesprochen, denn die Hoffnung auf die Überwindung von Rassismus ruht zuerst auf den Kindern. Ben Jelloun betont, dass man bei einem Kind noch Einfluss nehmen kann, um sein Verhalten zu ändern. Bei Erwachsenen ist das viel schwieriger, doch zugleich sind sie diejenigen, die als gute Vorbilder gefragt sind. Kinder kommen nicht als Rassisten zur Welt, sondern werden durch ihre Umwelt – durch schlechte Vorbilder – dazu gemacht. Ben Jelloun zieht daher das Fazit, dass uns der Kampf gegen Rassismus und Ausländerhass in Fleisch und Blut übergehen muss, sonst gewinnen sie die Oberhand.

Sein Buch stellt einen Glücksfall dar: Zu einem wichtigen Thema wird klar und deutlich Position bezogen, und die Art und Weise, wie dies geschieht, ist nicht nur gut gemeint, sondern auch gut gemacht.

BERMAN, Paul: *Idealisten an der Macht. Die Passion des Joschka Fischer*

München: Siedler 2006. 285 S., geb.

Durch die Kombination aus Titel und Untertitel könnte man bei dem vorliegenden Band eine Biografie Joschka Fischers, insbesondere über die Zeit der rot-grünen Bundesregierung in Deutschland erwarten, zumal Fischer auch auf dem Umschlag abgebildet ist. Damit liegt man allerdings dann doch ziemlich falsch, obwohl Fischer in dem Buch tatsächlich eine herausgehobene Rolle spielt. Bei genauerer Betrachtung ist er für Berman allerdings nur eine hervorgehobene Symbolfigur für eine grundlegendere Betrachtung von Veränderungen in der europäischen Politik, die sich im Gefolge des Marsches der 68er durch die Institutionen ergeben haben.

Und genau diese Generation saß wegen ihres Verhaltens und ihrer Ideale quasi mit auf der Anklagebank, als der Stern im Jahr 2001 Fotos von Joschka Fischer veröffentlichte, die diesen als Straßenkämpfer zeigten, der auf einen Polizisten einprügelt. Berman entwirft denn auch das Portrait einer Generation, wenn er die Lebenswege von Joschka Fischer, Daniel Cohn-Bendit, Bernard Kouchner, Adam Michnik und anderen nachzeichnet. Denn sie stehen jeder auf ihre Art für ein Leben, das geprägt ist durch den Übergang vom Kritiker zum Gestalter der „offiziellen" Politik in ihren Ländern. Dabei haben sich ihre moralischen Ansichten ebenso wie ihre politischen Vorstellungen im Lauf der Zeit verändert – sie haben Entwicklungsprozesse durchgemacht, die sich je nach politischem Standpunkt als Anpassung, Verrat oder Erkenntnisgewinn interpretieren lassen. Gemeinsam bleibt ihnen, dass sie als Idealisten begonnen haben und auf unterschiedlichem Wege und in verschiedenem Ausmaß diese biografischen Ursprünge in die Politik als Kunst des Machbaren mitgebracht haben. Und so ist dieses Buch zugleich auch eine Geschichte der politischen Linken in Europa verbunden mit einer Ablösung des polit-revolutionärer Ansichten durch einen erneuerten, antitotalitären Liberalismus europäischer Prägung.

Paul Bermans Buch über die Idealisten an der Macht ist eine hochgradig spannende Reflektion der 68er-Generation, ihrer Siege und ihrer Niederlagen – und nicht zuletzt auch der Veränderungen, die sie in ihren Ländern bewirkt haben. Wichtiger aber noch ist das Signal, dass Idealismus auf dem Weg zur Macht keineswegs verloren gehen muss, sondern sich in gereifter Form bewahren und umsetzen lässt.

BIALEK, Axel: Perspektiven der Genossenschaft als Organisationsform

Berlin: Duncker & Humblot 1995. 289 S., br.

Der Autor befasst sich mit der Frage, ob angesichts der Veränderungen im Wettbewerb und der sich daraus ergebenden Veränderungen im Umfeld der Genossenschaften diese Rechts- und Wirtschaftsform noch als tragfähiges Konzept zur Organisation förderwirtschaftlicher Aktivitäten gelten kann. Um angesichts dieser Problematik zu einer Antwort zu gelangen, untersucht er zunächst im Rahmen des ersten Kapitels die Entwicklung der Genossenschaft. Ausgehend von der auf Draheim basierenden Sicht der Genossenschaft als einem doppelten Konzept, nämlich der Verbindung von Verein und Unternehmung,[6] befasst sich Bialek mit den wirtschaftlichen Rahmenbedingungen für genossenschaftliche Betätigung. Dabei gelangt er unter Anwendung der Kollektivgütertheorie und der Transaktionskostentheorie zu der Schlussfolgerung, dass das genossenschaftliche Organisations- und Wirtschaftsmodell dann geeignet ist, wenn die gewünschte Leistung nicht auf dem Wege individueller Spotmarktbeziehungen erhältlich ist. In Verbindung mit dem von Grossekettler entwickelten Koordinationsmängelkonzept gelangt der Autor zu der Ansicht, dass die Genossenschaft für die Erstellung von Klubkollektivgütern in Frage kommt, und zwar vorrangig auf Märkten, die in ihrer Funktion gestört sind. Dies wird anhand der geschichtlichen Entwicklung des deutschen Genossenschaftswesens mit Beispielen belegt. Bialek ge-

---

[6] Vgl. Draheim, Georg: Die Genossenschaft als Unternehmungstyp, Göttingen 1952, S. 16.

langt zu dem Fazit, „daß sich die Genossenschaft nur angesichts bestimmter marktstruktureller Gegebenheiten als Organisationsform für wirtschaftliche Betätigungszwecke eignet. Es sind dies Marktstörungen, die sich aus dem Klubkollektivgutcharakter der gewünschten Leistung ergeben und bis zu einem natürlichen Monopol führen können." (S. 65).

Der Logik dieser Argumentation folgend, wirken sich Veränderungen der Marktbedingungen nicht nur auf die Genossenschaften aus, sondern können diese auch überflüssig werden lassen. Aufgrund der bis heute stattgefundenen Veränderungen darf sich die Analyse nicht auf die idealtypische Genossenschaft des 19. Jahrhunderts konzentrieren, sondern muss deren konkrete, marktdeterminierte Ausprägungen ins Kalkül ziehen. Zu diesem Zweck setzt Bialek das von Dülfer konzipierte System genossenschaftlicher Strukturtypen ein, wobei sich sein Verständnis der drei Typen der traditionellen, der integrierten und der Marktgenossenschaft jedoch von dem des Begriffsbildners unterscheidet. Richtigerweise kommt Bialek zu dem Schluss, dass aufgrund der Veränderungen auf den einzelnen Märkten sich auch die dort agierenden Genossenschaften verändert und zum Teil erheblich von dem ursprünglichen Leitbild Raiffeisen/Schulze-Delitzsch) entfernt haben. Er folgert daraus, dass „offensichtlich ... bestimmte Marktkonstellationen die genossenschaftliche Organisationsform nicht zu(-lassen), weil bei ihnen die Vereins- und/oder die Unternehmensform nicht aufrecht zu erhalten sind" (S. 76). Einhergehend damit stellt er fest, dass heute „Wirtschaftsgebilde als Genossenschaften auftreten, die es dem prototypischen Verständnis nach nicht sind" (S. 76).

Im folgenden Kapitel befasst sich Bialek mit der Frage nach dem Erscheinungsbild der Genossenschaft, wobei er den Rechtstyp und die Rechtswirklichkeit untersucht.

Im Ergebnis gelangt er zu dem kritischen Schluss, dass die Rechtsform der eingetragenen Genossenschaft eine Reihe unsachgemäßer Modifikationen erkennen lässt, die aus den verschiedenen Veränderungen des Genossenschaftsgesetzes resultieren. Auch hierdurch ist seiner Ansicht nach die „Glaubwürdigkeit" des genossenschaftlichen Modells gesunken, da die genossenschaftliche Rechtsform sich inzwischen nur noch mit Einschränkungen als institutioneller Rahmen für die Bedürfnisse prototypischer Genossenschaften eignet. „Die Verwischung des ökonomisch definierten Leitbildes hat das Bestehen von Genossenschaften am Markt ermöglicht, die zwar überhaupt keine mehr sind, an deren Bedürfnissen der Gesetzgeber die Rechtsänderungen jedoch orientierte." (S. 128.)

In Kapitel 3 geht der Autor erneut auf den Wandel der Genossenschaftsidee ein, wobei er die Notwendigkeit der Erhaltung der Glaubwürdigkeit betont und auf den hergebrachten Prototyp verweist. Aufgrund des konstatierten Auseinanderfallens von ursprünglichem Modell und seinem Anspruch einerseits und den derzeitigen rechtlichen und wirtschaftlichen Ausprägungen der Genossenschaft andererseits gelangt Bialek zu dem Schluss, dass eine Reform der Organisationsweise notwendig sei. Dabei bestünden drei Alternativen, nämlich erstens eine grundlegende Reform des Genossenschaftsgesetzes, um die Rechtswirklichkeit wieder an den genossenschaftlichen Prototyp zu knüpfen, zweitens die Schaffung eines neuen Rechtstyps, der Kooperationsgesellschaft, für jene Unternehmen, die – aus welchen Gründen auch immer – nicht in dem erneuerten und dabei verengten Rechtskleid der Genossenschaft bleiben, aber trotzdem förderwirtschaftlich agieren wollen, und drittens das Verlassen der

Rechtsform und die Umwandlung in eine neue Unternehmung. Bialek verbindet diese drei Alternativen mit teilweise sehr detaillierten Vorgaben hinsichtlich der Strukturierung der jeweiligen Rechtsform und liefert dadurch auch wesentliche Beiträge für eine Reform des Genossenschaftsgesetzes, aber auch für jene genossenschaftlichen Unternehmungen, die sich mit der Frage eines Rechtsformwechsels tragen. In Zusammenhang mit der Reform des Genossenschaftsgesetzes sind insbesondere die Ausführungen zu den zweifelsfrei existierenden Kontrolldefiziten in Genossenschaften von großem Interesse und – eine entsprechende Reform des Gesetzes unterstellt – auch von praktischer Relevanz. Die förderwirtschaftlichen Konsequenzen der drei Alternativen werden im fünften Kapitel kurz skizziert, bevor eine zusammenfassende Würdigung den Abschluss bildet.

Der Band von Bialek ist in seiner Gesamtheit gesehen sehr interessant und bietet eine Fülle neuer Anregungen und origineller Ideen. Vor allem das vierte Kapitel ist in diesem Zusammenhang hervorzuheben, wozu nicht allein die Konstruktion einer neuen Rechtsform beiträgt, sondern wichtiger noch die Überlegungen bezüglich einer Reform des Genossenschaftsgesetzes. Positiv ist insbesondere die konsequente Herausarbeitung der Rolle und der Bedeutung der Mitglieder für die Genossenschaft, und auf welche Weise die Rückbesinnung auf die Mitgliederorientierung in der Rechtsreform umgesetzt werden könnte. Namentlich die Beseitigung von Kontrolldefiziten und -lücken im Vergleich zu den jetzigen Genossenschaften ist lobenswert und hilfreich. Die Stellung des Mitgliedes und die Veränderungen seines Einflusses im Zuge eines Rechtsformwechsels heben die Arbeit zugleich positiv ab von jenen Untersuchungen, die der Frage des Rechtsformwechsels vorrangig aus der Sicht des Genossenschaftsmanagements nachgehen. In diesem Zusammenhang ist auch das skizzierte Modell einer Kooperationsgesellschaft ein Konzept, das zu diskutieren lohnt, wenngleich hier die Gefahr einer wirklichkeitsfernen Diskussion nicht von der Hand zu weisen ist.

Die Schwächen der Arbeit liegen nach Dafürhalten des Rezensenten eher in der theoretischen Herleitung der Reformüberlegungen. Namentlich das Verständnis der Dülferschen Strukturtypen ist in diesem Zusammenhang nicht unproblematisch. Zugleich reizt aber auch die deterministische Verbindung von Marktstörungen und Rechtfertigungen für genossenschaftliche Wirtschaftstätigkeit zu Widerspruch. Störend wirkt außerdem die doch erhebliche Distanz zwischen der Diskussion des rechtlichen und wirtschaftlichen Erscheinungsbildes der Genossenschaften einerseits und der Vielfalt genossenschaftlicher Tätigkeit in den verschiedenen Branchen andererseits. Hilfreich wäre hier eine Darstellung der unterschiedlichen Branchen mit den für sie typischen Genossenschaften gewesen.

Insgesamt ist die Schrift von Bialek eine wichtige und weiterführende Arbeit, weniger hinsichtlich der genossenschaftswissenschaftlichen Theorie, denn vielmehr als Ausgangspunkt für genossenschaftspolitische Reformen und den hierfür notwendigen Diskussionen.

BIRNBAUM, Norman: Nach dem Fortschritt. Vorletzte Anmerkungen zum Sozialismus

Stuttgart: Deutsche Verlags-Anstalt 2003. 496 S., geb.

Birnbaum widmet sich einer Thematik, die von vielen schon als erledigt zur Seite gelegt wurde, nämlich dem Sozialismus, seinen Auswirkungen und Spuren, aber auch seinen Zukunftsperspektiven. Angelegt ist der Band als eine Geschichtsschreibung des Sozialismus und der Sozialdemokratie in Europa und Amerika.

Dieser Charakter eines Geschichtsbuches spiegelt sich denn auch im Aufbau des Bandes wider. In der Einleitung werden die grundlegenden Motive des Sozialismus angesprochen. Mit der Industrialisierung und den ersten Kämpfen beginnend wird dann ein Bogen über die russische Revolution und den amerikanischen New Deal bis zur aktuellen Situation in den verschiedenen europäischen Ländern und den USA geschlagen. Dem Leser wird so ein ausgesprochen informatives Werk geboten, dem es in der Tat gelingt, die Verbindung zwischen der Vergangenheit des 19. Jahrhunderts und der Gegenwart des 21. Jahrhunderts zu schaffen. Verständlicherweise handelt es sich allerdings nicht um eine Weltgeschichte des Sozialismus, denn die entsprechenden Bestrebungen in den verschiedenen Ländern der Dritten Welt, aber auch die Entwicklungen in Kanada, Australien und Japan bleiben unbeleuchtet.

Dessen ungeachtet liegt mit dem Buch von Norman Birnbaum eine ebenso kompakte wie erhellende Studie vor. Inhaltlich und vor allem sprachlich handelt es sich allerdings um harten Stoff, der sowohl einige Grundkenntnisse in der Materie voraussetzt als auch den festen Willen, den Gedanken und dem Stil des Autors zu folgen.

Dass sich dies lohnt, wird für den Leser bereits im Vorwort deutlich: Birnbaum betont, dass zwar die Impulse, die zum Sozialismus und zur Sozialdemokratie führten, sich heute unterschiedlich ausdrücken können, wie z. B. in der Arbeit von ATTAC und anderen Nichtregierungsorganisationen. Die Bemühungen um eine sozialverträgliche Kontrolle der Wirtschaftskräfte und der Versuch der Ausrichtung dieser Kräfte in Richtung einer steigenden Lebensqualität bleiben aber nach wie vor eine wissenschaftliche und eine politische Herausforderung!

BITALA, Michael: Hundert Jahre Finsternis. Afrikanische Schlaglichter

Wien: Picus 2005. 159 S., geb.

Die Kombination aus Ober- und Untertitel trifft den Ton den versammelten Reportagen ziemlich genau: Viel Dunkelheit und etwas Licht.

Bitala hat in diesem Band eine Vielzahl von Reportagen aus unterschiedlichen afrikanischen Ländern versammelt. Beabsichtigt ist dabei keineswegs, die Unterschiede zwischen den einzelnen Ländern verschwimmen zu lassen, sondern gemeinsame Erfahrungen herauszustellen. Diese sind, das machen die Berichte des Korrespondenten der Süddeutschen Zeitung deutlich, in einem ungeheuren Ausmaß geprägt von Gewalt. Diese kann sich zwar in durchaus unterschiedlichem Gewand äußern: durch staatlichen Terror, durch Krieg, durch Kindersoldaten oder Rebellen, aber auch Drogen-, Waffen- oder Kinderhändler, wie das Beispiel des Ponte-Towers in Johannesburg gezeigt hat.

Dazwischen blitzen aber auch immer wieder Signale der Hoffnung auf, z. B. verkörpert von Ernest Kwei. Er führt einen Familienbetrieb, der Särge nach Wunsch herstellt, ob als Turnschuh, als Gebärmutter oder als Bierflasche. Zu den Hoffnungssignalen gehört auch das von dem Krimiautor Henning Mankell geleitete Theater in Maputo/Mosambik, das auf seine Weise der Bekämpfung von Armut dient.

Das Buch von Bitala zeigt dem Leser ein Kaleidoskop von Eindrücken, den dunklen und blutigen ebenso wie den liebevollen und mitmenschlichen. Am Ende bleibt der Eindruck eines faszinierenden Kontinents, bei dem die neuen Herren häufig genauso brutal sind wie früher die Kolonialmächte, denen aber immer noch und immer wieder auch andere, positive Signale entgegengestellt werden. Diese Reportagen, die von Mitgefühl für die Unterdrückten und Schwachen geprägt sind, haben Bitala zu Recht den Medienpreis der Kindernothilfe-Stiftung eingebracht.

BLISSE, Holger: Eigenkapitalbildung und Mitgliederbindung bei Kreditgenossenschaften

---

Berlin: Institut für Genossenschaftswesen an der Humboldt-Universität zu Berlin 2000. 123 S., br.

Die Studie von Blisse ist geprägt durch die Frage, ob sich durch die (verstärkte) Bindung der Mitglieder einer Kreditgenossenschaft an ihre Bank zusätzliches Eigenkapital für das Institut bilden lässt. Ausgangspunkt ist die Feststellung, dass die genossenschaftliche Form der Eigenkapitalbildung ebenso Teil des Wettbewerbsgeschehens ist, wie z. B. das Angebot an Leistungen. Dazu werden wesentliche Determinanten der Zusammenhänge zwischen Eigenkapitalbildung und Mitgliederbindung untersucht.

Am Anfang steht die Analyse der eG-Rechtsform, der Wandel des Förderauftrags und die Anreiz-Beitrags-Situation für Genossenschaftsmitglieder. Anreize finden sich im materiellen, materiell-pekuniären und immateriellen Bereich, wobei jeweils auch vom Mitglied zu leistende Beiträge gegenüberstehen. Aufgabe der Kreditgenossenschaft ist daher die Gestaltung dieser Anreiz-Beitrags-Kombination, da nur die Erwartung eines positiven Anreiz-Beitrags-Saldos Kunden zum Beitritt bewegen wird.

Zur Eigenkapitalbildung ist die Genossenschaft entweder auf die Zeichnung von Geschäftsanteilen durch Mitglieder oder auf die Gewinnthesaurierung angewiesen, wobei die Ausschüttung bzw. die Thesaurierung selbst als Anreiz dienen. Beide Formen lassen sich mit Hilfe verschiedenartiger Mechanismen gestalten, wobei sowohl die Kündigungsmöglichkeit von Geschäftsanteilen als auch der fehlende Zugriff der Mitglieder auf die Rücklagen zu berücksichtigen sind.

Zentraler Ansatzpunkt zur Verbesserung des Anreiz-Beitrags-Saldo ist daher die Beteiligung der Mitglieder am Vermögenszuwachs der Genossenschaftsbank. Dabei zeigt sich, dass die Umwandlung einer eG in eine AG keinesfalls das Allheilmittel ist, als das sie immer wieder propagiert wird. Zum anderen wird deutlich, dass durch Ausgabe von Vorzugs-Beteiligungstiteln auch innerhalb von eGs zusätzliche Beteiligungsanreize für Mitglieder – und somit eine Verstärkung von Eigenkapitalbildung und Mitgliederbindung – realisierbar sind.

Die Studie von Blisse liefert nicht nur eine wertvolle Analyse der Zusammenhänge zwischen Mitgliederbindung und Eigenkapitalbildung, sondern wendet sich zugleich einem vielfach unterschätzten Problemfeld zu: Die Variabilität des Eigenkapitals führt bei Kreditgenossenschaften zu einem zusätzlichen, anderen Banken unbekannten Risiko, dem Mitgliederbestands-Risiko als der Gefahr eines drohenden Eigenkapitalabflusses.[7] Mitglieder- und Eigenkapitalbindung stellt vor diesem Hintergrund auch eine Facette genossenschaftsspezifischen Risikomanagements dar.

BLOMERT, **Reinhard:** *Die Habgierigen. Firmenpiraten, Börsenmanipulation: Kapitalismus außer Kontrolle*

München: Kunstmann 2003. 198 S., geb.

Es ist ein breiter Bogen, der hier geschlagen wird: Von veränderten Philosophien und Steuerungssystemen (Shareholder Value) über einen wirtschaftswissenschaftlichen Irrglauben (Neue Ökonomie), von neuen mathematischen Modellen (CAPM – Capital Asset Pricing Model) bis hin zu Berufsständen (Analysten, Investmentbanker, Unternehmensberatern), die diese Veränderungen gefordert und gefördert haben – und von ihnen profitiert haben. Abgerundet wird diese Palette durch das Aufzeigen eines erheblichen Ausmaßes an krimineller Energie in Fällen wie Enron, WorldCom und Comroad.

Blomert gelingt es, diesen Bogen nicht nur zu schlagen, sondern auch durchaus nachvollziehbar zu machen. Als Ausgangsbasis sieht er das Konzept des Shareholder Value an, das „Habgier und Verantwortungslosigkeit zum Kern menschlichen Verhaltens erklärte" (S. 8). Dieses Gedankenkonstrukt diente seiner Ansicht nach Firmenpiraten bei ihrer feindlichen Übernahme und anschließenden Zerschlagung von Unternehmen ebenso als Rechtfertigung wie später den Investmentbankern in den „Mergers & Acquisitions"-Abteilungen. Zu den Profiteuren solcher Übernahmen aber auch der Börseneinführungen von Unternehmen zählten daneben auch die Unternehmensberater, die Wirtschaftsprüfer und die Finanzanalysten. Von dem Platzen dieser spekulativen Blase sind heute die Anleger betroffen, deren Vermögen – aller Shareholder Value-Orientierung zum Trotz – nur kurzfristig an Wert gewann, dann aber in vielen Fällen eher vernichtet als gesteigert wurde.

---

[7] Vgl. hierzu Dülfer, Eberhard/Kramer, Jost W.: Schwachstellenanalyse und Frühwarnsysteme bei Genossenschaftsbanken, Göttingen 1991, S. 106.

Blomert hat ein faszinierendes und exzellent lesbares Buch vorgelegt, das auf nachvollziehbare Weise die Entwicklung einer neuen „Marktkultur" in den achtziger und neunziger Jahren sowie den Niedergang und die kriminellen Begleiterscheinungen beschreibt. Im Zuge der Bemühungen um Lesbarkeit sind allerdings viele Erklärungen und Analysen zu einfach ausgefallen. Wenn Blomert z. B. konstatiert, dass die Ökonomie sich als rationale Wissenschaft und als Wissenschaft vom rationalen Verhalten verstehe, die zudem Empirie fern sei (S. 126), ist daran fast alles entweder falsch oder zumindest verzerrt. Zwar befasst sich die Ökonomie in der Tat mit rationalem Verhalten, ist sich aber durchaus bewusst, dass eine Unterstellung dauerhaft rationalen Verhaltens falsch ist. Ökonomie ist demzufolge auch nicht die „Wissenschaft vom rationalen Verhalten", sondern befasst sich mit Entscheidungen in Knappheitssituationen – die rational nachvollziehbar sein können, aber keineswegs müssen. Um dies zu gewährleisten, werden zunehmend empirische Methoden eingesetzt. Allerdings leiden derzeit viele ökonomische Modelle und Handlungsvorschläge einschließlich des shareholder Value-Konzepts unter einem Defizit: Der Faktor Zeit wird vernachlässigt, mit dem Ergebnis, dass kurzfristige Steuerung zu Lasten einer langfristigen Orientierung bevorzugt wird – was in der kriminellen Ausprägung gerade bei Enron, WorldCom etc. sichtbar wurde: Die kurzfristigen Anreize für die Manager (Steigerung des eigenen Vermögens) überwogen die längerfristigen für die Anleger und Beschäftigten (Sicherung des Unternehmensfortbestandes). Dieser Zusammenhang wird von Blomert aber nicht erkannt.

BOMMARIUS, Christian: Wir kriminellen Deutschen

Berlin: Siedler 2004. 128 S., geb.

Gibt es ein Grundrecht auf „innere Sicherheit"? Im Grundgesetz ist dazu nichts zu finden. Aber trotzdem scheint dies de facto der Fall zu sein, wie Christian Bommarius belegt. Denn im Namen der inneren Sicherheit werden nicht nur explizit vorhandene Grundrechte durch Überwachungsmaßnahmen und sogenannte Präventivstrategien massiv eingeschränkt, sondern auch das Strafrecht erweitert und verschärft sowie nach einer härteren Justiz gerufen.

Dies unterstellt gleichzeitig zwei Aspekte: Erstens, dass die Bedrohung durch Kriminalität größer geworden ist, und zweitens, dass eine Unterscheidung zwischen Kriminellen und Nicht-Kriminellen möglich ist. Beide Annahmen, so belegt Bommarius, treffen aber nicht zu. Eine Zunahme der Kriminalität lässt sich aufgrund statistischer Schwächen und der Argumentation mit Dunkelziffern kaum nachweisen. Hingegen ist die Kriminalität weit verbreitet, denn zu uns „kriminellen Deutschen" (oder Österreichern, Schweizern, Franzosen etc.) zählen bei genauerer Betrachtung nicht nur Diebe, Räuber, Mörder und Totschläger, sondern selbstverständlich auch Taschendiebe, Schwarzarbeiter, Steuerhinterzieher, Versicherungsbetrüger sowie all jene, die sich nicht an Geschwindigkeitsbegrenzungen, Parkverbote und ähnliches halten.

Bommarius gelangt daher zu dem Schluss, dass eine Gesellschaft, die über Kriminalität diskutiert, letztlich Selbstgespräche führt. In Fortführung seiner Überlegungen könnte eines kriminalitätsfreie Gesellschaft nur dadurch erreicht werden, dass jeder einzelne Bewohner rund um die Uhr überwacht und tendenziell die ganze Zeit in präventive Einzelhaft genommen wird. Der Ausbau der Präventivstrategien, so macht Bommarius deutlich, weist bereits entsprechende Züge auf: „Vertrauen gegen Misstrauen. Der Staat verlangt, dass seine Bürger sich für den Schutz ihrer Sicherheit mit dem Vertrauen revanchieren, alles sei nur zu ihrem Besten. Dafür revanchiert der Staat sich mit einem Generalverdacht: Weil der Schutz der Sicherheit nicht mehr erst nach Verwirklichung der Gefahren, sondern generell bei der Bekämpfung ihrer Möglichkeit beginnt, steht nicht mehr nur der Tatverdächtige unter Verdacht, sondern jeder, der verdächtig sein könnte, Täter zu werden, im Prinzip also: jeder." (S. 106)

Christian Bommarius ist es mit seinem Buch gelungen, wichtige, aber in der aktuellen Diskussion weitgehend unterschlagene Fakten und Konsequenzen in der Sicherheits- und Kriminalitätsdiskussion deutlich zu machen. Dafür gebührt ihm großes Lob, wenngleich man es sich als Leser zwischenzeitlich gewünscht hätte, wenn er seine Argumentationen etwas weniger flapsig und polemisch vorgetragen hätte.

BORGE, Dan: Wenn sich der Löwe mit dem Lamm zum Schlafen legt. Was Entscheider über Risikomanagement wissen müssen

---

Weinheim: Wiley-VCH 2002. 182 S., geb.

Borge sagt das eine und tut dann doch das andere: Ausdrücklich weist er darauf hin, dass er kein Lehrbuch schreiben will, aber dann kommt doch eines dabei raus – allerdings eines, das den typischen Lehrbuch-Charme geschickt vermeidet. Inhaltlich ist das Buch in neun Kapitel untergliedert, die den Leser von den grundlegendsten Anfängen bis hin zu den absehbaren Zukunftsperspektiven geleiten. Das Faszinierendste in diesem Zusammenhang ist, dass es Borge gelingt, dieses an sich bereits anspruchsvolle Vorhaben ohne Mathematik – lediglich mit einigen einfachen Zahlenbeispielen – umzusetzen.

Den Ausgangspunkt seiner „Reise durch die Welt des Risikomanagements" bilden Definitionen von Risiko und Risikomanagement: Dabei wird Risiko verstanden als die Möglichkeit eines negativen Resultats und Risikomanagement als der bewusste Versuch, die Chancen für ein positives Resultat zu verbessern und jene für ein negatives zu verringern. Ausgangsbasis des Risikomanagements ist dabei der Umstand, dass die Zukunft zwar ungewiss, aber durchaus vorstellbar ist. Dafür ist es allerdings erforderlich, sich eingehend mit zwei Kernfragen zu befassen:

1. Wie werden die Ergebnisse des Handelns gemessen?
2. Wie werden Anfang und Ende des Messzeitraums festgelegt?

Die sich hieraus ergebenden Handlungskonsequenzen werden anhand eines Beispiels mit bekannten Wahrscheinlichkeiten und bekannten Konsequenzen erläutert – wobei der Leser auf sehr einfache und anschauliche Weise zugleich eine Einführung in die Grundlagen der Wahrscheinlichkeitsrechnung und in den Umgang mit Entscheidungsbäumen erhält.

Im sich anschließenden zweiten Kapitel erläutert Borge die Begriffe Überzeugungen und Präferenzen. Kernproblem in diesem Zusammenhang ist die Ermittlung von Wahrscheinlichkeiten. Dabei weist Borge zu recht darauf hin, dass Entscheidungen immer durch Wahrscheinlichkeitsurteile beeinflusst werden – selbst dann, wenn keine quantifizierten Wahrscheinlichkeiten vorliegen. Beispielhaft hierfür steht laut Borge bereits die Entscheidung, mit dem Auto zur Arbeit zu fahren – die rational nur erklärbar ist, wenn man die Gefahr – die Wahrscheinlichkeit – eines tödlichen Autounfalls sehr niedrig einstuft. Das Risikohandeln ergibt sich vor diesem Hintergrund als eine Verbindung aus den Überzeugungen hinsichtlich der Wahrscheinlichkeiten und den Präferenzen hinsichtlich der erwarteten Erträge. Dies leitet über zu den Begriffen Volatilität und Korrelation, wobei es sich – ausgedrückt in nicht-statistischen Begriffen – um die Bandbreite bzw. die Anzahl möglicher Resultate und das gemeinschaftliche Verhalten zweier Faktoren handelt. Der Volatilität kommt im Rahmen des Risikomanagements eine große Bedeutung zu, da es sich bei ihr um ein gutes Risikomaß handelt, das allerdings auf historischen Daten basiert. Ein solcher Einfluss vergangenheitsbezogener Erfahrungen bedeutet allerdings keinesfalls, so die Warnung von Borge, dass nicht auch andere, noch nicht beobachtete Ergebnisse möglich sind. Diese werden aber von den historisch angelegten statistischen Systemen nicht berücksichtigt.

Nach diesem Ausflug in die Statistik kommt wieder die Betriebswirtschaftslehre zum Zug. Hierbei geht es um den bewussten Umgang mit Risiken, die zunächst identifiziert werden müssen, bevor man sich entscheidet, wie man mit ihnen umgehen will. Bildet die Identifizierung den ersten Schritt, so folgt anschließend der zweite, nämlich die Quantifizierung mit Hilfe von Wahrscheinlichkeiten, Korrelationen, Volatilitäten etc. – selbst wenn sie unvollkommen bleiben sollte. Erst danach kann man sich sinnvollerweise für eine bestimmte Form der Handhabung entscheiden, wobei die Palette von der Vermeidung über die Diversifizierung, die Absicherung, die Konzentration bis zur bewussten Vergrößerung reichen kann.

Dass Risikomanagement vielfach keine Frage der Mathematik und der Statistik, sondern der Philosophie und der Psychologie ist, macht Borge in den anschließenden Ausführungen deutlich. Denn „der Feind in uns", von dem er spricht, ist nicht ein Versagen von Systemen und Konzepten, sondern das typische „menschliche Versagen" wie übermäßiges Selbstvertrauen, Trägheit, Kurzsichtigkeit und Fanatismus, die uns zu einem irrationalen Umgang mit Risiken veranlassen.

Nachdem Borge bis hierhin den Leser sowohl mit den konzeptionellen, statistischen und psychologischen Schwierigkeiten des Risikomanagements vertraut gemacht hat, nimmt er ihn in den nächsten beiden Kapiteln mit auf eine Reise in die Vorstandsetage. Hier lernt man intensiv den Umgang mit finanziellen Risiken – die anderen bleiben in diesem Kontext ausgeblendet – einschließlich des Umgangs mit der Maßgröße Value at Risk (VaR). Abgerundet wird dies im siebten Kapitel durch mehrere idealtypische Beispiele.

Im achten Kapitel gönnt sich Borge einen Ausflug in ungewöhnliche Domänen des Risikomanagements, wie den Heiratsantrag, das persönliche Gewicht etc. – und verdeutlicht auf diese Weise dem Leser, dass Risikomanagement eben doch sehr viel mehr ist als nur der Umgang mit Finanzfragen in einem Unternehmen. Das eigene Leben, so Borges Überzeugung (S. 133), ist die allerwichtigste Herausforderung an das Risikomanagement eines Menschen. Allerdings, so sein Fazit, „[steckt] die Anwendung strikter Risikomanagement-Techniken bei wichtigen Entscheidungen im Privatleben ... noch in den Kinderschuhen" (S. 158). Den Grund für all diese Bemühungen um Risikomanagementsysteme und -konzepte benennt Borge recht lapidar im letzten Kapitel mit der Überschrift „Risiken und Chancen": „In vielen Fällen führt die Anwendung der Techniken des Risikomanagements dazu, dass wesentlich bessere Entscheidungen getroffen werden, als es sonst der Fall wäre." (S. 159)

Und so geht eine kurzweilige und teilweise durchaus vergnügliche Reise durch die geheimnisvolle Welt des Risikomanagements zu Ende, und es ist an der Zeit, Abschied zu nehmen und ein Fazit zu ziehen. Fangen wir an mit dem, was das Buch nicht ist: Es ist nicht geeignet für die Vermittlung mathematisch-statistischer Kenntnisse und Methoden im Bereich des Risikomanagements und ebenso wenig ist es geeignet, um mit seiner Hilfe entsprechende Methoden und Verfahren zu entwickeln oder zu implementieren. Statt dessen wendet es sich auf sehr erfolgreiche Weise an all jene, denen Risikomanagement bisher vollkommen fremd war und/oder denen es am Verständnis mathematisch-statistischen Steuerungssysteme mangelt. Derartige Leser aber, so die eigene Erfahrung, finden sich unter Wirtschaftsstudenten und -professoren ebenso wie in Leitungspositionen von Unternehmen – und für all diese hat Borge eben doch ein Lehrbuch verfasst, auch wenn er es eigentlich nicht vorgehabt hatte.

Born, Karl: Bilanzanalyse international. Deutsche und ausländische Jahresabschlüsse lesen und beurteilen

---

Stuttgart: Schäffer-Poeschel, 2. Aufl., 2001. 659 S., geb.

Wie bereits die erste Auflage ist auch die vorliegende Aktualisierung bewusst in Abgrenzung zu anderen Lehr- und Handbüchern der Bilanzanalyse entstanden. Bewusst und ausdrücklich geht es dem Autor nicht darum, die Hintergründe und Methoden der Bilanzanalyse kurz zu skizzieren, um daran anknüpfend die „typischen" Kennzahlen vorzustellen. Statt dessen ist es sein Anliegen, zunächst grundlegend die Inhalte und Bewertungsmöglichkeiten der einzelnen Jahresabschlussposten vorzustellen, bevor er sich – eingedenk der zuvor aufgedeckten – Gestaltungsmöglichkeiten mit Kennzahlen und deren Aussagegehalt befasst.

Dieser Ansatz spiegelt sich demzufolge auch im Aufbau des Buches wider: Das Buch ist in drei Teile untergliedert, deren erster über allgemeine Grundlagen und gesetzliche Vorschriften informiert. Der zweite Teil beinhaltet die Untersuchung der einzelnen Bestandteile des Jahresabschlusses unter dem Blickwinkel, inwieweit eine Manipulation der jeweiligen Position durch – legale – bilanzpolitische Maßnahmen möglich ist, während der dritte Teil sich der Aufbereitung, Analyse und Beurteilung des Jahresabschlusses zuwendet.

Der erste Teil des Buches informiert recht umfassend über die gesetzlichen Grundlagen, auf denen in Deutschland die Erstellung von Jahresabschlüssen basiert. Zugleich wird herausgearbeitet, welche Aufgaben die Bilanzanalyse hat und für welche Zwecke sie eingesetzt werden kann. Besonders hilfreich ist in diesem Zusammenhang eine Übersicht zum „Profil der Bilanzpolitik", die bei der Analyse eines Jahresabschlusses als Gedächtnisstütze eingesetzt werden kann, um typische Gestaltungseffekte zu erkennen.

Aus dem Blickwinkel der Bilanzanalyse sind insbesondere die Teile zwei und drei des Buches etwa gleichbedeutend, denn nur wenn man weiß, wie eine Bilanz manipulierbar ist, weiß man, auf welche Aspekte es besonders zu achten gilt. Im zweiten Teil analysiert Born zunächst die einzelnen Posten des Jahresabschlusses, bevor er sich den Besonderheiten von Konzernabschlüssen zuwendet. Ergebnis ist eine fundierte Information des Lesers, welche Möglichkeiten seitens der Unternehmensleitungen ergriffen worden sein können, um den Jahresabschluss zu gestalten. Diese Ausführungen sind sogar derart detailliert und gut dargestellt, dass sie bei unsachgemäßer Anwendung zugleich als eine Art „Anleitung für Bilanzpolitiker" dienen können Als Nebeneffekt könnte dies dem Buch stillen Beifall von der falschen Seite einbringen.

Der dritte und von seinem Umfang her umfassendste Teil des Buches skizziert zunächst die Aufbereitung von Bilanzen sowie Gewinn- und Verlustrechnungen für eine Analyse. Danach werden mit Hilfe unterschiedlichster Kennzahlen Cash-flow, Vermögen, Kapital, Liquidität, Erfolg und weitere bewertungsrelevante Bereiche analysiert. Dabei stellt Born nicht nur die weit verbreiteten Kennzahlen vor, sondern erläutert auch deren materiellen Gehalt bzw. ihre betriebswirtschaftliche Aussagekraft. Daran anknüpfend und zugleich abschließend geht Born auch auf die Möglichkeiten edv-technischer Analyse sowie auf die Tätigkeit von Ratingagenturen ein.

Abgerundet wird das Buch durch einen umfassenden Anhang, der eine Einführung in die Bilanzierung, die doppelte Buchhaltung sowie die Rechnungslegungsgrundsätze verschiedener Länder umfasst.

Insgesamt hat Born ein Buch vorgelegt, das auch in seiner zweiten Auflage noch viel Licht und viel Schatten aufweist. Lobenswert hervorzuheben ist der grundsätzliche Ansatz, dem er folgt: erst die Untersuchung der Beeinflussungsmöglichkeiten, dann die Ermittlung von Kennzahlen. Zugleich macht sich hier sein großes Wissen über die Schwächen der Bilanzierung nach dem HGB (z. B. Wahlrechte etc.) positiv bemerkbar. Getrübt werden diese Ausführungen allerdings durch seine weitgehend unkritische Einstellung gegenüber den internationalen Rechnungslegungsnormen. Abgesehen davon, dass eher spezielle Probleme wie z. B. die Bilanzierung von Aktienoptionsrechten nach US-GAAP lediglich am Rande angesprochen werden, wäre es hilfreich gewesen, auch auf das Problem stiller Lasten einzugehen. Denn gerade in Zeiten sinkender Marktwerte kann es geschehen, dass die ausgewiesenen Buchwerte seit Bilanzerstellung weiter gefallen sind. Beispielhaft hierfür sind die derzeit anfallenden Sonderabschreibungen auf UMTS-Lizenzen.

Problematisch sind auch die Ausführungen zur empirisch-statistischen Bilanzanalyse (Diskriminanzanalyse und ähnliche Verfahren sowie die Arbeit von Ratingagenturen). Hier merkt man dem Buch an, dass der Autor diesen Verfahren fern steht und mehr einer Art Fundamentalanalyse von Unternehmen auf Basis inhaltlicher Interpretation von Kennzahlen anhängt.

Der dritte Kritikpunkt ist eher didaktischer Natur und betrifft die Eignung des Werkes als Lehrbuch: Hier machen sich nicht nur der hohe Preis störend bemerkbar, sondern auch die vielen Wiederholungen. Auf Grund dieser Aspekte ist das Buch trotz seiner unbestreitbaren Verdienste und trotz des sehr sinnvollen Ansatzes nur bedingt für Ausbildungszwecke geeignet, was aber die Nützlichkeit des Werkes als Handbuch bzw. Nachschlagewerk nicht berührt. Hier liegen denn auch die wesentlichen Vorzüge von „Bilanzanalyse international" im Vergleich zu anderen Bücher über Jahresabschlussanalyse.

BORN, Karl: *Rechnungslegung nach IAS, US-GAAP und HGB im Vergleich*

Stuttgart: Schäffer-Poeschel 1999. 131 S., br.

Die Bedeutung der Rechnungslegung nach den internationalen Standards IAS und US-GAAP nimmt auch für deutsche Unternehmen kontinuierlich zu. Durch die damit erreichte bessere internationale Vergleichbarkeit der Abschlüsse wird zugleich auch der Spielraum der Unternehmensführung im Bereich der Bilanzpolitik eingeschränkt – ein für viele Unternehmen durchaus bedeutsamer Aspekt.

Ausgehend vom Standpunkt des Bilanzanalysten strebt Born mit seinem Buch einen ersten Vergleich der Rechnungslegungsvorschriften nach IAS, nach US-GAAP und nach HGB an, wobei seine Darstellung von zwei Aspekten geprägt wird: Erstens der zunehmenden Bedeutung der internationalen Standards für die Bilanzierung, insbesondere für Konzerne und an den amerikanischen Börsen gehandelte Aktiengesellschaften, und zweitens seine Unzufriedenheit mit den Verschleierungsmöglichkeiten, die die Bilanzierung nach HGB den Unternehmen ermöglicht.

Darauf aufbauend stellt er in drei kurzen Überblickskapiteln die jeweiligen Ansatzpunkte, Konzepte und Ziele der drei genannten Rechnungslegungsvarianten vor, wodurch für den Leser sehr anschaulich die dahinterstehenden Philosophien erkenntlich werden. Anschließend werden die wesentlichen Unterschiede zwischen den drei Verfahren in Tabellenform dargestellt, wobei Born sich nicht nur auf die Posten der Bilanz und der Gewinn- und Verlustrechnung beschränkt, sondern auch allgemeine Informationen, Ziele und Grundsätze der Rechnungslegung, Bestandteile und Gliederung des Jahresabschlusses sowie zusätzliche Angaben und Informationen in seinen Vergleich einbezieht. Abgerundet wird diese Gegenüberstellung durch die Wiedergabe verschiedener praktischer Beispiele der erstmaligen Anwendung bzw. der Überleitung der Rechnungslegung vom HGB auf internationale Vorschriften. Naturgemäß stehen dabei große Konzerne im Mittelpunkt (Bayer, Dyckerhoff, Hoechst, Veba, Daimler-Benz u.a.). Abschließend gelangt Born zu der Feststellung, dass die „Bilanzierung nach dem HGB und den sogenannten deutschen Grundsätzen ordnungsmäßiger Buchführung ... deshalb in Deutschland bald verboten werden [sollte], um die Täuschung der Jahresabschlußleser unmöglich zu machen" (S. 121). Für dieses drastische Urteil finden sich auf den vorhergehenden Seiten durchaus nachvollziehbare Gründe, zumal die Defizite der Rechnungslegung nach HGB gerade im Bereich der Jahresabschlussanalyse, z. B. für Frühwarnzwecke etc., seit Jahren beklagt werden.

Insgesamt hat Born mit seinem ebenso knappen wie informativen Buch einen wertvollen Beitrag für die Beschäftigung mit den internationalen Rechnungslegungsverfahren abgeliefert. Gerade vor dem Hintergrund, dass mit ihm eine „erste Hilfe" für die Auseinandersetzung mit IAS und US-GAAP gegeben werden soll, besteht jedoch eine bemerkenswerte Schwäche im Vergleich der Rechnungslegungen: Namentlich beim Vergleich der Posten aus Bilanz und Gewinn- und Verlustrechnung wäre die Angabe von Beispielen sehr hilfreich gewesen, um so einerseits die praktische Bedeutung des jeweiligen Ausweises deutlicher zu machen und andererseits den Zugang gerade für Neulinge der internationalen Rechnungslegung zu erleichtern. So bleibt gerade dieser besonders wichtige Bereich eher trocken und theoretisch.

BRAZDA, Johann (Hrsg.): 150 Jahre Volksbanken in Österreich

Wien: Österreichischer Genossenschaftsverband (Schulze-Delitzsch) 2001, 568 S., br.

Eine 150 Jahre währende Geschichte ist für sich allein genommen bereits ein Grund stolz zu sein. Darüber hinaus ist es aber auch ein geeigneter Anlass, einen Blick in die eigene Vergangenheit zu werfen und sich der eigenen Anfänge und Entwicklung zu erinnern. Für den Österreichischen Genossenschaftsverband leistet dies der von Johann Brazda herausgegebene Band.

Den historischen Linien folgend ist das Buch zunächst einmal in drei Hauptkapitel unterteilt, nämlich der Entstehungsperiode der Genossenschaftsbanken nach 1848 während der Donaumonarchie, dann in ihrer Entwicklung zwischen 1918 und 1939 in der Zwischenkriegszeit und letztlich in der Zeit nach Ende des Zweiten Weltkriegs bis zum heutigen Tage. Diese historische Gesamtschau, die von Johann Brazda, Robert Schediwy und Tode Todev auf der Grundlage historischer Dokumente erarbeitet wurde, wird abgerundet durch zwei Beiträge, die sich speziellen Entwicklungen widmen. Dabei geht Wolfgang Werner zunächst auf die Anfänge der Agrarfinanzierung – eigentlich einem eher Raiffeisen-typischen Bereich – durch die Volksbanken ein, bevor sich Michael Thöndl den Vorschussvereinen im Böhmen des 19. Jahrhunderts zuwendet.

Dem Herausgeber und den Autoren ist es gelungen, eine ebenso umfassende wie informative Gesamtdarstellung der letzten 150 Jahre Volksbanken-Entwicklung zu geben. Dabei wird deutlich, dass es den Volksbanken gelungen ist, sich in unterschiedlichen, aber fast durchweg schwierigen sozialen, politischen und wirtschaftlichen Zeiten insgesamt gut zu behaupten. Der Stolz auf eine derartige Entwicklungsgeschichte ist durchaus verdient, darf aber nicht dazu verleiten, sich „auf seinen Lorbeeren auszuruhen". Dass dies seitens der Volksbanken auch nicht beabsichtigt ist, macht insbesondere das Kapitel über die Volksbanken im Zeichen der internationalen Vernetzung (1996 bis 2000) deutlich.

Vor diesem Hintergrund liegt mit dem Werk „150 Jahre Volksbanken in Österreich" ein schwergewichtiges, aber keineswegs schwer verdauliches Werk einer Erfolgsgeschichte der besonderen Art vor, das gerade in einer Zeit heftiger Veränderungen im Bankensektor Mut macht, nach vorne zu schauen und sich auch den neuen Herausforderungen zu stellen.

BREISIG, Thomas (Hrsg.): Mitbestimmung – Gesellschaftlicher Auftrag und ökonomische Ressource. Festschrift für Hartmut Wächter

München/Mering: Rainer Hampp 1999. 436 S., br.

Festschriften haben immer etwas von Blumensträußen an sich, sogar im doppelten Sinne. Einerseits sind sie als Geschenk und Gabe an den zu Ehrenden gerichtet, andererseits zeichnen sie sich durch eine gewisse „Buntheit" der in ihnen enthaltenen Beiträge aus. So ist dies auch bei dem vorliegenden Band, der aus Anlass des 60. Geburtstags von Hartmut Wächter erschienen ist und sich auf eine Facette in dessen wissenschaftlichem Wirken konzentriert, die Beschäftigung mit der Mitbestimmung.

Das Buch ist in drei inhaltliche Schwerpunkte eingeteilt, die von einer Würdigung Hartmut Wächters und einer Auflistung seiner Schriften eingerahmt werden. Der erste Teil steht unter dem Titel „Mitbestimmung im ökonomischen Strukturwandel" und umfasst vier Beiträge. Im ersten Aufsatz befasst sich Walter A. Oechsler mit dem Spannungsverhältnis zwischen globalem Management und lokaler Mitbestimmung, wobei er unter anderem Vorschläge für eine Modernisierung des rechtlichen Rahmens unterbreitet. Anschließend erörtern Hans Jürgen Drumm und Cinzia dal Zotto die italienische Praxis der Tarif- und Unternehmensverfassung, wobei sie besonderes Gewicht einer möglichen Übertragung auf Deutschland beimessen. Einen ähnlichen Weg beschreitet Günther Schanz, der die Mitbestimmung in Japan analysiert und die Unterschiede zur „westlichen" Mitbestimmung offen legt. Den Schlusspunkt in diesem Teil des Buches setzt eine Untersuchung von Rainhart Lang und Thomas Steger über das Selbstverständnis ostdeutscher Betriebsräte und wie es sich im Zeitablauf gewandelt hat, abhängig von der jeweiligen betrieblichen Situation.

„Mitbestimmung in Theorie und Empirie" lautet der Oberbegriff für die sieben Beiträge des zweiten Teils. Den Anfang machen Klaus Bartölke und Sabine Kiunke, die Mitbestimmung als Möglichkeit der Demokratisierung in Wirtschaftsorganisationen interpretieren, wobei sie zu dem Fazit gelangen, dass bei implosiven und explosiven Arbeitsstrukturveränderungen die ohnehin begrenzten Potentiale der Mitbestimmung weiter zurückgedrängt werden. Dieter Sadowski analysiert „ausgehandelte Arbeitsbeziehungen", wobei ihn insbesondere die Verbindung von Arbeitsrecht und ökonomischen Vertragstypen interessiert. Einen Exkurs in die wirtschaftswissenschaftliche Historie unternimmt Thomas Metz, wenn er die „Arbeitsorientierte Einzelwirtschaftslehre (AOEWL)" einer kritischen Durchleuchtung unterzieht, zugleich aber auch nach neuen Ansatzpunkten für eine kritische Betriebswirtschaftslehre sucht. Die bereits oben kurz angesprochene „Buntheit" von Festschriften manifestiert sich insbesondere in dem Beitrag von Gertraude Krell, die sich mit dem Verhältnis von Mitbestimmung und Chancengleichheit in Form eines Theaterstückes auseinandersetzt, wobei die Feststellung von Hartmut Wächter „Geschenkt wird einer nichts" gleichsam als griechischer Chor fungiert. Deutlich „traditioneller" hingegen geht Brita Modrow-Thiel vor, wenn sie sich mit der Vereinbarkeit von partizipativen Organisationsstrukturen und traditioneller Mitbestimmung auseinandersetzt, wobei sie zu dem Schluss gelangt, dass die beiden Ansätze sich eher ergänzen als behindern. Sehr stark auf die

Praxis der Betriebsratsarbeit ausgerichtet ist der Beitrag von Giselind Roßmann, die sich mit der Situation von Betriebsräten im Modernisierungsprozess beschäftigt, wobei sie für die Zukunft eine Verstärkung der Dienstleisterfunktion von Betriebsräten erwartet. Die betriebliche Praxis steht auch im Mittelpunkt der Untersuchung von Dudo von Eckardstein und Martin Seidl, die sich mit der Arbeitsbelastung von Betriebsräten auseinandersetzen, abhängig von unterschiedlichen Formen der Kooperation zwischen Management und Betriebsräten, die sich durchaus erheblich in der Arbeitsbeanspruchung der Arbeitnehmervertreter niederschlagen.

Im dritten Teil des Bandes sind sechs Beiträge zusammengefasst, die sich mit verschiedenen Rahmenbedingungen der Betriebsratsarbeit befassen, insbesondere im „personalpolitischen Kontext". Den Auftakt bildet die Untersuchung komplementärer Systeme des Personalmanagements im Rahmen flexibler Industrieproduktion, wobei Heinz-Dieter Hardes zu dem Ergebnis gelangt, dass die bisherigen Untersuchungen kaum detaillierte Empfehlungen für ein angemessenes strategisches Personalmanagement erlauben und somit weiterhin erheblicher Forschungsbedarf besteht. Der enge Bezug zur betrieblichen Praxis wird insbesondere bei Peter Hartz deutlich, der als Vorstandsmitglied der Volkswagen AG über die Möglichkeiten moderner Personalpolitik, dargestellt am Beispiel VW, berichtet, wobei Mitbestimmung als unverzichtbares Element zur Konfliktregelung betrachtet wird. Noch einen Schritt weiter geht Rolf Wunderer, der auf der Basis des Schlagwortes vom „Mitarbeiter als Mitunternehmer" zehn Elemente für die entsprechende Transformation eines Unternehmens skizziert. Andrea Jochmann-Döll befasst sich mit der Realisierung von Gruppenarbeitskonzepten, wobei die Fallstudie aus dem Öffentlichen Personennahverkehr zeigt, dass Gruppenarbeit auch dort realisierbar sein kann, wo sie sich nicht bereits auf den ersten Blick anbietet, vorausgesetzt, die Interessen aller Beteiligten werden zur Kenntnis genommen und angemessen einbezogen. Aus dem engeren Fokus der Mitbestimmung drängen die letzten beiden Artikel heraus: Herbert Kubicek und Martin Hagen interpretieren Mitbestimmung hier als Möglichkeit zur gesellschaftlichen Partizipation und untersuchen die Chancen und Grenzen elektronischer Demokratie, wie sie durch das Internet geboten werden. Wolfgang Weber und Rüdiger Kabst knüpfen an die Bedeutung von Information an und analysieren die Bedeutung betrieblicher Informationskanäle, wobei sie zu dem Schluss gelangen, dass dezentralisierte Personalverantwortung zu einem Ansteigen der Vorgesetzten-Mitarbeiter-Kommunikation führen, ohne dass hierdurch jedoch die Stellung der Arbeitnehmervertreter negativ beeinflusst wird.

Insgesamt bietet die vorliegende Festschrift nicht nur eine angemessene Würdigung des Wirkens von Hartmut Wächter, sondern ist auch für einen breiten Leserkreis in Wissenschaft und Praxis von Interesse. So ist sie sowohl eine spannende Einführung in die Thematik der Mitbestimmung und ihrer reichhaltigen Facetten als auch aufgrund der großen Breite der enthaltenen Beiträge zugleich Basis weitergehender Studien, z. B. im Bereich der Theorie und Praxis partizipativ ausgerichteter Unternehmen und der Bewältigung von praktischen Problemen in der Betriebsratsarbeit.

BRISARD, Jean-Charles/DASQUIÉ, Guillaume: *Die verbotene Wahrheit. Die Verstrickungen der USA mit Osama bin Laden*

Zürich: Pendo 2002. 284 S., geb.

Aus gegebenem Anlass sollte eines gleich zu Beginn klar gestellt werden: Der Untertitel des Buches von Brisard und Dasquié erweckt einen falschen Eindruck, denn die Beziehungen zwischen den USA und bin Laden werden zwar thematisiert, aber die Schwerpunkte werden anderswo gesetzt.

Inhaltlich zerfällt das Buch in vier Abschnitte, nämlich erstens die geheimen Verbindungen zwischen den USA und den Taliban aufgrund energiepolitischer Interessen, zweitens die Rolle Saudi-Arabiens im Spannungsfeld zwischen kapitalistischer (Erdöl-) Wirtschaft und islamischem Fundamentalismus, drittens die Beziehungen zwischen Osama bin Laden und seiner Familie und deren Geschäftspartnern, sowie viertens die Rolle von Khalid bin Mahfouz als „Bankier des Terrors". Abgerundet wird das Buch durch einen umfangreichen Anhang, der eine Chronologie der Ereignisse ebenso umfasst wie den internationalen Haftbefehl gegen Osama bin Laden und einen Bericht über das wirtschaftliche Umfeld der Familie bin Laden.

Das Buch zeigt nicht nur die Verstrickung humanitärer und karitativer Organisationen in das terroristische Netzwerk auf oder weist auf wirtschaftliche Beziehungen zwischen George W. Bush und einem der Brüder Osama bin Ladens hin, sondern beleuchtet vor allem intensiv die Rolle Saudi-Arabiens. Entsprechend ist es gerade die Verknüpfung finanzieller, wirtschaftlicher und politischer Macht mit islamisch-fundamentalistischen Überzeugungen, die erschreckend wirkt, weil durch diese Verbindung terroristische Attentate letztlich erst ermöglicht werden. Eben diese finanzielle, wirtschaftliche und politische Macht resultiert in vielen Fällen aber aus einer Unterstützung durch den Westen, der sich daher auch der Frage nach seiner eigenen Verantwortung zu stellen hat: „Von nun an kann sich in den reichen Ländern niemand mehr einer kritischen Betrachtung der Außenpolitik der letzten 50 Jahre entziehen, insbesondere der Erdölpolitik. Unsere wirtschaftliche Entwicklung beruht unter anderem auf Bündnissen mit Öldiktaturen und bestärkt diese darin, vollkommen überholte Glaubenslehren zu begünstigen." (S. 189). Insgesamt gelangen die Autoren zu dem bitteren Fazit, dass früher oder später die Terroristen, ihre Geldgeber, und vielleicht auch die sie unterstützenden Staaten Rechenschaft werden ablegen müssen, während die anderen Förderer vermutlich unbehelligt bleiben werden.

BROCKMEIER, Thomas: *Wettbewerb und Unternehmertum in der Systemtransformation. Das Problem des institutionellen Interregnums im Prozeß des Wandels von Wirtschaftssystemen*

Stuttgart: Lucius & Lucius 1998. 438 S., br.

Brockmeier wendet sich im Rahmen seiner verdienstvollen Arbeit einem ebenso schwerwiegenden wie bisher weitgehend vernachlässigten Thema im Rahmen der Transformationsforschung zu, nämlich der Rolle, die Unternehmer in diesem Prozess spielen bzw. spielen sollen. Zugleich liefert er aber noch deutlich mehr, nämlich eine grundlegende und doch differenzierte Kritik des „Mainstreams" in der ökonomischen Transformationsforschung. Basis der Arbeit ist die Feststellung, dass in den Transformationsländern ein „institutionelles Interregnum" besteht: Die alten Institutionen haben bereits ihre Gültigkeit verloren, während die neuen noch nicht aufgebaut oder zumindest noch nicht akzeptiert sind (S. 11). Brockmeiers Ansicht nach haben viele der Verantwortlichen in Theorie und Praxis diese Problematik nur unzureichend erkannt und konzentrieren sich statt dessen auf die Lösung von Einzelproblemen.

Diese These untersucht er folgerichtig auch im ersten Hauptkapitel seiner Arbeit, das sich auf die Darstellung und Kritik der ökonomischen Transformationsforschung konzentriert. Dabei bildet das Zusammenwirken von Institutionen, Wettbewerb und Unternehmertum den einen Schwerpunkt und die ordnungspolitische Gestaltung mit den Aspekten Liberalisierung, Stabilisierung und Privatisierung den zweiten. Das Defizit der neoklassisch ausgerichteten Transformationsforschung besteht darin, dass einerseits von einer Art „Anpassungsautomatismus" auf Unternehmerebene ausgegangen wurde, ohne zu klären, wann (potentielle) Unternehmer überhaupt bereit sind, sich entsprechend zu engagieren, und andererseits die Interdependenz zwischen Ordnungspolitik, Makroökonomie und Mikroökonomie weitgehend vernachlässigt wurde, mit der Konsequenz, dass insbesondere die ordnungspolitischen Steuerungsmechanismen zur Förderung unternehmerischen Verhaltens kaum zielgerichtet genutzt wurden.

Um etwas Licht in das daher noch herrschende Dunkel zu bringen, skizziert Brockmeier im zweiten Hauptkapitel die Zusammenhänge zwischen Institutionen und Wettbewerb sowie zwischen Unternehmertum und Systemtransformation. Die Untersuchung des Verhältnisses zwischen Institutionen und Wettbewerb, namentlich das Konzept der gewachsenen gegenüber der spontanen Ordnung (Hayek) und das Konzept der gesetzten Ordnung (Eucken), führen ihn zu dem Schluss, dass realistischerweise keines der beiden Konzepte sich in Reinform umsetzen lässt. Notwendig ist statt dessen ein Ansatz, der das Nachwirken vormals gültiger formeller Institutionen ebenso berücksichtigt wie die Existenz vorhandener informeller Institutionen und die (begrenzte) Wirksamkeit neu gesetzter formeller Institutionen. Erst dieses „Amalgam" kann eine realistische Transformationspolitik bewirken. „Den bewußt und absichtlich zu formenden (abstrakten) „Regeln des Rechts" der Hayek-Konzeption entspräche dann – cum grano salis – die im Rahmen der Eucken-Konzeption zu gestaltende „Wirtschaftsverfassung" (S. 173). Dabei handelt es sich letztlich jedoch eher um eine „Versöhnung" der beiden Ansätze (durch Verzicht auf unrealistische Reinformen) als um eine Aufgabenteilung.

Zur Gestaltung der Wirtschaftsverfassung zählt insbesondere die Schaffung eines ordnungspolitischen Rahmens, innerhalb dessen die Unternehmer agieren sollen. Dadurch stellt sich jedoch zugleich nicht nur die Frage, wie diese Verfassung zu gestalten ist (worauf Brockmeier im dritten Hauptkapitel eingeht), sondern auch jene nach der unternehmerischen Motivation. In der neoklassischen Ökonomie, die von dem bereits angesprochenen Anpassungsautomatismus für unternehmerisches Verhalten auszugehen scheint, stellt sich diese Frage nicht, da sie per Definition beantwortet zu sein scheint: „Schafft Wettbewerbsbedingungen und der Gewinnanreiz wird die Unternehmer schaffen bzw. in den Markt locken". In der wirtschaftlichen Realität stellt sich dies jedoch anders dar: So ist zwischenzeitlich durchaus zu beobachten, dass zwar Gewinnanreize erkennbar sind, das erwartete Auftauchen von Unternehmern aber ausbleibt bzw. diese aus dem Ausland kommen. Zur Beantwortung der Frage, wann und wodurch Anreize für das Auftauchen von Unternehmern geschaffen werden können, untersucht Brockmeier nicht nur die Unternehmerkonzepte von Schumpeter (schöpferischer Unternehmer), von Kirzner (findiger Unternehmer), sondern verbindet diese beiden „Typen" mit der Unternehmertypologie und dem Marktphasenschema von Heuß sowie den von Röpke herausgearbeiteten Determinanten für innovatives Unternehmerverhalten. Durch diese gezielte Zusammenführung durchaus unterschiedlicher Ansätze und Konzepte gelingt es ihm einerseits, ein „Unternehmergruppenbild" zu entwerfen, das mit seinen verschiedenen Facetten und Typen ein realistisch-komplexes Zielgebilde schafft, auf das die Wirtschaftspolitik abzustellen ist. Andererseits verbindet er diese Unternehmertypen mit Röpkes Filtermodell, wodurch die praktische Wirtschaftspolitik zugleich auf drei wesentliche Ansatzpunkte hingewiesen wird, nämlich das „Dürfen" im Sinne innovationsfreundlicher Handlungsrechte, das „Können" auf der Basis kognitiver und motivationaler Kompetenzen sowie das „Wollen" als psychologischen Einflussfaktor, der sich durch Gestaltung der Umweltherausforderungen in Richtung auf mittlere Schwierigkeitsgrade beeinflussen lässt.

Durch die Verbindung von Unternehmerbild(ern) und Filtermodell ist zugleich auch der Analyserahmen vorgegeben für eine zielorientierte Gestaltung der Ordnungspolitik, wobei Brockmeier in allen drei Bereichen der Liberalisierung, der Stabilisierung und der Privatisierung jeweils auf ein Verständnis im weitesten wie auch im engsten Sinne eingeht. Geht es im weitesten Sinne um die Schaffung einer „Offenen Gesellschaft", den Aufbau von „Systemvertrauen" und die Entwicklung einer Privatrechtsordnung, so ist der engere Sinn jeweils direkt marktbezogen. Im Rahmen der Liberalisierung skizziert Brockmeier daher, wie die Marktordnung zu gestalten ist, wie dabei die Prinzipien der freien Preisbildung und der Marktöffnung zu beachten sind und wie sich das Verhältnis zwischen binnen- und außenwirtschaftlicher Liberalisierung gestalten lässt. Hinsichtlich der Stabilisierung fasst er sich im Unterschied zu den meisten anderen Aspekten sehr knapp, da sich hier seine Folgerungen nur bedingt von den bekannten Konzepten unterscheiden. Im Bereich der Privatisierung, wo er die Effizienz der verschiedenen Ansätze kurz hinterleuchtet, geht er wieder stärker ins Detail, da er hier nicht nur auf die notwendige Entflechtung von (Staats-) Konzernen sowie auf die dabei häufig vernachlässigte Monopolbekämpfung eingeht, sondern auch sein besonderes Augenmerk der von ihm als „Grass-roots-Privatization" bezeichneten Entwicklung von Unternehmen durch Neugründung widmet. Zu Recht betont er deren Bedeutung für die Zukunftsfähigkeit einer (Wirtschafts-) Gesellschaft.

Insgesamt hat Brockmeier mit seinem Buch eine bemerkenswerte Arbeit vorgelegt, die ebenso verdienstvoll in der Aufarbeitung bestehender Defizite wie in der Skizzierung und Begründung(!) Erfolg versprechender Alternativen ist. Daher ist die Lektüre dieses Buch jedem anzuraten, der sich praktisch oder wissenschaftlich mit wirtschaftlicher Transformation, insbesondere in Mittel- und Osteuropa, befasst. Dennoch ist natürlich auch dieses Buch nicht ohne Mängel, wobei nur der erste dem Autoren anzulasten ist: So zählt dieses Buch bedauerlicherweise nicht zu den leicht lesbaren Werken, sondern verlangt ein echtes Erarbeiten durch den Leser. Das zweite Problem besteht darin, dass dieses Buch erst heute erschienen ist. Wieviel Schaden und Unfug hätte vermieden werden können, wenn dieses Werk bereits 1988 vorgelegen hätte (und gelesen und beherzigt worden wäre)!

BRÜHL, Tanja/FELDT, Heidi/HAMM, Brigitte u. a. (Hrsg.): *Unternehmen in der Weltpolitik. Politiknetzwerke, Unternehmensregeln und die Zukunft des Multilateralismus*

Bonn: Dietz 2004. 285 S., br.

Der Sammelband mit dem etwas nichtssagenden Titel „Unternehmen in der Weltwirtschaft" ein ganz klares Anliegen. Ausgehend von der Beobachtung, dass im Rahmen der Globalisierung eine Verlagerung der Macht weg von den Staaten und ihren Regierungen hin zu Transnationalen Konzernen und ihren Vorständen statt gefunden hat, wird die Frage gestellt, wie verantwortungsvoll die Unternehmen mit dieser Zunahme an Einfluss umgehen. Dahinter steht mehr oder weniger explizit die Annahme, dass ein Mehr an Rechten und Möglichkeiten auch ein Mehr an Pflichten und Verantwortung mit sich bringen sollte.

An einem solchen Zuwachs an Pflichten und Verantwortung, so das Ergebnis des Buches, scheinen Unternehmen aber kaum interessiert zu sein. Gleichzeitig ist feststellbar, dass sich der Umgang sowohl von Regierungen als auch von internationalen Institutionen mit den großen Konzernen geändert hat. Seit den 1970er Jahren fand ein Wandel statt, der das alte Konfrontationsdenken abgelöst hat und in starkem Maße auf Kooperation setzt. In diesem Prozess wurden einige Interessenkonflikte zwar reduziert, aber andere – u. a. im Bereich der Menschenrechte – sind bestehen geblieben und lassen sich, so verschiedene der Autoren, auch nicht durch unverbindliche und freiwillige Vereinbarungen lösen.

Vor diesem Hintergrund wird explizit der Verzicht auf die Entwicklung weiterer Verhaltenskodizes gefordert. Davon, so die Erkenntnis, gibt es bereits genug – erforderlich sei nun eine bessere und breitere Umsetzung dieser Normen, was insbesondere bei Interessengegensätzen nur durch verbindliche Regeln erreichbar sei. Hier sehen sie insbesondere die Zivilgesellschaft in der Pflicht, die auf die verschiedenen nationalen und internationalen Gremien einwirken solle, um die verschiedenen Vereinbarungen sukzessive in ihrem Verpflichtungscharakter zu verstärken.

Von einer solchen Beachtung sozialer, rechtlicher und ökologischer Standards würden, so die Überzeugung der Autoren, nicht nur die armen Länder in der sog. Dritten Welt profitieren, sondern – beispielsweise durch Abbau der „aggressiven Steuerumgehung" auch die Industriestaaten mit ihren Sozialsystemen.

Insgesamt handelt es sich bei „Unternehmen in der Weltpolitik" um ein ebenso gut lesbares wie politisch wichtiges Buch: Es arbeitet nicht nur die bestehenden Probleme heraus, sondern zeigt auch welche bereits bestehenden Standards Lösungen bieten können und auf welche Weise Unterstützung und Hilfe möglich ist.

BURGHOF, Hans-Peter: Eigenkapitalnormen in der Theorie der Finanzintermediation

Berlin: Duncker & Humblot 1998. 331 S., br.

Die vorliegende Dissertation von Burghof beschäftigt sich eingehend mit der Problematik bankaufsichtlicher Eigenkapitalnormen. Diese sind derzeit das wohl wichtigste Instrument im Bereich der Bankenregulierung, wobei sie sowohl aufgrund der Deregulierungsbemühungen auf den Bankmärkten als auch aufgrund der Harmonisierungsbestrebungen im internationalen Rechtssystem zusätzlich an Bedeutung gewonnen haben. Burghof konstatiert in diesem Zusammenhang, dass die Eigenkapitalregulierung „Schrittmacherfunktion bei der internationalen Aufsichtsrechtsharmonisierung" (S. 23) erlangt hat, woraufhin sich ihm zwei Fragen stellen: Erstens, ob Eigenkapitalnormen ökonomisch geeignet sind, die Stabilität der Bankmärkte zu gewährleisten, und zweitens, ob eine Vereinheitlichung der Eigenkapitalnormen in den verschiedenen Ländern mit ihren divergierenden Finanzsystemen und Rechtsordnungen überhaupt sachgerecht ist. Die Beantwortung dieser beiden Fragen steht im Mittelpunkt des Buches, das sich daraufhin nicht allein an Bankregulatoren auf deutscher und europäischer Ebene richtet, sondern auch an Vertreter von Bankenverbänden und letztlich an das Bankmanagement selbst.

Den ersten inhaltlichen Schwerpunkt bildet die Auseinandersetzung mit dem Bankrun als einer Form des Marktversagens, die zugleich auch als primäre Begründung für staatlich-aufsichtliche Intervention im Bankenmarkt dient. Ausführlich werden verschiedene Theoriekonzepte zu unterschiedlichen Formen des Bankruns (Run auf eine einzelne Bank, allgemeiner Bankrun) nachgezeichnet. Aufgrund dieser Erörterung wird der Schluss gezogen, dass Eigenkapitalnormen geprägt sind von dem Wunsch, die Risikoübernahme von Banken zu begrenzen. Sowohl für die staatliche Bankenaufsicht als auch für die privatwirtschaftlichen Sicherungseinrichtungen stellt sich somit die Frage, inwieweit derartige Normen geeignet sind, diese Aufgabe auch zu erfüllen.

Daher werden im folgenden Abschnitt Funktionsweise und Effizienz von Eigenkapitalnormen als einem Instrument zur Begrenzung der Konkurswahrscheinlichkeit (S. 102) analysiert. Entwicklungsgeschichtlich lassen sich drei Stufen in der Normentstehung unterscheiden, wobei als Bindeglieder die Orientierung an den Handlungsmöglichkeiten der Bankmanager einerseits und die Messung und Begrenzung der Geschäftsrisiken als Entwicklungsprinzip andererseits fungierten. Mit den bisherigen Normen (Bilanzstrukturnormen, Begrenzung offener Positionen bei einzelnen Schwerpunktrisiken, Begrenzung von Portefeuillerisiken mit Value-at-Risk-Modellen) lässt sich jedoch keine Abbildung der Gesamtrisikoposition einer Bank durchführen. Das Konkursrisiko wird nicht direkt, sondern lediglich indirekt über die Einschränkung der Verhaltensmöglichkeiten von Bankmanagern beeinflusst. Aufgrund der Risikoerhöhungsmöglichkeiten, die durch derivative Instrumente eröffnet werden, ist eine erneute Weiterentwicklung der bankaufsichtlichen Eigenkapitalnormen zu erwarten (S. 116). Burghof gelangt hier zu dem Schluss, dass die Bankenaufsicht allein mit Hilfe von Eigenkapitalnormen eine exzessive Risikopolitik nicht verhindern kann (S. 161), sondern Interventionsmöglichkeiten mit Drohwirkung erforderlich bleiben.

Anschließend befasst Burghof sich mit den Principal-Agent-Beziehungen zwischen den Einlegern und der Bank einerseits und der Bank und den Kreditnehmern andererseits. Im Mittelpunkt steht dabei das Problem, wie der jeweilige Agent (einerseits die Bank, andererseits der Kreditnehmer) in seinem Risikoverhalten so gebunden werden kann, dass den Einlegern bzw. der Bank kein Schaden entsteht. Als Instrumente zur Risikobindung der Bankmanager werden Risikoaversion der Bankeigner, im Risiko abnehmender Erwartungswert des Bankportefeuilles, Konkursstrafe sowie Managerfestgehalt zur langfristigen Gewinnoptimierung modelltheoretisch erörtert. Bankpolitisch bedeutsam ist hier Burghofs Feststellung, dass die meisten Anreizmechanismen nach Auftreten eines ersten, geringen Verlustes eine gezielte Risikoerhöhung zum Verlustausgleich nicht verhindern können.[8] Damit steigt zugleich aber die Gefährdung der Bank, auch hinsichtlich eines möglichen Bankruns. Eigenkapitalnormen, die bankaufsichtliches Eingreifen bei Unterschreitung vorgegebener Grenzwerte vorsehen, können daher Bankrunprobleme verhindern. Gleichzeitig ist eine internationale Vereinheitlichung derartiger Vorschriften aber nicht sinnvoll, wenn das Bankmanagement nicht zugleich auch einheitlichen Anreizmechanismen und Bindungswirkungen unterworfen wird. Dies ist aber weder in der Theorie (wie Burghoff zeigt) noch in der Praxis der Fall. Hinsichtlich der Beziehungen zwischen Bank und Kreditnehmer wird der Schluss gezogen, dass sich die Eigenkapitalnormen hilfreich auswirken, da sie innerhalb des deutschen Rechtssystems zu einer „Vervollständigung der Märkte durch langfristige Verträge (führen), die ohne Kombination aus strenger Eigenkapitalregulierung und rigidem Konkursrecht an den Principal-Agent-Konflikten zwischen Banken und ihren Kreditnehmern scheitern würden. Banken und ihre Kreditnehmer haben demnach ein Interesse, sich den entsprechenden Normen des Konkursrechtes und der Eigenkapitalregulierung zu unterwerfen, da diese Finanzierungsbeziehungen andernfalls gar nicht oder nur unter Nutzung einer teureren Monitoringtechnologie zustande kämen." (S. 280).

Insgesamt gelangt Burghof zu dem Ergebnis, dass Eigenkapitalnormen grundsätzlich im portfoliotheoretischen Rahmen ein geeignetes Instrument zur Begrenzung der Konkursanfälligkeit von Kreditinstituten sind, wenngleich ihr Einfluss lediglich indirekt, in Form einer Einschränkung von Verhaltensmöglichkeiten ist. Zugleich weist er daraufhin, dass die Normenentwicklung kontinuierlicher Verbesserung bedarf, zumal in jüngster Zeit durch die Einführung derivativer Instrumente sich die Handlungsspielräume des Bankmanagements deutlich vergrößert haben. Dennoch sind Eigenkapitalnormen, allerdings nur in Verbindung mit anderen Mechanismen der Verhaltensbindung, grundsätzlich geeignet, das Bankmanagement vom Eingehen extremer Unternehmungsrisiken abzuhalten. „Damit schützen Eigenkapitalnormen in der Kombination aus Verhaltensbindung und Interventionsauslösung die Einleger vor einer Ausbeutung durch die Risikopolitik der Bank" (S. 283).

Die insgesamt sehr stark theoretisch ausgerichtete Arbeit ist in erster Linie eine Bestätigung des von der staatlichen Bankenaufsicht eingeschlagenen Weges. Gleichzeitig gewinnt sie aber auch unter Managementgesichtspunkten große Bedeutung aufgrund

---

[8] Dieses theoretisch abgeleitete Ergebnis findet eine empirische Bestätigung durch Untersuchungen, in denen ein derartiges Risikoverhalten von Bankleitern als Ursache für Insolvenzbedrohungen der Banken ermittelt wurde. Vgl. z. B. Dülfer, Eberhard/Kramer, Jost W.: Schwachstellenanalyse und Frühwarnsysteme bei Genossenschaftsbanken, Göttingen 1991, S. 55f.

der umfangreichen Ausführungen zur Verhaltensbindung der Bankleiter. Diese richten sich zwar in erster Linie als Nebenbedingungen für die Nutzbarkeit von Eigenkapitalnormen an das Bundesaufsichtsamt für Kreditwesen bzw. die Deutsche Bundesbank, sind aber zugleich auch wesentlich für alle anderen Institutionen und Personen, die sich mit der Risikopolitik von Banken befassen. Dazu zählen neben den direkt angesprochenen Eigentümern der Banken (Aktionäre, Kommunen und Genossenschaftsmitglieder sowie die entsprechenden Aufsichtsräte) auch die Sicherungseinrichtungen des privaten Bankgewerbes, der Sparkassen und der Genossenschaftsbanken. Ihnen werden mit dem vorgelegten Buch Hinweise an die Hand gegeben, wie die Risikofreudigkeit des Bankmanagements eingeschränkt werden kann bzw. inwieweit die verschiedenen Mechanismen dazu geeignet sind. Mit seinen Ausführungen liefert Burghof also nicht nur eine Überprüfung der Eigenkapitalnormen als einem Instrument der Bankregulierung, sondern setzt zugleich Benchmarks für die Überprüfung der bisherigen Risikobegrenzungsmechanismen und entwickelt Anhaltspunkte für deren Weiterentwicklung.

BUSCH, Berthold/LIST, Juliane/SCHRÖDER, Christoph/SEFFEN, Achim/WEISS, Reinhold/WERNER, Dirk: Verdienst, Vermögen und Verteilung. Reichtumsbericht Deutschland

Köln: Kölner Universitätsverlag 1998. 92 S., br.

„Nicht nur Armut, sondern auch Reichtum muß ein Thema der politischen Debatte sein. Umverteilung ist gegenwärtig häufig die Umverteilung des Mangels, weil der Überfluß der anderen Seite geschont wird." Diese Forderung der beiden großen Kirchen in Deutschland stellt die Ausgangsbasis für die vorliegende Publikation dar.

Auf knapp 90 Seiten haben sich die Autoren, die dem Institut der deutschen Wirtschaft angehören, mit Fragen des Reichtums in Deutschland auseinandergesetzt. Auffällig ist, dass die insgesamt vier Beiträge, die sich mit dem individuellen Wohlstand, dem staatlichen Vermögen und der Infrastruktur, dem Niveau der sozialen Vorsorge und dem „Reichtumsfaktor Humankapital" befassen, ziemlich unverbunden nebeneinander stehen. Insbesondere macht sich das Fehlen einer zusammenfassenden Wertung unangenehm bemerkbar.

Von besonderem Interesse ist die Darstellung der individuellen Wohlstandsentwicklung, bei der der Verfasser (Christoph Schröder) zu dem Schluss gelangt, „daß an den langfristig beträchtlichen materiellen Wohlstandsgewinnen alle Einkommensschichten und alle sozialen Gruppen partizipiert haben". Dieser Schluss mag zunächst verwundern, ist jedoch nachvollziehbar, wenn man sich genauer mit der entsprechenden Interpretation der statistischen Daten befasst. Dann fallen einige Besonderheiten auf: Die Entwicklung des Vermögens wird nicht auf Bevölkerungsgruppen bezogen, sondern nur in ihrer Gesamtheit dargestellt; der Anteil der verschiedenen Gruppen am Produktivvermögen wird überhaupt nicht angesprochen. Insbesondere ist hervorzuheben, dass zwar in einer Graphik die Rückläufigkeit der Nettoeinkommen je Sozialhilfeempfänger (als einziger Gruppe) gezeigt wird, dieser Aspekt im Text aber nicht kommentiert wird.

Die anderen drei Beiträge weisen zwar nicht denselben Grad an unkritischer Herangehensweise auf, doch kann man sich insgesamt des Eindrucks nicht erwehren, dass die Interpretation der Daten auf der Basis einer gewissen Parteilichkeit erfolgt und auch als Argumentationshilfe im Wahlkampf konzipiert ist.

CHOMSKY, Noam: Profit Over People. Neoliberalismus und globale Weltordnung

---

Hamburg: Europa 2000. 159 S., br.

Das Buch ist als Streitschrift angekündigt und genau darum handelt es sich auch: Chomsky kritisiert Neoliberalismus, globale Weltordnung und insbesondere die USA, der er nicht nur Manipulation der Öffentlichkeit vorwirft, sondern insbesondere ein heuchlerisches Verhalten: Die politischen und wirtschaftlichen Eliten fordern freihändlerisches Verhalten zwar weltweit ein, sind zu dessen Durchsetzung sogar zur Anwendung von Gewalt bereit, scheuen sich jedoch immer davor, dieselben Maßstäbe auch an ihr eigenes Verhalten anlegen zu lassen. Im Gegensatz zu den vollmundigen Forderungen nach freier Marktwirtschaft praktiziert Amerika Protektionismus nach außen und politische Förderung amerikanischer Konzerne nach innen.

Das Buch von Chomsky besticht durch ebenso klare Schreibweise wie Feindbilder. Das bedeutet keineswegs, dass die Vorwürfe unzutreffend sind, so z. B. hinsichtlich der Instrumentalisierung der Vereinten Nationen, der politischen Willensbildung innerhalb der USA, der Beeinflussung der lateinamerikanischen Nachbarn etc. Als problematisch erscheint aber die Vorgehensweise des Autors, der in seiner Argumentation wild durch die Jahrzehnte (und teilweise Jahrhunderte) springt, für viele seiner Zitate die Quellenangaben schuldig bleibt (was deren Nachprüfbarkeit erschwert) und zudem ein sehr statisches Bild der amerikanischen Politik und Wirtschaft zeigt. Veränderungen innerhalb des Landes scheinen danach während der letzten Jahrzehnte keine statt gefunden zu haben.

Bei aller notwendigen und berechtigten Kritik an den USA: Hier macht es sich der Autor zu einfach und der interessierte Leser sei statt dessen auf die fundiertere Studie von Edward Luttwak („Turbo-Kapitalismus. Gewinner und Verlierer der Globalisierung") verwiesen, der weniger polemisiert und mehr erklärt.

CHOMSKY, Noam: War against People. Menschenrechte und Schurkenstaaten.

Hamburg: Europa 2001. 160 S., br.

Titel und Untertitel des neuen Buches von Chomsky gewinnen vor dem Hintergrund der Terrorattacken vom 11. September und dem Krieg gegen Afghanistan eine ungeahnte Aktualität. Dass dieses „Versprechen" – aufgrund fehlender Bezugnahme auf die jüngsten Ereignisse – letztlich nicht gehalten werden kann, liegt weder in der Verantwortung des Autors noch in der des Verlages, denn der Titel ist bereits seit längerem angekündigt, das amerikanische Original stammt aus dem vorigen Jahr und die wiedergegebenen Manuskripte dürften aus dem Jahr 1999 und früher stammen. Dessen ungeachtet liest man das Buch aufgrund des aktuellen Weltgeschehens mit gesteigertem Interesse, zumal Chomsky den USA vorwirft, selbst zu den „Schurkenstaaten" zu gehören. Dabei ist seine Definition eines Schurkenstaates ebenso einfach wie nachvollziehbar: Hierzu zählen alle Staaten, „die sich selbst an internationale Regeln und Abmachungen nicht gebunden fühlen" (S. 7). Im Verlaufe der folgenden 150 Seiten liefert Chomsky Beispiele zuhauf, in denen die USA die UN-Charta, Entscheidungen des Internationalen Gerichtshofs, des UN-Sicherheitsrates und der Welthandelsorganisation sowie die Allgemeine Erklärung der Menschenrechte bewusst missachtet oder gebrochen haben. Vor diesem Hintergrund regt das Buch zum kritischem Hinterfragen des derzeitigen Agierens der USA (und ihrer Verbündeten) auf der Weltbühne an – wodurch in gewisser Weise das eingangs erwähnte „Versprechen der Aktualität" doch eingelöst wird.

Die Lektüre des Buches erzeugt durchaus zwiespältige Gefühle und das in doppelter Hinsicht: Zum einen hinsichtlich des Buches selbst, das – wie vom Verfasser gewohnt – klar geschrieben und im Unterschied zu früheren Bücher diesmal auch argumentativ überzeugt. Zugleich machen sich aber auch wieder Chomsky-typische Defizite bemerkbar, insbesondere das wörtliche Zitieren ohne Quellenangabe. Zwar ist diese Unsitte hier weniger ausgeprägt als in „Profit over People", aber problematisch bleibt die fehlende Nachprüfbarkeit dennoch. Zum anderen wünscht man sich Klarheit hinsichtlich der aktuellen Geschehnisse bzw. der durch die USA verfolgten Ziele und der eingesetzten Mittel.

Chomsky, Noam: Media Control. Wie die Medien uns manipulieren

Hamburg: Europa 2003. 256 S., geb.

Noam Chomsky, langjährig ausgewiesener Kritiker amerikanischer Regierungen, wendet sich in dem hier vorliegenden Buch explizit einer bestimmten Form von Nicht-Regierungs-Organisationen zu, nämlich den amerikanischen Medien. Ausgangspunkt ist hierbei die Frage, in welchem Maße die Berichterstattung der Medien unparteiisch ist. Dabei gelangt Chomsky sehr schnell zu der Vermutung, dass die Medien keineswegs unparteiisch sind, sondern regierungsnah berichten.

Diese Regierungsnähe entsteht übrigens keineswegs dadurch, dass die Massenmedien (Zeitungen, Zeitschriften, Fernseh- und Radiosender) einer direkten staatlichen Kontrolle unterliegen. Dennoch agieren sie –gewissermaßen als Teil abgestimmten Verhaltens – zumeist im Sinne der Regierung, was nach Chomsky vorrangig daran liegt, dass die Eigentümer der Massenmedien und die Mitglieder der Regierung tendenziell ähnliche Interessen verfolgen. Vor diesem Hintergrund werden die traditionellen Massenmedien gerade im Bereich der Außenpolitik zu Propagandainstrumenten der Regierung und wirken zugleich innenpolitisch bei der Herstellung eines politischen Konsenses mit: Nachrichten, die die Bevölkerung verstören könnten, werden unterdrückt oder zumindest weitestgehend abgemildert. Dies hat u. a. zur Konsequenz, dass lediglich die Verbrechen der Feinde eingehend beleuchtet werden, werden die eigenen oder die der Freunde kaum erwähnt werden. Dadurch wird Kritik zwar nicht verboten, aber durch Selbstzensur bereits im Vorfeld eingeschränkt, denn die Medien verstehen sich nicht als Kritiker oder gar als Gegner der Regierung, sondern – zumindest in außenpolitischer Hinsicht – eher als deren Partner.

Diese Überlegungen von Chomsky sind nicht gerade neu, wie auch bereits der Großteil des Buches bereits etwas älteren Datums ist. Denn der Band selbst ist gewissermaßen zusammengestückelt worden: Die einleitenden 50 Seiten stammen aus der amerikanischen Vorlage „Media Control" von 2002, während die folgenden 200 Seiten aus dem Buch „Necessary Illusions" von 1991 stammen. Dessen ungeachtet handelt es sich um ein durchaus lesenswertes Buch, und es ist von geradezu erschreckender Faszination, wie Zusammenhänge, die Chomsky am Beispiel der Reagan-Administration erläutert, sich in der Regierungszeit von Bush jr. wiederholen. In einer Hinsicht macht sich allerdings das relativ hohe Alter der Argumentation etwa störend bemerkbar, denn Chomsky vernachlässigt – aus der Sicht der frühen Neunziger Jahre durchaus nachvollziehbar – die Einsatz- und Nutzungsmöglichkeiten des Internet.

CHOMSKY, Noam: Hybris. Die endgültige Sicherung der globalen Vormachtstellung der USA

Hamburg: Europa 2003. 319 S., geb.

Ausgangspunkt von Chomskys Betrachtungen ist die Politik seines eigenen Landes, der Vereinigten Staaten von Amerika: Offiziell dient diese, ob es um die Kriege in Afghanistan und Irak geht oder um die Aufrüstung des Weltalls, lediglich zur Sicherung des eigenen nationalen Überlebens. Diese These erscheint Chomsky allerdings sehr zweifelhaft; zu konträr sind die Maßnahmen und auch die Ergebnisse dieser Politik.

Er vermutet, dass es den USA keineswegs in erster Linie um eine Sicherung des eigenen Bestehens geht, sondern vorrangig um die Ausweitung und letztlich um die Sicherstellung der eigenen Vorherrschaft in wirtschaftlicher und politischer Hinsicht. Zur Begründung dieser Ansicht unterzieht Chomsky die Politik der letzten Jahrzehnte einer kritischen Betrachtung und gelangt zu dem Fazit, dass sich die USA im Rahmen ihrer Verfolgung dieser imperialen Strategie das Recht einräumen, nach Gutdünken einen Präventivkrieg zu führen (S. 20).

Dabei macht Chomsky sehr deutlich, dass die USA mit zweierlei Maß messen: Sie sieht sich im Besitz von Rechten, die anderen Ländern nicht oder zumindest nicht im selben Maße zustehen. Dabei spielt es aus Sicht der USA auch keine Rolle, ob diese sich selbst eingeräumten Rechte gegen internationales Recht verstoßen. Konsequenterweise sind die USA für ihren Angriff auf Nicaragua vom Weltgerichtshof auch verurteilt worden (S. 23).

Den Ursprung dieser us-amerikanischen Politik sieht Chomsky bereits in der Anfangsphase des Zweiten Weltkriegs (S. 24). Wie Chomsky hervorhebt, stehen damit Ronald Reagan und George Bush sr. in ihrer flagranten Verachtung des internationalen Rechts in einer langjährigen Tradition. Im Rahmen dieser globalen Dominanzpolitik sehen es die USA als ihre Aufgabe an, „die Kontrolle über die Energiereserven zu bewahren, unannehmbare Formen eines unabhängigen Nationalismus zu bekämpfen und im eigenen Land den inneren Feind namens „Krise der Demokratie" zu bewältigen" (S. 25). Dabei kann die jeweils ergriffene Form variieren, ist aber zumindest unterschwellig immer mit der möglichen Androhung von militärischer Gewalt verknüpft.

Bei genauerer Betrachtung bringt Chomsky in seinem jüngsten Werk kaum neue Fakten; nahezu alles, was in dem Buch steht, hat man in dieser oder ähnlicher Form bereits von ihm – und einigen anderen Autoren – gehört. Neu ist allerdings die Einbindung der vorgetragenen Fakten und Argumentationen in einen breit gespannten Rahmen: Die Theorie einer Hegemonialmacht, die im Rahmen der Verfolgung dieses Ziels ggf. auch bereit ist, ihre eigene Sicherheit aufgrund gestiegener Instabilitäten zu gefährden statt auszubauen. Vor dem Hintergrund dieser Theorie werden auch die Bestrebungen zur Bewaffnung des Weltraums erklärlich, die durchaus ein neues Wettrüsten hervorrufen – und dadurch sowohl die weltweite als auch die amerikanische Sicherheit gefährden können.

CHOMSKY, Noam: Power and Terror. US-Waffen, Menschenrechte und internationaler Terrorismus

---

Hamburg: Europa 2004. 104 S., br.

Und schon wieder ein Buch von Chomsky, ist man versucht zu stöhnen, denn Chomsky ist nicht nur ein Vielschreiber, sondern wiederholt sich dabei auch noch des häufigeren. Der Wiederholungscharakter wird noch verstärkt durch die Politik seines deutschen Verlages, innerhalb sehr kurzer Zeit viele Bücher von Chomsky zu ähnlichen Themengebieten zu publizieren.

Gleichzeitig wäre es aber leichtfertig, das vorliegende Büchlein auf so saloppe Weise abzufertigen. Denn zugleich vertritt Chomsky das rhetorische Prinzip: „Wiederholung macht anschaulich", das seine Argumentation in der Tat stützt: Wenn wir uns das Recht nehmen, andere mit einem bestimmten Maßstab zu messen, müssen wir – so gebietet es die Logik – uns auch selbst mit diesem Maßstab messen lassen.

Überträgt man dieses abstrakte Prinzip allerdings auf die praktische Politik, so schneiden die USA (und durchaus auch Europa) in der praktischen Umsetzung keinesfalls gut ab. Statt alle Handlungen nach einheitlichen Kriterien beurteilen zu lassen, greift vorher das Ideologie-Kriterium: Was wir tun ist gut, und deshalb dürfen wir es. Andere hingegen dürfen es daher noch keineswegs und schon gar nicht gegen uns. Jüngstes Beispiel hierfür ist der Streit um das mutmaßliche Atomwaffenprogramm des Iran: Die USA protestieren vehement, verfügen aber selbst darüber und haben diese Waffen in der Vergangenheit sogar eingesetzt oder zumindest damit gedroht. Dieses ihnen gewissermaßen selbstverständliche Recht wird dem Iran aber nicht eingeräumt.

Die Problematik ist nicht neu und von Chomsky auch bereits in früheren Büchern thematisiert worden. Selten aber wurde Chomsky so deutlich wie hier, wenn er konstatiert: „Der mächtigste Staat der Welt wird keine internationale Autorität akzeptieren. Das würde auch kein anderer Staat tun, wenn er dazu in der Lage wäre, selbst Andorra nicht. Aber in der wirklichen Welt können nur die Mächtigen tun, was ihnen beliebt." (S. 29).

Gleichzeitig und trotz aller Kritik gegenüber den USA und den Medien betont Chomsky auch, dass es Gründe für Optimismus gibt: Der Rechtsfertigungsdruck hat in den letzten Jahrzehnten deutlich zugenommen und es ist zu hoffen, dass er sich weiter verstärkt. Zudem hätte man – gerade in den USA – exzellente Möglichkeiten zur Recherche und zur Meinungsäußerung.

Chomsky zu lesen lohnt trotz aller Wiederholungen immer wieder, weil es ihm eben doch gelingt, den Leser mit neuen oder anders formulierten Argumenten und zusätzlichen Fakten zum Denken anzuregen.

CONNIFF, Richard: Magnaten und Primaten. Über das Imponiergehabe der Reichen

---

München: Blessing 2003. 416 S., geb.

„Der Mensch ist eigentlich auch nur ein Tier" – dieser Denkansatz liegt dem Buch von Richard Conniff zugrunde. Wenn dem so ist, folgert er weiter, müssten sich Verhaltensweisen des Menschen eigentlich auch an anderer Stelle in der Tierwelt auffinden lassen. Vor diesem Hintergrund wendet sich der Zoologe Conniff seinem speziellen Betrachtungsobjekt zu, nämlich den Reichen. Dabei bewegt ihn die Frage, „ob es nicht möglich wäre, die Reichen in einem neuen Licht zu betrachten. Sie wie eine Tierart zu betrachten." (S. 9)

Folgerichtig wendet er den Ansatz der Evolutionspsychologie auf die Reichen an: Er beobachtet diese Subspezies und vergleicht seine Beobachtungen mit denen anderer Forscher, die sich mit einer Vielzahl verschiedener Tierarten befasst haben, von der Bulldoggenameise und der Schnabelfliege über Paviane bis hin zu Präriehunden und Drosseln. Dabei stellt sich zum einen heraus, dass es auch bei den meisten Tierarten eine Gruppe der „Reichen" gibt, wenngleich diese üblicherweise weder Geld noch andere Arten von Vermögen horten. Aber dafür besitzen sie einen bevorzugten Zugang zu Nahrungsmitteln und Paarungsmöglichkeiten. Zum anderen lassen sich bei menschlichen und tierischen Reichen ähnliche Verhaltensweisen beobachten: Aufstiegsstreben, Machtsicherung, Dominanz und Imponiergehabe, Sicherung von Lebensräumen, Paarungsverhalten und auch der Aufbau von Dynastien.

Conniff hat mit seiner „Naturgeschichte der Reichen", so der Originaltitel des Werkes, ein faszinierendes Buch geschrieben, dass gleichzeitig auf amüsante Weise unterhält und wissenschaftliche Erkenntnisse vermittelt. Zwar ergeben sich in methodischer Hinsicht gewisse Vorbehalte, da Conniff seine tierischen Vergleichsobjekte ohne erkennbare Systematik auswählt – und bei der großen Zahl unterschiedlicher Tierarten würde es schon an ein Wunder grenzen, wenn man nicht irgendwo mindestens eine Tierart finden würde, die eine gesuchte Verhaltensweise ebenfalls aufweisen würde. Aber ungeachtet dessen liefert die biologische Perspektive neue, zusätzliche Erkenntnisse über das Leben der Reichen und auch darüber, wie wir anderen in einer Welt leben, die von den Reichen dominiert wird. Und so können vielleicht gerade für aufstiegsorientierte Leser die „zehn goldenen Regeln für Alpha-Affen" am Ende des Buches neue Perspektiven für die eigene Karriere eröffnen.

CRESCENZO, Luciano de: Und sie bewegt sich doch. Die Anfänge des modernen Denkens
---

München: Albrecht Knaus 2004. 174 S., geb.

Denken als Revolution, das ist der Ausgangspunkt von de Crescenzos Buch. Dabei wendet er sich nicht etwa der französischen Revolution oder einer der anderen berühmten Revolutionen seit dem 18. Jahrhundert zu, sondern geht weit vor den Beginn des Zeitalters der Aufklärung zurück. Ihn beschäftigt die Philosophie des 15. und 16. Jahrhunderts, also jene Epoche, die als Humanismus oder Renaissance in die Geschichte eingegangen ist. Diese Ära fasziniert de Crescenzo, denn seiner Ansicht nach „trugen sich die einschneidensten Umwälzungen eben zu jener Zeit zu": „die Philosophie mit Marsilio Ficino und Francis Bacon, die Geographie mit Christoph Kolumbus und Amerigo Vespucci, die Astronomie mit Kopernikus, Tycho Brahe, Kepler und Galilei, die Politik mit Machiavelli und Guicciardini, die Kunst mit Leonardo da Vinci, Raffael und Michelangelo, die Religion mit Martin Luther, Zwingli und Calvin, oder die Entdeckung der Perspektive durch Brunelleschi und Leon Battista Alberti sowie die Erfindung des Buchdrucks durch Johannes Gutenberg." (S. 9).

Mit dieser Aufzählung von Persönlichkeiten und Kulturgebieten hat de Crescenzo zugleich den Rahmen seines Buches abgesteckt, denn in den nachfolgenden 26 Kapiteln nimmt er den Leser mit auf einen Parforceritt durch das Gelände der Philosophie und ihre angrenzenden Gebiete. Dabei versucht er nicht ein Gesamtbild jener Epoche zu entwerfen, sondern stellt im Gegenteil die wichtigsten Denker und den jeweiligen Kern ihrer Werke vor – die Einordnung und Zusammenführung wird bewusst dem Leser überlassen. De Crescenzo leistet dabei aber durchaus Hilfestellung, denn den meisten Kapiteln wird ein kurzes „Apropos" zur Person angefügt, in dem de Crescenzo seine eigenen Erlebnisse, Erkenntnisse und Überlegungen dem Leser vorträgt – und so zur Auseinandersetzung mit dem jeweiligen Philosophen und de Crescenzos Kommentar anregt.

Entstanden ist auf diese Weise ein knappes Vademecum der Philosophie des 15. und 16. Jahrhunderts: Kurz, prägnant, unterhaltsam und anregend. Es ist mit Sicherheit nicht vollständig und mit gleicher Sicherheit sind die philosophischen Überlegungen der vorgestellten Denker (zu) stark verkürzt. Aber dafür ist es ausgesprochen gut lesbar und regt zum eigenen Denken an – und Denken kann, wie oben schon erwähnt, revolutionär sein.

DECKSTEIN, Dagmar/FELIXBERGER, Peter: *Arbeit neu denken. Wie wir die Chancen der New Economy nutzen können*

Frankfurt: Campus 2000. 222 S., geb.

Die New Economy als Stein der Weisen: Die mit diesem Schlagwort gemeinte informationsbasierte Wirtschafts- und Gesellschaftsweise wird in Europa vielfältige Veränderungen hervorrufen, die für ein besseres, freieres und selbstbestimmteres Leben genutzt werden können und sollten. Einem allgemeinen Aufbruch in diese schöne neue Welt stehen jedoch derzeit noch viele Interessentengruppen, Standesvertreter und Organisationen wie Industrie, Gewerkschaften, Parteien und Bürokratie entgegen, die durch ihr Beharren am Althergebrachten die gebotene „historische Chance" verspielen könnten.

Dies ist die „Message" des Buches von Deckstein und Felixberger, die in ihrem Kern durchaus bedenkenswert ist. Gerade die von den Autoren zur Illustration herangezogenen Unternehmensbeispiele tragen diese These auch durchaus, doch insgesamt zeichnet sich das Buch bedauerlicherweise durch eine sehr unkritische Herangehensweise an das Thema aus: Aktuellen Problemen wird mit dem Lösungsversprechen der New Economy eine rosafarbene Zukunft gegenübergestellt, ohne dass der Weg von der Gegenwart in die Zukunft skizziert wird, ohne dass auf etwaige Probleme eingegangen wird, ohne dass die bereits heute absehbaren Verlierer einer solchen Entwicklung auch nur erwähnt werden. Denn bei allen in der Tat bestehenden Chancen einer informationsdominierten Wirtschaft und Gesellschaft werden jene Probleme haben, denen der Willen oder das erforderliche Können zur Informationsbeschaffung und -verarbeitung fehlt.

Das Buch ist eine vertane Chance: Nicht allein wegen der unkritischen Haltung der Autoren zur New Economy, sondern weil zudem auch gute und richtige Argumente zugeschüttet werden mit Bergen von Geschwätzigkeit und Geschwafel, was gerade Mitarbeitern einer renommierten Zeitung nicht passieren sollte.

DERBER, Charles: *One World. Von globaler Gewalt zur sozialen Globalisierung*

Hamburg: Europa 2003. 256 S., geb.

Seit geraumer Zeit wird von den verschiedensten Autoren über Globalisierung im Sinne einer zunehmenden internationalen wirtschaftlichen und politischen Verschränkung nachgedacht. Je nach Motivation und Intellekt geschieht dies teilweise zur Begründung einer Finanzumschichtung von unten nach oben, zur Begründung eines Abbaus von Sozialleistungen und gewerkschaftlichen Errungenschaften, aber auch einer Ablehnung aller Veränderungen oder als ein „Zurück in die Vergangenheit" durch das Anstreben einer möglichst weitgehenden Autarkie und Autonomie der Nationalstaaten.

In vielen Fällen wird der Vorbehalt gegenüber dieser Spielart der Globalisierung von einer diffusen Furcht vor sozialen, ökonomischen, finanziellen und politischen Verlusten getragen. Derber greift diese Vorbehalte ebenso auf wie die kritiklose Befürwortung von Konsum und internationaler Konkurrenz. Im Gegensatz zu vielen anderen Autoren macht er allerdings deutlich, dass sowohl Befürworter als auch Gegner der Globalisierung vielfach zu eindimensional an die Dinge herangehen. Deutlich wird dies in seinen Ausführungen zum „neuen Gemeinplatz Weltwirtschaft": Dieser „geht davon aus, daß die globale Wirtschaftsintegration 1. neu, 2. auf Grund der neuen Technologien unvermeidbar und 3. eine von den seltenen Freuden auf Erden ist: eben eine Situation, in der jeder nur gewinnen kann." (S. 43).

Derber legt offen, dass es sich bei diesen Unterstellungen letztlich nur um Mythen handelt, dass die Globalisierung durchaus von Interessen getrieben – und damit gestaltbar ist.

Dafür ist allerdings Voraussetzung, dass eine intensive politische Diskussion auch und gerade in Europa statt findet, bei der sowohl die Neoliberalen vom Schlage der deutschen CDU und FDP als auch die Globalisierungsgegner in den Reihen der Gewerkschaften und bei ATTAC sich erneut und diesmal eingehender mit den Chancen und Gefahren auseinander setzen. Derber macht nämlich zu Recht darauf aufmerksam, dass die Globalisierung gestaltbar ist – und dies auf eine Weise, die Aggressionen zwischen Menschen und Ländern abbaut statt sie zu verstärken. Einen erfolgversprechenden Weg skizziert Derber an hand eines Fünf-Punkte-Plans: Erstens die Etablierung eines wirtschaftspolitischen New Deals im Sinne des kontinental-europäischen Gesellschaftsvertrages; zweitens die Förderung nationaler Demokratien; drittens eine Demokratisierung der Kapitalgesellschaften im Sinne eines Kapitalaufsichts- und Mitbestimmungssystems; viertens eine Wiederbelebung kommunaler und lokaler Kulturen und fünftens die Schaffung einer internationalen Gemeinschaft auf der Grundlage globalen Rechts und kollektiver Sicherheit. (S. 219-222). Derber empfiehlt hier ausdrücklich eine Führungsrolle Europas, weil dies in vieler Hinsicht diesem Konzept näher steht als die Vereinigten Staaten, ohne allerdings gleichzeitig Europa zu idealisieren oder eine Ablösung der USA als Hegemonialmacht zu fordern.

Der große Vorzug von Derbers Überlegungen besteht darin, dass er sowohl Chancen als auch Probleme berücksichtigt, sowohl Verfechter als auch Gegner der Globalisierung ernst nimmt, und zu einer eigenen Synthese gelangt. Derbers Buch kommen daher gleich zwei große Verdienste zu: Zum einen ist das Buch eine klare Absage an alle, die hinsichtlich der Globalisierung die unselige TINA-Argumentationstechnik (TINA – There Is No Alternative) im Stil von Margret Thatcher aufgreifen: Während diese darauf beharren, dass es keine Alternative zur derzeitigen Form der Globalisierung gebe, belegt Derber, dass es solche doch gibt. Zum anderen zeigt er anhand dieser Alternativen aber auch auf, dass Globalisierung – verstanden als wirtschaftliche und politische Internationalisierung – durchaus große Vorteile aufweisen kann, wenn man sie denn im Sinne einer globalen Demokratie gestaltet. Derber zeigt auf, wie man es machen kann – und die Vertreter des Neoliberalismus müssen sich jetzt den Vorwurf gefallen lassen, ggf. eine globale Demokratie als plausible Alternative zum jetzigen Weg nicht zu wollen!

DOBERKAT, Ernst-Erich/ENGELS, Gregor/GRAUER, Manfred/GROB, Heinz Lothar/KELTER, Udo/LEIDHOLD, Wolfgang/NIENHAUS, Volker (Hrsg.): **Multimedia in der wirtschaftswissenschaftlichen Lehre. Erfahrungsbericht**

Münster/Hamburg/London: LIT 2000. 328 S., br.

Die neuen computergestützten Medien haben bereits in den verschiedensten Wirtschaftsbereichen ihren Einzug gehalten und dabei eine derartige Bedeutung erlangt, dass es gewissermaßen nur eine Frage der Zeit war, bis man sie auch hinsichtlich ihrer Eignung für die Aus- und Fortbildung zu überprüfen begann. Beispielhaft hierfür steht ein Projekt des Landes Nordrhein-Westfalen, das sich der Eignung von Multimedia-Ansätzen für die wirtschaftswissenschaftliche Hochschullehre zugewendet hat. Dazu ist mit dem von Doberkat et al. herausgegebenen Band ein Erfahrungsbericht erschienen, der nicht allein über verschiedene Realisierungsvarianten informiert, sondern auch durchaus erhellende Einblicke zum Projektmanagement in Universitäten bietet.

Inhaltlich werden zunächst die Rahmenbedingungen des Förderungsvorhabens und der geförderten Projektansätze vorgestellt, bevor dann aus vier Umsetzungsprojekten in Münster, Siegen, Köln und Bochum über die jeweiligen Vorgehensweisen, Erfolge und Schwierigkeiten berichtet wird. Den Abschluss bilden eine zusammenfassende Darstellung der erzielten Ergebnisse sowie Schlussfolgerungen und Empfehlungen für ähnlich ausgerichtete Vorhaben.

Für jenen Leserkreis, der selbst an der Einführung bzw. Eigenentwicklung von Multimediamaterialien für die Lehre interessiert ist, bieten insbesondere die Berichte von Grob, Grauer und Leidhold wertvolle Anregungen, da an diesen drei Hochschulen bereits vor Projektstart ein erhebliches Know How zum Thema Multimedia aufgebaut worden war. Entsprechend sind die Umsetzungen auch bereits recht komplex ausgefallen, egal ob es sich um die Entwicklung einzelner Module (Münster), eine CD-Lernanwendung (Siegen) oder die Vernetzung ganzer Vorlesungsreihen (Köln) handelt. Die potentiellen Nutznießer der gemachten Erfahrungen gehen weit über den recht engen Hochschulbereich hinaus und umfassen auch die Institutionen der Erwachsenenbildung wie auch die weiterführenden Schulen. Diese Bildungsträger erhalten mittels der Erfahrungsberichte wertvolle Hinweise für eigene Projektdurchführungen.

Darüber hinaus ist das Buch auch von Interesse als Sammlung von Praxisbeispielen für unterschiedliche, wenngleich verwandte Vorgehensweisen beim Projektmanagement. Derartig ausführliche Projektevaluationen, die aufgrund der Gleichzeitigkeit der Durchführung nicht nur eine Beurteilung des einzelnen Projektes erlauben, sondern auch Vergleiche zwischen den einzelnen Projekten, finden sich selten.

Schwachstelle des Buches ist jedoch die redaktionelle Gestaltung. So wird sowohl auf eine Definition des Begriffes „Multimedia" (in manchen Hochschulen scheint bereits der Wechsel zwischen Projektor und Wandtafel unter „Multimediaeinsatz" zu fallen) als auch auf die Erstellung eines Abkürzungsverzeichnisses verzichtet. Insbesondere letzteres erweist sich als Nachteil, da nicht nur jeder Autor seine eigene Terminologie – und dementsprechend eigene Abkürzungen – entwickelt hat, sondern auch so stark mit dem Thema vertraut ist, dass längst nicht in allen Fällen neu eingeführte Abkürzungen auch erläutert werden. Konsequenz ist dann ein heiteres Bedeutungsraten!

Davon einmal abgesehen, ist der vorgelegte Erfahrungsbericht ein wertvolles Werk für all jene, die den eigenen Einsatz von Multimediaanwendungen für Lehre und Ausbildung erwägen. Der Nutzen solcher Ansätze wird ebenso deutlich wie die Tücken der Realisierung und mit Hilfe des Buches lassen sich zudem zahlreiche Fehler vermeiden.

EMMOTT, Bill: Vision 20/21. Die Weltordnung des 21. Jahrhunderts

Frankfurt am Main: S. Fischer 2003. 367 S., geb.

Bill Emmott macht sich Sorgen um den Zustand der Welt und unterzieht deswegen die Welt einer politischen und ökonomischen Analyse. Die politische Analyse findet sich im ersten Teil seines Buches unter dem Titel „Bedrohungen des Friedens", wo er sich zunächst mit der Führungsrolle Amerikas auseinandersetzt. Danach folgen Analysen zu China, Japan, Europa und „Aufruhr und Terror". Afrika, Lateinamerika und die arabische Welt werden nicht explizit abgehandelt, sondern finden sich in Gestalt von Nebenanmerkungen oder eben im Kapitel „Aufruhr und Terror" wieder, was zu der zynischen Schlussfolgerung führt, dass die Länder so unbedeutend sind, dass sie mit Fug und Recht vernachlässigt werden können, mit Ausnahme jener Gruppen, die Gewalt exportieren.

Der zweite Teil des Buches steht unter dem Titel „Der gescholtene Kapitalismus" und ist im Großen und Ganzen eine Verteidigung desselben. Zwar werden durchaus Schwächen diagnostiziert, die dann unter den „Härten des Marktes", „Wohlstandsgefälle", „ausgelagerte Armut" oder „Belastung der Umwelt" angemerkt werden. Der Klarstellung halber sei in diesem Zusammenhang angemerkt, dass Emmott keineswegs blind oder uneinsichtig gegenüber politischen und/oder wirtschaftlichen Defiziten ist. Dessen ungeachtet ist er davon überzeugt, dass der derzeitige, neoliberal geprägte Kapitalismus das beste und leistungsfähigste Wirtschaftssystem ist, von dem im Grundsatz auch alle profitieren.

Vor diesem Hintergrund erklärt sich denn auch sein „Plädoyer für einen skeptischen Optimismus", mit dem er sein Buch beendet. Dieser skeptische Optimismus ist – wie auch der Rest des Buches – wohlformuliert, kann aber letztlich doch nicht völlig überzeugen. Dies liegt zum einen an der eher unkritischen Amerikasicht, die das vor dem Irak-Krieg verfasste Buch prägt, aber stärker noch an den ökonomischen Überzeugungen Emmotts, die Massenarbeitslosigkeit, Finanzkrisen und Armut als unangenehme, aber vorübergehende „Härten des Systems" betrachten, ohne sich mit grundlegender Kritik an eben diesem System wie z. B. durch die Wirtschafts-Nobelpreisträger Amartya Sen oder Joseph Stiglitz auseinanderzusetzen. So ist das Buch zwar eine durchaus anregende Lektüre, aber keineswegs der große Wurf, als den es Paul Kennedy auf dem Klappentext lobt.

ENDLICH, Lisa: Goldman Sachs. Erfolg als Unternehmenskultur

München: Heyne 2000. 416 S., geb.

Unternehmenschroniken zu lesen kann zwischenzeitlich zu einem mühsamen Geschäft ausarten, insbesondere dann, wenn das Portrait mit der in vielen Geschäftsberichten üblichen Eleganz und Eloquenz abgefasst wurde. Ein gelungenes Gegenbeispiel hat Lisa Endlich mit ihrem Buch über die Investmentbank Goldman Sachs abgeliefert: Eine spannende, gut lesbare Beschreibung des Unternehmens vom Einmannbetrieb, der Schuldscheine aufkauft, bis zur weltweit führenden Bank für Börseneinführungen und Unternehmenszusammenschlüsse.

Durch ihre anschauliche Schreibweise ist es ihr gelungen, die Entwicklung der Bank ebenso wie die wichtigsten Akteure in der 130jährigen Geschichte des Hauses zu bildhaftem Leben zu erwecken, was gerade bei einer als trocken verschrieenen Materie wie dem Bankgeschäft ein besonderes Lob verdient. Hinzu kommt, dass sie als langjährige Mitarbeiterin viele der handelnden Personen persönlich kennen gelernt hat, was sich in den entsprechenden Charakteristiken niederschlägt. Positiv hervorzuheben ist auch, dass sie nicht allein die vielen Erfolge hervorhebt, sondern auch auf die Fehlschläge und Misserfolge eingeht, die sich ebenfalls in der Bankhistorie finden. Geschäftsgeheimnisse werden aber ebenso im Dunkeln gelassen wie Spekulationen über das tatsächliche Ausmaß von Insidergeschäften oder die Verstrickung in die Skandalpleite von Robert Maxwell.

Die Autorin bietet insgesamt einen spannenden Einblick in die faszinierende Welt von Goldman Sachs, der der Bank aber nicht weh tut und auch keine echten Geheimnisse verrät. Aufgrund von Endlichs Erzählstil ist das Buch nicht nur für Bankfachleute interessant, sondern auch für Liebhaber von Biographien oder Familienerzählungen.

ENGELHARDT, Werner Wilhelm: Sozial- und Gesellschaftspolitik – grundlagenbezogen diskutiert

Berlin: Duncker & Humblot 2001. 287 S., br.

Bei dem Buch handelt es sich um die Zusammenführung bereits anderweitig erschienener Veröffentlichungen von Engelhardt. Gemeinsamer Kern des Buches ist – wie der Titel bereits andeutet – die Beschäftigung mit der Sozial- und Gesellschaftspolitik, wobei Engelhardt nicht an einer allumfassenden Auseinandersetzung mit allen Aspekten interessiert ist, sondern sich einzelnen Aspekten widmet, die er dann „grundlagenbezogen diskutiert" – wobei ökonomische und philosophisch-anthropologische Fragestellungen dominieren.

Konzeptionell besteht das Buch aus fünf Teilen. Am Anfang steht eine Auseinandersetzung mit einigen Grundfragen einer an den Interessen und Bedürfnissen mündiger Bürger ausgerichteten Sozialpolitik. Daran schließen sich unter der Überschrift „Zu einigen Aspekten der Sozialpolitik" zwei Artikel zu alten und neuen sozialen

Fragen bzw. dem Komplex Sicherheit, Subsidiarität und Sozialpolitik an. Anschließend entwirft Engelhardt eine Entwicklungstheorie der Sozialpolitik, die er als eine Querschnittswissenschaft versteht. Die folgenden beiden Aufsätze befassen sich mit dem Denken in Ordnungen einerseits und den immer wieder aufbrechenden Konflikt zwischen Ökonomismus und Ethik andererseits. Den Abschluss des Buches bildet eine Auseinandersetzung mit Gustav von Schmollers Verständnis der Sozialpolitik.

Gerade die bei Engelhardt immer wieder aufscheinende Differenzierung zwischen Ökonomie, dem Wirtschaften einerseits, und dem Ökonomismus, der Betrachtung aller gesellschaftlicher Fragestellungen allein (oder zumindest überwiegend) aus wirtschaftlichem Blickwinkel andererseits, bringt dringend benötigte Klarheit in viele aktuelle Diskussionen, z. B. in Zusammenhang mit der Globalisierung. Seine Ausführungen machen aber auch deutlich, dass die ökonomistische Betrachtungsweise zwischenzeitlich Züge einer sich selbst erfüllenden Prophezeiung annimmt: Die ökonomistische Betrachtungsweise wirkt sich auf die verschiedenen Institutionen aus und verursacht Verhaltensänderungen dergestalt, dass diese Institutionen zunehmend tatsächlich nur noch unter ökonomischen Gesichtspunkten handeln. Unter Verweis auf das Genossenschaftswesen und andere Formen kooperativen Verhaltens macht Engelhardt aber zugleich deutlich, dass durchaus Erfolg versprechende Alternativen zum Ökonomismus existieren.

FINK, Ulf: Arbeit für alle. Neue Initiativen zur Beschäftigungsförderung

Bonn: Bouvier 1998. 185 S., br.

Das wichtigste Thema der heutigen Zeit steht im Mittelpunkt des Buches: Die Bekämpfung der Arbeitslosigkeit. Politischer Hintergrund ist ein Arbeitskreis der CDU/CSU-Bundestagsfraktion, dessen Aufgabe die Entwicklung neuer Initiativen zur Beschäftigungsförderung ist. Dessen Ergebnisse legt Fink hier in erweiterter Form vor, ergänzt durch Dokumente zur politischen Entstehungsgeschichte.

Den ersten Schwerpunkt bilden die Ausführungen zur Sozialen Marktwirtschaft. Sie sind zwar recht knapp, beinhalten aber eine sehr verdienstvolle Beschreibung der in den Niederlanden und in den USA eingeschlagenen Pfade. Zwar sind beide Wege keine Ideallösungen und auch nicht unbesehen auf Deutschland (oder Österreich!) übertragbar; dennoch kann man von ihnen lernen. Es gereicht Fink hier auch zur Ehre, dass er ausdrücklich betont, dass mehr Beschäftigung nicht „umsonst" und nur im Dissenz zum Ziel einer „Einkommensgerechtigkeit" erreichbar sei. In vielen Fällen würden sich zumindest vorübergehend Wohlstandseinbußen ergeben (S. 83). Im zweiten Schwerpunkt geht es um mögliche, zum Teil bereits praktizierte Lösungswege, um insbesondere Langzeitarbeitslose wieder in den Arbeitsprozess einzugliedern. Geboten wird ein knapper Überblick über verschiedene Möglichkeiten der Beschäftigungssteigerung, wobei Qualifizierungsmaßnahmen und der umstrittene „Kombi-Lohn", der Niedriglöhne mit staatlicher Unterstützung aufstocken soll, im Mittelpunkt stehen. Diese Ausführungen münden in neun Thesen zur „Arbeit für alle", die ein politisches Programm zur Bekämpfung von Langzeit- und Jugendarbeitslosigkeit bilden.

Positiv hervorzuheben ist bei dem Buch die knappe Form, in die Fink die wichtigsten Aspekte des Problems bringt. Zugleich drückt er sich nicht vor der Feststellung unangenehmer Wahrheiten und vermeidet weitgehend das „Schönreden" von Konsequenzen. Schon aus diesem Grunde ist das Buch lesenswert.

Zugleich greift Fink in einzelnen Bereichen zu kurz, wenn er z. B. vernachlässigt, dass im Ritual der Tarifverhandlungen auch deshalb nur wenige Erfolge für die Arbeitslosen erzielt werden, weil sie keinen direkten Interessenvertreter am Verhandlungstisch haben. Auch der Kombilohn bedürfte einer eingehenderen Analyse hinsichtlich seiner Auswirkungen, als es im Rahmen der knapp drei Seiten geschieht. In höchstem Maße ärgerlich ist jedoch die schlampige Art und Weise, in der das Buch redigiert worden ist (Schreibfehler, willkürliche Seitenumbrüche, uneinheitliche Formatierung etc.). Insgesamt liegt mit „Arbeit für alle" eine gute Einführung in die Problemlage vor, die aber weitere Diskussionen erforderlich macht.

FISCHER, Joschka: Für einen neuen Gesellschaftsvertrag. Eine politische Antwort auf die globale Revolution

---

Köln: Kiepenheuer & Witsch 1998. 338 S., geb.

Und wieder ein Buch über die Globalisierung, so könnte man zu stöhnen versucht sein anlässlich des neuesten Buches von Joschka Fischer. Die Globalisierung ist in aller Munde und einhergehend damit hat die Zahl der Bücher zu diesem Thema nahezu inflationsartig zugenommen. Was soll und kann ein Buch eines führenden Politikers zu diesem Thema also noch Neues bringen, zudem, wenn es im Jahr der Bundestagswahl veröffentlicht wird und der betreffende Politiker stark in den Wahlkampf eingebunden ist?

Dennoch oder vielleicht gerade deswegen ist das Buch in höchstem Maße lesenswert, wenngleich der Schreibstil von Joschka Fischer durchaus gewöhnungsbedürftig ist und nicht gerade dazu beiträgt, das Buch zu einer kurzweiligen Abendlektüre zu machen.

Ausgangspunkt der Analyse ist die Situation Deutschlands, die gleichzeitig politisch wie wirtschaftlich durch die Auswirkungen der deutschen Vereinigung und die zunehmende Einbindung in die weltweite Wirtschaft geprägt ist. Fischer konstatiert, dass Deutschland bis heute versucht, sich diesem Veränderungsdruck zu entziehen. Seiner Ansicht nach ist dies jedoch immer weniger gelungen und wird in Zukunft völlig unmöglich werden. Statt eines „weiter so" auf dem bisherigen Weg ist es notwendig, die jüngsten Entwicklungen zu analysieren, um auf dieser Basis eine neue, zukunftsorientierte Politik zu konzipieren. Beide Aspekte, die Analyse ebenso wie der Politikentwurf, bilden das Thema von Fischers Buch.

Trotz oder vielleicht auch gerade wegen der Bedeutung von Technologie, Ökonomie und Ökologie betont Fischer das Primat der Politik, deren Aufgabe es gerade in Zeiten umfassender gesellschaftlicher Veränderung ist, die Ziele zu benennen, zu deren Erreichung technische wie wirtschaftliche Instrumente einzusetzen sind. In diesem Kontext fordert Fischer einen „neuen Gesellschaftsvertrag", in dessen Rahmen die notwendige Modernisierung der westlichen Gesellschaften mit marktwirtschaftlichen Instrumenten, unter Beachtung ökologischer Restriktionen und unter Beibehalt des Sozialstaates erreicht werden kann.

Insgesamt ist es ihm gelungen, nicht nur die bestehenden Probleme zu analysieren, sondern eine sowohl politisch als auch ökonomisch überzeugende Lösung zu skizzieren, die zudem in vielerlei Hinsicht auch für andere westeuropäische Demokratien von Interesse ist.

FRANK, Thomas: Das falsche Versprechen der New Economy. Wider die neoliberale Schönfärberei

---

Frankfurt: Campus 2002. 420 S., geb.

Manche Titel – auch und gerade bei Sachbüchern – sind einfach ärgerlich, weil sie den Leser bewusst oder unbewusst auf eine falsche Fährte locken. Dies gilt durchaus auch für das vorliegende Buch von Thomas Frank – denn sein Thema ist eben nicht die New Economy im üblichen Sinne, also die Verbindung aus neuen Technologien, Globalisierung und Börsenboom. Zwar spielt all das durchaus eine Rolle in den Ausführungen von Thomas Frank, aber eigentlich geht es ihm um Grundsätzlicheres, nämlich die Probleme eines ungebremsten und deregulierten Kapitalismus.

Zentraler Begriff ist denn auch „Marktpopulismus", worunter Frank eine ideologisch-mythische Überhöhung von Märkten versteht: „Märkte haben zusätzlich zu ihrer Funktion als Mittel zum Austausch von Gütern eine Funktion als Mittel zum Erreichen von Zustimmung. Sie repräsentieren den Willen des Volkes differenzierter als schlichte Wahlen: Märkte verleihen demokratische Legitimation; sie sind der Freund des kleinen Mannes; sie heben Wichtigtuer und Hochnäsige von ihrem Podest; sie geben uns das, was wir wollen und setzen sich für ihre Interessen ein" (S. 12). Dieses Verständnis von Märkten und die Propagierung ihrer ungebremsten Ausdehnung lassen sich in Europa und insbesondere in den USA seit geraumer Zeit beobachten. Frank skizziert in seinem Buch viele Facetten dieser Entwicklung, beginnend mit der Schwächung der Gewerkschaften, der Überhöhung der Börse, dem veränderten Verhalten von Universitäten und dem Vordringen eines unkritischen Journalismus. Letztlich führt diese Entwicklung seiner Ansicht nach zu einer massiven Schwächung demokratischer Strukturen, weil die Abstimmung nach Köpfen in Form von Wahlen durch die Abstimmung nach Kaufkraft in Form von Märkten zurückgedrängt wird.

In der gesellschaftswissenschaftlichen, insbesondere der wirtschaftswissenschaftlichen Fachliteratur sind die von Frank hervorgehobenen Phänomene hinreichend bekannt und auch bereits diskutiert. Allerdings finden diese Diskussionen weitgehend außerhalb der Massenmedien und der so genannten „veröffentlichten Meinung" statt – und sind daher in ihrer Breitenwirkung beschränkt. Franks Buch kommt daher der Verdienst zu, diese „akademische Sprachlosigkeit" durchbrochen zu haben und problematische, demokratiebedrohende Entwicklungen aufzuzeigen. Leider wird dieses ehrenwerte Anliegen beeinträchtigt durch die teilweise schlampige Lektorierung des Buches und die Neigung des Autors, seine Argumentationen sehr lang ausfallen zu lassen.

FRANKFURT, Harry G.: Bullshit

Frankfurt am Main: Suhrkamp 2006. 76 S., fest geb., € 8,30 (GS)

Was ist eigentlich Bullshit? Zum einen die runter gefallenen Hinterlassenschaften von Stieren, zum anderen aber auch eine sprachlich-kulturelle Verunreinigung – irgendwo zwischen Unsinn und Mist.

„Zu den auffälligsten Merkmalen unserer Kultur gehört die Tatsache," so Harry G. Frankfurt, „daß es so viel Bullshit gibt." (S. 9). Gleichzeitig sei diesem Phänomen bisher aber noch nicht genügend Aufmerksamkeit gewidmet worden und so fehle es an einer Theorie. Diesem Mangel will er mit Hilfe des vorliegenden Büchleins abhelfen.

Dazu wendet er zunächst die Mittel des Sprachforschers an, nämlich die Abgrenzung gegenüber verwandten Begriffen wie z. B. dem Humbug und der Lüge sowie die Analyse wesentlicher Eigenschaften des Bullshits. Dazu zählen insbesondere das Hochtrabende und die Falschheit.

Wichtiger als dieser sprachliche Kontext ist aber der dahinterstehende gesellschaftlich-kulturelle, den Harry G. Frankfurt gleichsam nebenbei offen legt, wenn er die Wurzeln des Bullshits untersucht. Schließlich gelangt er zu der Erkenntnis, dass Bullshit produziert wird, wenn ein Mensch über ein Thema sprechen muss, von dem er wenig Ahnung hat. Dafür mitverantwortlich, so Frankfurt, sei „die weitverbreitete Überzeugung, in einer Demokratie sei der Bürger verpflichtet, Meinungen zu allen erdenklichen Themen zu entwickeln" (S. 71).

Insgesamt ist das Büchlein ebenso knapp wie erhellend ausgefallen. Ob als Mittel gegen Bullshit eher die Überprüfung auf Richtigkeit der Aussage oder auf Aufrichtigkeit des Sprechenden weiterhilft, soll an dieser Stelle nicht weiter diskutiert werden. Auf jeden Fall trägt die Lektüre dazu bei, Bullshit schneller und gezielter zu erkennen als früher – und ein Beispiel für Bullshit liefert bereits der Umschlag, denn dort steht: „Eine Provokation: Dieses Buch wird Ihr Leben verändern." – Bullshit!

FÜRSTENBERG, Friedrich : Arbeitsbeziehungen im gesellschaftlichen Wandel

München/Mering: Rainer Hampp 2000. 292 S., br.

Das vorliegende Buch von Fürstenberg ist zugleich eine Einführung in die Thematik der Arbeitsbeziehungen oder „industrial relations" in ihrer deutschen Ausprägung und die Dokumentation jahrzehntelanger wissenschaftlicher Auseinandersetzung des Verfassers mit dieser Thematik. Denn der aus Anlass des 70. Geburtstags von Fürstenberg erschienene Sammelband beinhaltet seine wichtigsten Arbeiten zu dieser Thematik und erstrecken sich dabei über einen Zeitraum von mehr als vierzig Jahren.

Faszinierend ist dabei für den interessierten Leser nicht nur, wie aktuell auch heute noch Fürstenbergs Analysen älteren Datums sind, sondern wie es ihm gelungen ist, im Laufe seiner Studien die verschiedenen Themenstellungen sukzessive so abzuarbeiten, dass sich diese im Sinne eines Handbuchs ergänzen.

Aufgebaut ist das Buch geradezu klassisch: Am Anfang steht eine grundsätzliche Standortbestimmung, nämlich die Einbettung der Arbeitsbeziehungen innerhalb des Spannungsfeldes gesellschaftlicher Interessen. Daran anknüpfend werden die verschiedenen Dimensionen bzw. Betrachtungs- und Einflussebenen beleuchtet, bevor ein Ausblick den Abschluss des Buches bildet.

Unter dem Stichwort „Handlungsträger" geht Fürstenberg nicht allein auf den Betriebsrat, die Unternehmer(vertreter) und die Gewerkschaften ein, sondern befasst sich auch mit den zwischen diesen Akteuren herrschenden Machtstrukturen. Dabei interessieren ihn neben den Formen der sozialen Macht insbesondere die unterschiedlichen Machtgrundlagen, die Grenzen der (Handlungs)macht sowie die Möglichkeiten des Machtausgleichs zwischen den verschiedenen Handlungsträgern. Auf die Rolle des Staates wird an dieser Stelle noch nicht eingegangen, sondern erst in Zusammenhang mit dem Handlungsrahmen, wenn gleich unzweifelhaft das Agieren des Staates die Arbeitsbeziehungen nachhaltig beeinflusst.

Auch im Bereich der Handlungsebenen beschränkt sich Fürstenberg nicht auf eine einzige. Positiv hervorzuheben ist in diesem Zusammenhang, dass er sich dabei nicht allein auf die Handlungsebenen des Betriebs (bzw. des Unternehmens) und der Branche beschränkt, sondern auch auf die Frage einer Mitbestimmung am Arbeitsplatz eingeht. Auf diese Weise werden nicht allein die Unterschiede zwischen den Ebenen deutlich sichtbar, sondern auch, dass durchaus Interessendivergenzen zwischen den Akteuren auf den unterschiedlichen Handlungsebenen bestehen. So stehen sich zum Beispiel auf der Handlungsebene des Betriebs der Betriebsrat und die Unternehmensleitung gegenüber, während auf Branchenebene Gewerkschaften und Arbeitgeberverbände agieren. Dabei kann es allerdings durchaus zu massiven Konflikten zwischen den „Partnern" auf unterschiedlichen Ebenen kommen. Die betriebsbezogenen Interessen des Betriebsrats können beispielsweise zu einem Verhalten führen, das den Interessen der Gewerkschaften zuwider läuft. Parallel lässt sich diese Konstellation auch bei Unternehmensleitung einerseits und Arbeitgeberverbänden andererseits beobachten. Ergänzt werden diese Ausführungen durch einen Beitrag zur Geschichte und Gegenwartslage der Mitbestimmung, die auch auf grundlegende Probleme in Zusammenhang mit der wachsenden Internationalisierung der Wirtschaftsbeziehungen aufmerksam macht. Wünschenswert wäre es jedoch gewesen, wenn Fürstenberg in diesem Kontext detaillierter auf die Handlungsebenen der grenzüberschreitenden Wirtschaftstätigkeit eingegangen wäre. Gerade hinsichtlich der Interessenorganisation (vor allem der Arbeitnehmer) einerseits und des Machtausgleichs zwischen „Arbeit" und „Kapital" andererseits sind hier nicht nur vielfältige Fragen weiterhin offen, sondern nach wie vor Analysen ebenso wie Handlungskonzepte erforderlich.

Ansatzweise werden die diesbezüglich bestehenden Probleme beleuchtet, wenn Fürstenberg anlässlich des Handlungsrahmens nicht nur auf die Betriebsverfassung, das Betriebsverfassungsgesetz und die Möglichkeiten der Belegschaftsvertreter eingeht, sondern er auch den Tripartismus, also das zusammenwirkende Handeln von Arbeitnehmern, Unternehmen und Unternehmern sowie dem Staat, anspricht. Die unter dem Stichwort „Globalisierung" sich in jüngster Zeit aber verschiebenden Einflussmöglichkeiten der drei Parteien werden nur kursorisch angerissen.

Eher beispielhaften, denn umfassenden Charakter haben die Beiträge von Fürstenberg zum Themenkomplex „Problemfelder". Zwar werden wichtige Bereiche durchaus intensiv angesprochen, wie z. B. die Mitarbeiter- und Gruppenbeziehungen im Betrieb oder die Konfliktfelder bei Flexibilisierungs- und Qualifizierungsprozessen. Andere Bereiche jedoch wie z. B. die Interessenorganisation in grenzüberschreitenden Unternehmen, Globalisierung etc. werden nicht berücksichtigt. Statt dessen befasst sich Fürstenberg aber aus aktuellem Anlass mit der Frage nach Wandlungsprozessen innerhalb der Interessenvertretung und stellt dabei die Frage, inwieweit sich daraus möglicherweise eine neue Unternehmenskultur entwickeln kann.

Unter der Überschrift „Rechtstatsachenforschung" finden sich die Ergebnisse seiner Arbeiten zum Instrument der „Joint Consultation" sowie zur Umsetzung des Betriebsverfassungsgesetzes bei Siemens und die Beschäftigung mit der Tarifpolitik als einem gesellschaftspolitischen Instrument. Zu allen drei Themenbereichen bietet Fürstenberg interessante Einblicke in die Umsetzung rechtlicher Konstruktionen, befasst sich gewissermaßen damit, wie Recht bzw. ein Gesetz „mit Leben erfüllt" wird.

Unter dem Stichwort „Handlungsorientierungen" gewinnt der Leser, der zu diesem Zeitpunkt mit der Handhabung der Arbeitsbeziehungen in Deutschland wohl vertraut ist, Informationen in alternative Realisationskonzepte. Dabei arbeitet Fürstenberg nicht allein die grundsätzliche Interdependenz zwischen der Gestaltung der Arbeitsbeziehungen und dem sozialkulturellen Umfeld heraus, sondern stellt der deutschen Variante ausführliche Darstellungen des österreichischen und des japanischen Modells gegenüber.

Den Abschluss bildet, wie schon erwähnt, eine Darstellung des Entwicklungspotentials industrieller Arbeitsbeziehungen, wobei Fürstenberg sorgfältig die Spannungen zwischen den Zielen der Arbeitsbeziehungen und der von ihnen geforderten Effizienz sowie den Schwierigkeiten aufgrund wirtschaftlichen Wandels herausarbeitet. Es wird in diesem Zusammenhang sehr deutlich, dass sich Arbeitsbeziehungen innerhalb eines Rückkopplungs-Systems ereignen: Sie werden von externen Entwicklungen angestoßen und beeinflusst, üben zugleich aber auch selbst steuernde Wirkungen aus. Besondere Herausforderungen an ihre Gestaltung ergeben sich zusätzlich aus dem Umstand, dass sie einerseits eine gewisse Konstanz und Stabilität aufweisen müssen, ohne die sie keine Verbindlichkeit erlangen könnten, sich zugleich aber auch einen bestimmten Grad an Dynamik und Flexibilität bewahren müssen, um sich größeren Veränderungen in der Umweltentwicklung anpassen zu können.

Insgesamt ist das Buch von Fürstenberg nicht nur ein Rückblick auf wichtige Arbeiten eines verdienstvollen Wissenschaftlers, sondern auch eine gute Einführung in das deutsche System der Arbeitsbeziehungen.

GAERTNER, Wulf (Hrsg.): Wirtschaftsethische Perspektiven IV. Methodische Grundsatzfragen, Unternehmensethik, Kooperations- und Verteilungsprobleme

---

Berlin: Duncker & Humblot 1998. 331 S., br.

Der erste Satz des Vorwortes erhellt bereits sowohl die Vorzüge des vorliegenden Buches als auch seine Nachteile: Wiedergegeben werden die überarbeiteten Beiträge zweier Tagungen des Ausschusses „Wirtschaftswissenschaften und Ethik" im Verein für Socialpolitik. Daraufhin umfassen die Artikel auch ein ziemlich breites Spektrum an Fragestellungen, das von methodischen Grundsatzüberlegungen bis zu aktuellen politischen und wirtschaftlichen Fragestellungen reicht. Hervorzuheben ist daher die gebotene Vielfalt, die allerdings einhergeht mit dem Eindruck einer gewissen Beliebigkeit in der Zusammenstellung.

Karl Homann untersucht in seinem lesenswerten Beitrag, ob die vielfach geäußerte Auffassung eines Gegensatzes von Moral und Ökonomie bzw. von Ethik und Ökonomik zutrifft. Er gelangt zu dem Ergebnis, daß eine derartige dualistische Herangehensweise kontraproduktiv für die Lösung der Probleme ist. Statt dessen entwickelt er Ansätze für eine systemische Lösung, die über die Veränderung der Rahmenordnung an den Handlungsbedingungen anknüpft. „Dieser Ansatz mündet in eine Konzeption von (Wirtschafts-) Ethik, in der moralische Normen und Ideale nicht wie in den dualistischen Ansätzen in den Motiven, Präferenzen und Metapräferenzen, sondern in den Bedingungen und Anreizen sowie auf der Theorieebene im Paradigma positiver Forschung zur Geltung kommen." (S. 6). In Abgrenzung zur Gesinnungsethik bezeichnet Homann sein Ergebnis als Bedingungs- oder Anreizethik.

Johannes Hackmann befasst sich in seinem ebenfalls grundsätzlich angelegten Beitrag mit dem Verhältnis zwischen Gewinnmaximierung und Unternehmerinteresse, wobei er davon ausgeht, dass nur die einzelnen Menschen moralisch oder unmoralisch agieren können. Obwohl seiner Ansicht nach Markt und Wettbewerbsfreiheit ethisch positiv zu werten sind, neigen Ökonomen dazu, moralische Faktoren hinsichtlich ihres Einflusses auf die Effizienz als negativ einzustufen. Explizit wendet sich Hackmann gegen die Homannsche Auffassung, wenn er darauf verweist, dass die Integration der Moral in die Rahmenordnung zwar durchaus positiv zu werten sei, aber allein keineswegs ausreiche. Anknüpfend am einzelnen Individuum gelangt er statt dessen zu der Auffassung, dass sich gute Gründe (z. B. Transaktionskosten) dafür finden lassen, dass Unternehmer ihren Gewinn langfristig nur dann maximieren können, wenn sie sich zumindest einigermaßen ethisch verhalten. Hier wie auch an anderen Stellen wirft der Text Fragen auf, wo sich der Leser einige Belege für Hackmanns Argumente gewünscht hätte (z. B. „Allerdings ist zu berücksichtigen, daß Unternehmer als Folge des Unternehmerseins vielfach eine größere Nähe zu ethisch sensiblen Sachverhalten haben." S.71).

Die Empirie im Bereich der Unternehmensethik steht im Mittelpunkt des Beitrags von Bruno Staffelbach, der drei Bereiche entsprechender Forschung unterscheidet: Entscheidungsbedingungen, Entscheidungsverhalten und Entscheidungsinhalte. Dabei misst er der empirischen Forschung zwei Aufgaben zu, nämlich einerseits die Aufklärungsfunktion, die auf der Annahme der Wertorientierung menschlichen Handelns beruht, und andererseits die pragmatische Funktion. Diese zielt auf die Entwicklung von Strukturen, Prozessen und Instrumenten zur Unterstützung ethischen Handelns von Führungskräften ab.

Wulf Gaertner befasst sich mit dem Problemkomplex „Rationalität und Normen". Dabei verdeutlicht er, dass die Standardbedingungen individueller Rationalität in einfachen Zusammenhängen durchaus sinnvoll sind, in komplexeren Entscheidungssituationen jedoch unzureichend sein können. Dies gilt insbesondere dann, wenn die einfache Nutzenmaximierungshypothese durch individuelle Normen ersetzt oder zumindest überlagert wird. Beispielhaft zeigt Gaertner dies anhand von Systemen, die submaximale Entscheidungen schlüssig begründen.

Auf das Verhalten von Personen in komplexen Entscheidungssituationen geht auch Birger P. Priddat ein, der in seinem Erklärungsansatz zwischen gewöhnlichen, Meta- und prospektiven Präferenzen unterscheidet. Gegenüber den gewöhnlichen Präferenzen stellen die Metapräferenzen grundlegende Werthaltungen dar, die über die Zeit konstant bleiben. Priddat sieht hierin ein mögliches Bindeglied beim Übergang von der rational choice theory zu Moraltheorien. Problematisch ist jedoch, dass auch Einstellungen und moralische Haltungen sich verändern können. Hinzu kommt, dass bestimmte moralische Einstellungen nicht zwangsläufig auch zu entsprechendem Handeln bei Wahlentscheidungen führen. Dies erklärt Priddat durch die Existenz von prospektiven Präferenzen, bei denen es sich um Werte handelt, die aus persönlichen oder Lebensprojekten kommen und temporärer Natur sind. Dadurch entsteht ein dreistufiges Determinantensystem mit partiell durchaus gegenläufigen Tendenzen. Rationales Handeln versucht dann, im Zeitablauf und über die Gesamtheit der Entscheidungen einen Ausgleich über die drei Präferenzebenen herzustellen für den Priddat die Bezeichnung „Identitätsbilanz" verwendet. Dieser Begriff weist zwar gewisse Defizite auf, da die Identität der verschiedenen Bilanzseiten ja gerade nicht zu jedem Zeitpunkt besteht (zu denken wäre innerhalb Priddats Konzept eher an ein System kommunizierender Röhren), doch ist der Ansatz als solches ein durchaus tragfähiges Erklärungsmodell mit der allerdings problematischen Konsequenz, dass aus der Beobachtung von Handlungen in konkreten Situationen nicht eindeutig auf bestimmte Präferenzen und Metapräferenzen geschlossen werden kann. Die dadurch bedingte Biographieabhängigkeit von Entscheidungen erschwert die Formulierung allgemeiner Aussagen erheblich.

Die Frage nach den Auswirkungen von Präferenzänderungen steht im Mittelpunkt der Überlegungen von Wolfgang Buchholz und Christian Haslbeck, die zu dem Ergebnis gelangen, dass sich eine Vielzahl von realen Entwicklungen (z. B. im Bereich des Umweltschutzes) am besten als Folge von Präferenzänderungen erklären lassen. Entsprechend untersuchen sie die Auswirkungen von Präferenzänderungen auf nichtkooperative Gleichgewichte sowohl im Cournot-Nash-Fall als auch im Stackelberg-Fall.

Auf die viel diskutierte Frage, ob private Wohltätigkeit in Form von Spenden durch staatliche Wohlfahrt verdrängt wird, geht Iris Bohnet ein. Ausgehend von der Feststellung, dass Wohltätigkeit kein öffentliches Gut im modelltheoretischen Sinne ist, wendet sie sich der Analyse privaten Gebens zu. Ausgangspunkt sind Kleinkostentscheidungen, in denen die Wahrscheinlichkeit, entscheidend auf das Zustandekommen von Konsequenzen einzuwirken, sehr gering ist. Dann neigen die Entscheidenden dazu, die Alternativen nicht nach deren instrumentellen, monetären Nutzen abzuwägen, sondern nach dem konsumptiven. Wesentlicher Einflussfaktor ist hierbei die Identifikation des Empfängers, die Salienz: Wenn die Nutznießer bekannt sind, wächst die Bereitschaft zur Unterstützung. Dieser Identifikationseffekt lässt sich sowohl im Experiment als auch in der Realität bestätigen.

Hans-Peter Weikard wendet sich der Frage zu, ob sich Verpflichtungen gegenüber zukünftigen Generationen vertragstheoretisch begründen lassen. Dazu betrachtet er drei vertragstheoretische Konzeptionen, nämlich die Theorie der interpersonellen Gerechtigkeit von Rawls, Hobbes' radikalen Liberalismus in der Weiterentwicklung von Buchanan und den auf Locke zurückgehenden naturrechtlichen Ansatz in der Fortführung durch Nozick und Gauthier. Am Ende bleibt die Frage jedoch unbeantwortet, obwohl sowohl auf den Überlegungen von Locke als auch denen von Rawls sich zumindest Lösungsansätze skizzieren ließen.

Mit Öffentlichen Werten und Wohlfahrtsoptionen befasst sich Wilfried Hinsch. Ungleichheiten bei der Güterverteilung lassen sich ihm zufolge grundsätzlich durch leistungsbezogene, prudentielle oder bedarfsbezogene Gründe rechtfertigen. Während leistungsbezogene Rechtfertigungen aufgrund mangelnder Erfüllbarkeit ausscheiden, lassen sich aus prudentiellen Gründen Ungleichverteilungen rechtfertigen, d. h. wenn alle Beteiligten ihnen aufgrund eigener Interessenlagen zustimmen können. Bedarfsbezogene Ansprüche entstehen, wenn eine Person bestimmte Güter zur Realisierung eines Zieles benötigt, dass sowohl aufgrund ihrer eigenen Bedürfnisse und Fähigkeiten erstrebenswert als auch allgemein akzeptiert ist. Auf dieser Basis gelangt Hinsch zu dem Schluss, dass alle einen bedarfsbezogenen Anspruch auf das moralische Minimum haben, und niemand ohne Gegenleistung mehr als dieses Minimum für sich beanspruchen kann. Über dieses moralische Minimum, das laut Hinsch oberhalb des physischen Existenzminimums liegen muss, hinausgehende Ressourcen sind danach gerechterweise gleich bzw. höchstens noch aus prudentiellen Erwägungen ungleich zu verteilen.

Die verschiedenen Konzeptionen zum Thema Bürgergeld werden von Michael Schramm diskutiert, wobei ihn insbesondere die Frage interessiert, welche Möglichkeiten bestehen, durch eine Aufstockung von Niedriglöhnen die Arbeitslosigkeit abzubauen. Dazu zeigt er bei bereits bekannten Konzepten und einem eigenen Vorschlag die jeweiligen Vor- und Nachteile auf, die deutlich machen, dass negative Einkommensteuer und Bürgergeld zwar hilfreich bei der Problembewältigung sein können, aber keinesfalls Patentlösungen darstellen.

Ausgehend von einer Analyse der Betrachtung professioneller Börsenspekulation als einer für die Wirtschaft wichtigen Dienstleistung (Reduzierung von Unsicherheit) befasst sich Peter Koslowski mit der Frage, ob Insiderhandeln in diesem Lichte akzeptabel ist. Dabei gelangt er zu dem Ergebnis, dass Insider-Spekulation lediglich eine Pseudo-Spekulation darstellt, da der Insider eben keine Unsicherheit zu tragen habe. Ein derartiger „Agiotageur" spiele mit gezinkten Karten und erbrächte der Wirtschaft keinen Dienst.

Auf die Regelung der Abgeordneten-Diäten geht Werner Lachmann ein, wobei er konstatiert, dass die derzeitigen Regelungen sowohl aus Verfahrens- als auch Gleichheitsgründen problematisch und fragwürdig sind. Zugleich stellt er fest, dass sich das Problem der Einkommenszuordnung von Abgeordneten nicht objektiv lösen lässt. Möglichkeiten für eine Objektivierung entstehen somit erst nach einer bereits erfolgten Festlegung, z. B. durch eine Orientierung am Nettolohnanstieg. Als Verfahren präferiert Lachmann Volksabstimmungen, da die Abgeordneten mit der Entscheidung über das eigene Einkommen überfordert sind.

Insgesamt bietet der vorliegende Band einen interessanten Einblick in aktuell diskutierte Fragestellungen im Bereich der Wirtschaftsethik. Die meisten Beiträge sind sehr anregend, auch und gerade für (noch) nicht sehr fachkundige Leser. Entstanden ist daher ein weitgehend gelungenes Buch, wenngleich für weitere Bände eine durchgehendere Linie in der Thematik der Beiträge wünschenswert wäre.

GAMMELIN, Cerstin/HAMANN, Götz: Die Strippenzieher. Manager, Minister, Medien – wie Deutschland regiert wird

---

Berlin: Econ 2005. 303 S., fest geb., € 20,60 (GP)

Lobbyismus in unterschiedlichsten Formen ist das Thema des Buches von Gammelin und Hamann. Dass es sich dabei um ein durchaus brennendes Thema handelt, hat nicht zuletzt Gerhard Schröder verdeutlicht, als er kurz nach der verlorenen Wahl ankündigte, in den Aufsichtsrat von Gazprom einziehen zu wollen – einem Unternehmen, mit der er zuvor noch als Kanzler wichtige Projekte in die Wege geleitet hat.

Und darin liegt in der Tat das Problem: Anrüchig ist nicht der Umstand an sich, dass es Lobbys und Lobbyisten gibt, sondern der fließende Übergang zwischen Wirtschaftsinteressen von Einzelnen und staatlicher Politik für die Allgemeinheit.

Gammelin und Hamann machen sich in ihrem Buch auf die Spurensuche solcher Interessenverschränkungen – was man im zweiten Kapitel durchaus wörtlich nehmen darf. Denn unter dem Stichwort eines „politischen Stadtplans" nennen sie dem Leser die verschiedenen Örtlichkeiten in Berlin, wo außerhalb des Parlaments Politik gemacht wird – und welche Unternehmen sich an diesen Aktivitäten in vorderster Front beteiligen.

Die folgenden Kapitel beschäftigen sich dann weniger mit der Stadt als mit den politischen Zuständen. Beleuchtet wird dabei nicht nur das Verhalten der Autolobby mit ihrem Rußfilterproblem und die Energiekonzerne mit ihrer Marktabschottung, sondern auch Akteure, die nicht auf den ersten Blick als Lobbyisten zu erkennen sind. Dazu zählen neben Anwälten und Beratern insbesondere Akteure wie die Initiative Neue Soziale Marktwirtschaft, die unter einem neutral erscheinenden Namen und mit Unterstützung prominenter Politiker, Unternehmer und Wissenschaftler dennoch Interessenvertretung in Reinkultur betreibt.

Hinsichtlich seiner Zusammensetzung handelt es sich bei dem vorliegenden Buch um eine Art Wundertüte: Ohne klar erkennbaren roten Faden sind unterschiedlichste Facetten zum Thema Lobbyismus miteinander verknüpft worden. Zwar sind die einzelnen Schwerpunkte gut lesbar, die Besorgnis der Autoren angesichts der Intransparenz der Lobbyismusstrukturen wird deutlich, und auch die Lösungsvorschläge im letzten Kapitel sind mehr als diskussionswürdig. Aber leider fehlt eine konsequente Hinleitung zu diesen Vorschlägen – und so wirken sie seltsam aufgesetzt, wodurch ihnen einiges an Überzeugungskraft verloren geht.

GASCHE, Urs P./GUGGENBÜHL, Hanspeter/VONTOBEL, Werner: Das Geschwätz von der freien Marktwirtschaft. Wie Unternehmen den Wettbewerb verfälschen, die Natur ausbeuten und die Steuerzahler zur Kasse bitten

Wien: Carl Ueberreuter, 3. Aufl., 1997. 214 S., br.

Der Eindruck, den das Buch hinterlässt, ist zwiespältig. Auf der einen Seite wirkt der Band sowohl vom Titel als auch in vielen inhaltlichen Argumentationssträngen eher reißerisch als seriös, womit es sich unter jene Bücher einreiht, die á la „Nieten in Nadelstreifen" auf Unternehmen und Unternehmensleitungen einschlagen. Auf der anderen Seite sind die beschriebenen Fakten und Zusammenhänge (weitestgehend) korrekt, so dass die angestrebte „Entlarvung" von Marktschreiern und Marktverhinderern durchaus erreicht wird.

Dabei begehen die Autoren angenehmerweise nicht den Fehler, Lösungen für die skizzierten Probleme in den angesprochenen Bereichen (Umweltschutz, Großrisiken, Standortwettbewerb, Arbeitsmarkt etc.) durch mehr staatliche Intervention zu fordern. Statt dessen suchen sie nach Wegen, die Fehlentwicklungen gegen den Markt oder am Markt vorbei mit Hilfe marktwirtschaftlicher Instrumente zum besseren zu wenden. Dies geschieht weniger anhand allgemeiner Theorien, sondern auf der Basis konkreter Beispiele und Problemlösungsansätze. Diese Lösungsansätze auf marktwirtschaftlicher Basis machen das Buch lesenswert für alle, die sich für wirtschaftlich-politische Zusammenhänge interessieren. Insbesondere sei es den Wirtschaftspolitikern und Regierenden in Deutschland, Österreich und der Schweiz ans Herz gelegt, in der Hoffnung, dass sie die derzeit betriebene Politik auf sinnvolle Weise ändern. Dann gelänge es vielleicht auch, weniger „freie" und mehr „soziale" Marktwirtschaft zu realisieren.

GAUS, Bettina: Die scheinheilige Republik. Das Ende der demokratischen Streitkultur

Stuttgart/München: Deutsche Verlags-Anstalt 2000. 184 S., geb.

Es wird zu wenig gestritten in der Politik! Diese Kernthese des Buches von Gaus erscheint auf den ersten Blick wenig einleuchtend, wenn man sich die hitzigen Auseinandersetzungen von Politikern ins Gedächtnis ruft, wie sie insbesondere in den vielen Talkshows übermittelt werden.

Die Autorin zielt mit ihrer Kritik aber nur bedingt auf derartige Showveranstaltungen, sondern auf die fehlenden inhaltlichen Auseinandersetzungen. Sie beklagt die Neigung zu Sachzwang-Argumentationen, durch die das jeweilige Thema de facto einer politischen Diskussion entzogen wird, weil ja gerade ein vorgeblicher „Zwang" zu einer bestimmten Lösung bestünde. Als politisch problematisch sieht sie zudem die Neigung zu Konsenslösungen, da so für die Wähler die Unterschiede zwischen den einzelnen politischen Parteien verschwimmen und verschwinden. Darüber hinaus diagnostiziert sie eine Neigung zur „Internationalisierung": Viele Probleme lassen sich nach Angaben von Politikern nur auf internationaler Ebene lösen, womit viel zu häufig das eigene Nichthandeln schulterzuckend entschuldigt wird.

Dieses „Ende der demokratischen Streitkultur" beobachtet die Autorin mit Sorge, da es zu einer Aushöhlung der demokratischen Freiheiten führe und mit einer lebendigen Demokratie nicht vereinbar sei. Zumindest eines ist Bettina Gaus bereits gelungen: Mit ihrem Buch hat sie einen gut geschriebenen und sehr lesenswerten Beitrag zur Wiederbelebung der Streitkultur geleistet; auch und gerade dann, wenn man mit ihrer Analyse nicht in allen Punkten übereinstimmt.

GAUS, Günter: Widersprüche. Erinnerungen eines linken Konservativen

München: Propyläen 2004. 379 S., geb.

In den „Widersprüchen" erzählt Günter Gaus sein Leben, beginnend mit der abgeschlossenen Strahlentherapie im Jahr 2000, geht dann zurück zur Geschichte seiner Eltern und berichtet chronologisch bis zum Ende seiner Tätigkeit als Chefredakteur des Spiegels im Jahre 1973. Die Zeitspanne zwischen dem anschließenden Wechsel ins Bundeskanzleramt unter Willy Brandt und seinem Tod im Mai 2004 taucht in den Erinnerungen nicht mehr auf, weil ihm zur Darstellung keine Zeit mehr blieb. Dafür ist das, was er mitteilt, gut geschrieben, informativ und ausgefeilt. Günter Gaus konnte eindeutig mit Worten umgehen. Außerdem ist er ein Zeitzeuge im besten Sinne des Wortes gewesen: Er kannte die handelnden Akteure, hat sie beobachtet und mit ihnen gesprochen, hat in seinem jeweiligen Rahmen auch selbst agiert und Spuren hinterlassen. Diese Nähe, die – so paradox es klingen mag – gleichzeitig doch auch Distanz wahrte, machen seine Erinnerungen zu einer Art Nachschlüssel, mit dessen Hilfe der Leser sich die jüngere deutsche Geschichte erschließen kann.

Dass auch Günter Gaus in seinen Erinnerungen nicht davor gefeit ist, im Rückblick sein Verhalten zu verklären, ist naheliegend – und wird im Nachwort von seiner Tochter Bettina Gaus auch thematisiert. So erwähnt Gaus anlässlich der Zeit als Programmdirektor des Südwestfunks, dass ihn die deutsche Teilung bereits vor seiner Tätigkeit als „Ständiger Vertreter der Bundesrepublik" bei der DDR von 1974 bis 1980 sehr beschäftigt habe. Seiner Tochter hingegen ist dies nicht aufgefallen.

Sie will dazu „postum nicht mit ihm rechten", hat aber zugleich den Finger auf eine Merkwürdigkeit dieser Erinnerungen gelegt: Gaus beschreibt umfangreich und wohldurchdacht seinen Lebensweg, verweist gelegentlich auch auf Diskussionen mit seiner Ehefrau, ob man diesen oder jenen Schritt tun solle – aber die Gründe bleiben immer im Dunkel. Ob der Wechsel zum Südwestfunk, zur Süddeutschen Zeitung, zum Spiegel oder in die Politik, aber auch die Ablehnung eines Angebots des WDR – der Leser wird von den Entscheidungen immer überrascht; schlüssig begründet werden sie nicht und erscheinen daher quasi zufällig, was sie mit Sicherheit nicht waren.

So bleibt bei Günter Gaus auch in seinen Erinnerungen vieles verborgen, teils freiwillig, teils unfreiwillig. In gewisser Weise schließt sich damit ein Kreis, ist Günter Gaus den Fernsehzuschauern doch zunächst nur als Hinterkopf bekannt geworden: In seinen Interviewsendungen war die Kamera auf den Interviewten gerichtet; Gaus, der Fragensteller, saß mit dem Rücken zur Kamera, man sah den Kopf nur von hinten und sein Gesicht blieb verborgen. Darin liegt zugleich aber auch ein Vorteil des Buches:

Mögen auch die Motive des Verfassers im Hintergrund bleiben, so beleuchtet er doch auf gelungenste Weise sein jeweiliges Umfeld – was wahrlich spannend zu lesen ist!

GEISSLER, Heiner: Intoleranz. Vom Unglück unserer Zeit

Köln: Kiepenheuer & Witsch 2002. 271 S., geb.

Heiner Geißler, den man durchaus zu den Vielschreibern unter den Politikern zählen darf, beschäftigt sich in seinem neuesten Buch mit dem Auftreten der Intoleranz in unserer Zeit und mit deren Auswirkungen auf uns und auf unsere Gesellschaft. Gleichermaßen beeinflusst durch seine theologisch-philosophische wie juristische Ausbildung nimmt er den Leser mit auf eine Reise zu den verschiedenen Formen der Intoleranz. „Tolerieren heißt, die Last zu ertragen, die eine andere Person oder eine andere Meinung, eine andere Weltanschauung, eine andere Religion, eine andere Volkszugehörigkeit, eine andere Rasse, eine andere Hautfarbe für meine Überzeugung, meine Identität, mein Ehrgefühl, meine Religion bedeutet. Intoleranz bedeutet dagegen die Unfähigkeit oder die Weigerung, eine solche Last zu tragen. Zu diesem Zweck wird das verteufelt, was man nicht akzeptieren, nicht tolerieren will." (S. 11).

Geißlers Kriterium ist der Umgang mit den Menschenrechten. „Wer sich in seinem Land einsetzt für die Durchsetzung der Menschenrechte oder sogar die Demokratie, ist, wenn die Gewaltanwendung die Ultima ratio darstellt, kein Terrorist, sondern ein Freiheitskämpfer. Intoleranz gegen Intoleranz; was das bedeutet, darf man nicht der Polizei oder den Innenministern allein überlassen, auch nicht in den westlichen Demokratien." (S. 36). Von diesem, für ihn auch religiös begründeten, Standpunkt aus nimmt Geißler den Leser mit auf einen Streifzug durch die wichtigsten Formen der Intoleranz, beginnend mit der religiösen Form (Christentum, Judenverfolgung, Islam und Islamisten). Anschließend wendet er sich der Intoleranz gegen Frauen zu, beleuchtet Vorbehalte gegenüber Fremden, befasst sich mit der Rolle von Nationalismus, Politik, Sprache und Musik, bevor er abschließend auf den Einfluss der Wirtschaft eingeht.

Geißlers Buch ist eine mutige Streitschrift, bei der er gleichermaßen Nahestehende(s) und Ferne(s), Personen wie Politik, seiner Kritik unterzieht. Die einzelnen Kapitel werden dabei aneinandergereiht wie Perlen auf einer Kette, inhaltlich getragen von einem ausgesprochen humanitären und religionsübergreifenden Ethos. Es ist durchaus zu bezweifeln, ob Geißler sich mit diesem Buch in der politischen Arena Freunde gemacht hat – aber eine interessante und anspruchsvolle Lektüre ist ihm allemal gelungen.

GIDDENS, Anthony: Der dritte Weg. Die Erneuerung der sozialen Demokratie

Frankfurt am Main: Suhrkamp 1999. 173 S., br.

Das Buch ist Giddens´ Beitrag zur Entwicklung der Sozialdemokratie in Europa. Seiner Ansicht nach kann diese „nicht nur überleben, sondern sogar prosperieren" (S. 9). Voraussetzung dafür sei allerdings, dass sie sich vorurteilslos mit ihren tradierten Ansichten befasst und diese soweit notwendig den veränderten Ansprüchen und Anforderungen anpasst.

Genau hierin liegt auch der Sprengstoff des schmalen Bandes: Giddens sieht die Sozialdemokratie in mehrfacher Hinsicht in einem Dilemma (Globalisierung, Individualisierung, Ökologie etc.) und gelangt zu dem Schluss, dass eine Lösung der Probleme ebenso wie der Erfolg der Sozialdemokratie einerseits in einer verstärkten Demokratisierung der Gesellschaft auf allen Ebenen einschließlich der Familie zu finden ist, andererseits der Staat als ein Sozialinvestor agieren müsse, der gezielt in Humankapital investiert. Als Konsequenzen dieser Sichtweise plädiert er u. a. für die Abschaffung eines festen Rentenalters, die Förderung lebenslangen Lernens, die Unterstützung unternehmerischer Initiativen zum Aufbau kleiner Betriebe und technologischer Innovationen.

Diese Anregungen stoßen auf breiten Widerstand, insbesondere aus dem gewerkschaftlichen Lager. Durch die Abwertung als „Neoliberalismus" und die Verweigerung der Diskussion macht man es sich jedoch zu leicht. Zwar ist bei weitem nicht alles zu Ende gedacht, was Giddens vorschlägt, aber allein der Umstand, dass er die Fixierung auf die Probleme aufgebrochen hat und Lösungsansätze skizziert, macht das Buch bereits lesenswert und ebenso diskutierenswert wie diskussionsbedürftig.

GIRARD, Joe/SHOOK, Robert L.: Abschlusssicher verhandeln mit Joe Girard. Die goldenen Regeln des besten Verkäufers der Welt

Wiesbaden: Gabler 2003. 205 S., geb.

Das Buch hat eine ganz klare Zielgruppe, nämlich alle Verkäufer, und eine ebenso klare Botschaft: Wie bringe ich einen Kunden dazu, mir einen Kaufauftrag zu erteilen. Alles was ein Verkäufer wissen muss, um dieses Ziel zu erreichen, wird in diesem Buch angesprochen und anhand der praktischen Erfahrungen von Joe Girard vermittelt. Ausgehend von der Frage, wie man die Abneigung gegen Verkäufer überwindet, über das richtige Lesen von Kaufsignalen und den Umgang mit Einwänden bis hin zu unterschiedlichen Abschlusstechniken, den Umgang mit Kaufreue und die Betonung des Kundendienstes als Basis für Folgeaufträge – alles, was einen erfolgreichen Verkäufer ausmacht, wird im Rahmen dieses Buches angesprochen.

Vor diesem Hintergrund ist das Buch durchaus auch interessant für Käufer, zu denen wir auf die eine oder andere Weise ja alle zählen. Immerhin weiß man nach der

Lektüre dieses Buches, wie man durch den laut Guinness Buch der Rekorde erfolgreichsten Verkäufer der Welt eingeschätzt wird: „Da ... betrachtete ich jeden Kunden, wie ein Rotwildjäger seine Beute ansieht. Ein Jäger kann nur einen Schuss auf einen Hirsch abgeben, und wenn er ihn verfehlt, ist der Hirsch über alle Berge" (S. 165).

Durch das Aufzeigen von Tipps, Tricks und Techniken wird das Buch zu einer hilfreichen Lektüre für Verkäufer – und zugleich zu einer Fallenwarnung für Käufer, so dass beide Gruppen von der Lektüre profitieren können. Was ihnen allerdings fehlen wird, ist ein literarischer Genuss – dafür dürfte das Buch bereits im amerikanischen Original nur bedingt geeignet gewesen sein, aber in der deutschen Ausgabe kommen noch Übersetzungsprobleme und ein schlampiges Lektorat hinzu.

GOEUDEVERT, Daniel: Der Horizont hat Flügel. Die Zukunft der Bildung

München: Econ 2001. 238 S., geb.

Das neueste Buch von Goeudevert ist die logische Fortführung seiner Wirtschafts-, Politik- und Kulturkritik, die er in „Mit Träumen beginnt die Realität" geäußert hat. Während jener Band in vielfältiger Hinsicht eine Bestandsaufnahme des Änderungsbedarfs darstellt, ist dieser bewusst als Lösungsansatz konzipiert. Dabei ist die von ihm als „Schlüssel" für die Lösung der aktuellen Probleme und Zukunftsfragen apostrophierte „Kraftquelle" keineswegs neu oder originell, denn Goeudevert sieht dies als eine Aufgabe der Bildung.

Diese ist jedoch selbst, wie die seit geraumer Zeit anhaltende Bildungsdiskussion zeigt, in die Kritik geraten. Goeudevert führt dies zum einen auf eine tatsächlich beklagenswerte Vernachlässigung der Bildung selbst zurück, zum anderen aber auf den Umstand, dass fahrlässigerweise verwandte, aber dennoch unterschiedliche Themen mit einander vermischt werden. So müsse beispielsweise differenziert werden zwischen Bildung, Ausbildung, Information und Wissen, die zwar alle miteinander zusammen hingen, zum Teil sogar auf einander aufbauten, aber dennoch wesensverschieden seien.

Im Mittelpunkt seiner Überlegungen steht die Bildung selbst, die eine übergeordnete Kategorie darstellt und sich durch die Fähigkeit auszeichnet, auf der Basis von Informationen Wissen nicht nur aufzubauen und zu speichern, sondern es zu ordnen, zu organisieren, zu prüfen und zu beurteilen. Bildung ist damit das Ergebnis eines mehrdimensionalen und aktiven Prozesses, zu dem unter anderem die mehr oder weniger formalisierten Bildungsinstitutionen der Familie, der Schule, der Hochschule, der Berufsausbildung sowie der Staat als dominierender Akteur ihren Teil beitragen. Goeudevert diagnostiziert vier Herausforderungen, denen diese „Bildungsbeauftragten" gegenüber stehen und für die sie derzeit nur bedingt gewappnet sind: Erstens die Beschleunigung des wissenschaftlichen und des technischen Fortschritts, zweitens die Globalisierung in ihrer ungebremsten und ungelenkten Gestalt, drittens die neuen und sich kontinuierlich erneuernden Informationstechnologien sowie viertens die wachsende Ungleichheit zwischen den reichen und den armen Ländern, aber auch innerhalb der einzelnen Länder. In einem Manifest unterbreitet er abschließend konkrete Vorschläge, wie die einzelnen Akteure nicht nur ihrer Verantwortung besser gerecht werden können, sondern zugleich auch verstärkt miteinander kooperieren können.

Insgesamt ist Goeudevert ein in höchstem Maße lesenswertes Buch gelungen, dessen Lektüre nicht allein den „verantwortlichen" Politikern ans Herz gelegt sei, sondern allen, die mit Bildungsfragen zu tun haben – wozu gemäß Goeudeverts Verständnis neben Lehrern und Hochschullehrern insbesondere Eltern gehören!

Goeudevert, Daniel: Wie Gott in Deutschland. Eine Liebeserklärung

---

München: Econ 2003. 272 S., geb.

Es ist eine merkwürdige Liebeserklärung, die Daniel Goeudevert hier vorgelegt hat: Als Franzose, der mit einer Deutschen verheiratet ist, lange in Deutschland gelebt und gearbeitet hat, dessen Karriere geradezu geprägt ist durch Deutschland, fasziniert und verwirrt ihn dieses Land gleichermaßen. Und gerade diese Verwirrung hat ihn dazu getrieben, sich mit Deutschland quasi analytisch auseinander zu setzen.

Dem Lichte eines „fremden Blicks" werden auf diese Weise „typisch deutsche" Besonderheiten unterworfen: Das Leben als Pflicht und Verpflichtung, das mit Anstrengungen verbunden sein muss; das Bemühen, Recht und Gerechtigkeit auch im Detail in Übereinstimmung zu bringen; die Rolle der Arbeit, die nicht nur zum Erwerb des Lebensunterhaltes dient, sondern das eigene Selbstwertgefühl bestimmt; die Unzufriedenheit mit dem Leben das man führt und die unerfüllbare Sehnsucht nach jenem, das man „eigentlich" führen möchte. All dies und noch viel mehr ist es, was Goeudevert bei seinen Betrachtungen Deutschlands und der Deutschen aufgefallen ist.

Vorgetragen werden diese Gedanken und Erkenntnisse auf „typisch französische Art", mit einer Leichtigkeit im Ausdruck und im Stil, teils als Monolog, teils als Teil einer Diskussion mit seiner Frau, immer geprägt und teilweise eingeschränkt durch seine persönlichen Erfahrungen. Daher trifft man auch immer wieder auf Überlegungen, die Goeudevert bereits in der Vergangenheit und in seinen früheren Büchern beschäftigt haben. Entstanden ist so in der Tat ein „sehr persönliches Buch", wie es der Klappentext verkündet – ein Buch wie ein engagierter Gedankenaustausch unter Freunden!

HAENSCH, Dietrich: Produktivgenossenschaften in Italiens Landwirtschaft. Ursprung, Anspruch und Behauptung im Wandel

---

Berlin: Institut für Genossenschaftswesen an der Humboldt-Universität zu Berlin 1997. 118 S., br.

Ausgangspunkt der vorliegenden Studie über die Produktivgenossenschaften in Italiens Landwirtschaft war nach Angaben des Verfassers die in der politischen Diskussion häufig geäußerte Ansicht, Produktivgenossenschaften in der Landwirtschaft seien weltweit gescheitert. Diese Auffassung steht jedoch in einem erheblichen Widerspruch zur Situation in der italienischen Landwirtschaft. Dort existieren derzeit ca. 1.000 landwirtschaftliche Produktivgenossenschaften, die zudem von durchaus unterschiedlicher Struktur und ggf. politischer Orientierung sind. Sie bilden in ihrer Gesamtheit den Forschungsgegenstand des Hannoveraner Politikwissenschaftlers, wobei der Ausprägung der Landarbeiterproduktivgenossenschaft (cooperative agricole braccianti, CAB) besonderes Augenmerk gewidmet wird.

Der Band ist in sechs Abschnitte unterteilt, wobei sich an einen einleitenden Überblick die Entwicklungsgeschichte der italienischen Produktivgenossenschaften anschließt. Danach wird die Bedeutung der Genossenschaftsprinzipien für die heutigen Genossenschaften analysiert, bevor im vierten Kapitel der häufig geäußerte Vorwurf der staatlichen Alimentierung dieser Genossenschaftsart erörtert wird. Im fünften Abschnitt wird auf die Problematik des Kapitalmangels eingegangen, bevor im Schlusskapitel neuere Entwicklungen skizziert und ein Ausblick gegeben wird.

Es gelingt dem Verfasser, einen ebenso detaillierten wie interessanten und gut lesbaren Überblick über die Entwicklung der landwirtschaftlichen Produktivgenossenschaften zu geben. Von besonderem Interesse für den deutschen Leser ist dabei insbesondere die Auseinandersetzung mit den Wandlungen, denen sich gerade die Landarbeiterproduktivgenossenschaften unterzogen haben. In der deutschen Diskussion wird in diesem Zusammenhang immer wieder das sog. Oppenheimersche Transformationsgesetz angesprochen, nach dem Produktivgenossenschaften entweder wirtschaftlich nicht erfolgreich sind oder aufhören, Genossenschaften zu sein. Haensch gelingt es mit seinem Band, den Nachweis dafür zu erbringen, dass zumindest in Italien diesem Gesetz keine Zwangsläufigkeit beizumessen ist. Dabei soll nicht verschwiegen werden, dass sich diese Genossenschaftsspezies auch in Italien erheblich im Zeitablauf verändert hat. Auf den Punkt gebracht werden diese Veränderungen durch die Feststellung, die Genossenschaften seien früher arm an Kapital und reich an Arbeit gewesen, während sie heute reich an Kapital und arm an Arbeit seien.

In diesem Zusammenhang wird zugleich ersichtlich, dass das italienische Modell sich nicht problemlos auf Deutschland übertragen lässt. Dies resultiert aus dem Umstand, dass sich die italienischen Produktivgenossenschaften in zwei wesentlichen Punkten von ihren deutschen Pendants unterscheiden: Zum einen besteht die Möglichkeit, die von den meisten CAB genutzt wird, bei Vorliegen bestimmter Kapital- und Dividendenstrukturen in den Genuss von Steuerfreiheit zu gelangen; damit ist zum anderen verbunden, dass im Falle der Auflösung der Genossenschaft das vorhandenen Vermögen nicht unter den Mitgliedern aufgeteilt wird, sondern für einen anderen genossenschaftlichen Zweck verwandt werden muss. Dadurch entfällt gleichzeitig auch das Interesse der Mitglieder, die Genossenschaft aufzulösen, um das gebildete Kapital zu eigenen Zwecken zu verwenden. Andererseits resultiert aus dieser Konstruktion jedoch auch eine Tendenz zur Kapitalschwäche.

Insgesamt handelt es sich bei dem vorliegenden Band um eine sehr informative Studie, die das in Deutschland vorhandene Wissensdefizit hinsichtlich der Genossenschaftsentwicklung bei einem wichtigen europäischen Partner wesentlich reduziert.

HAKELMACHER, Sebastian: Corporate Governance oder Die korpulente Gouvernante

Köln: Dr. Otto Schmidt 2002. 117 S., geb.

Wieder einmal hat sich der berühmt-berüchtigte Wirtschaftsprüfer Hakelmacher eines aktuellen Themas aus der betriebswirtschaftlichen Diskussion angenommen. Diesmal wendet er sich – angesichts der großen Zahl von Bilanzmanipulationen und des Versagens von Aufsichtsorganen – der Corporate Governance, also der Unternehmensüberwachung zu. Verballhornt als „korpulente Gouvernante" wendet er sich in gewohnt satirischer Weise der Unternehmenshierarchie und ihrer wesentlichen Funktionsträger – dem Topmanagement und Vorstand, dem Aufsichtsrat und den Wirtschaftsprüfern – zu. Sein besonderes Interesse gilt diesmal dem Aufsichtsrat, den er als das zentrale Organ der Corporate Governance einstuft. Konsequenterweise widmet er sich den Fragen, die jedes aktuelle oder potenzielle Aufsichtsratsmitglied umtreiben: Wie erklärt sich das hohe Ansehen von Aufsichtsräten? Kann ich mit einer angemessenen Vergütung rechnen? Muss ich mich mit dem Jahresabschluss befassen?

Angesichts der lästerlichen Anmerkungen Hakelmachers – der im „Zivilleben" und unter seinem richtigen Namen einen Lehrstuhl für Prüfungswesen hat – könnte man auf die Idee kommen, dass es ihm lediglich um eine humoristische Darstellung normalerweise angesehener Tätigkeiten geht. Andererseits: Vielleicht ist es zu den diversen Unternehmenspleiten in den letzten Jahren ja gekommen, weil sich die Akteure doch so verhalten, wie er es darstellt? Auf jeden Fall ist eine amüsante Unterhaltung für alle, die sich für Betriebswirtschaft und Management interessieren.

HAKELMACHER, Sebastian: Das Alternative WP-Handbuch

IDW-Verlag, Düsseldorf 2000, 175 S., geb.

Hakelmachers satirische Auseinandersetzungen mit der Materie des Rechnungswesens und der Rechnungslegung im allgemeinen und dem Berufsstand der Wirtschaftsprüfer im besonderen sind den Lesern der Zeitschrift „Die Wirtschaftsprüfung" bereits seit geraumer Zeit vertraut. Mit spitzem Finger und spitzer Feder setzt er sich immer wieder mit den Kritikpunkten und Merkwürdigkeiten der Wirtschaftsprüfungsmaterie auseinander.

Dies hat ihn nun dazu veranlasst, sich in einem ganzen Buch mit den Lücken und Defiziten des Wirtschaftsprüfer-Handbuchs zu befassen. Ziel ist es explizit, „jene Licht- und Schattenseiten der Wirtschaftsprüfer, ihrer Tätigkeit und ihres Umfeldes" (S. V) aufzuzeigen, die in diesem Standardwerk zu kurz kommen. So verwundert es kaum, dass der Autor sich zunächst eingehend mit dem Thema „Der Wirtschaftsprüfer in biologischer Sicht" befasst. Hierbei wird auf so wesentliche Aspekte eingegangen wie das natürliche Vorkommen, die Sinne des Wirtschaftsprüfers und seine Ernährung. Selbst das Liebes- und Familienleben dieser Spezies wird erörtert. Insbesondere verdient hervorgehoben zu werden, dass Hakelmacher den Wirtschaftsprüfer als „undefinierbare Kreuzung aus überzüchteten Betriebswirten, die nicht rechnen können, und entarteten Juristen, die an Zahlen Gefallen finden" charakterisieren kann (S. 2). So weiß man zumindest, woran man ist, wenn man einem Wirtschaftsprüfer in freier Unternehmenswildbahn begegnet.

Dieser Stil und die niveauvolle Höhe der Argumentation wird durch das ganze Buch beibehalten, unabhängig davon, ob der Autor sich mit dem „Wirtschaftsprüfer als Verrechnungskünstler" (S. 35) befasst oder auf die „unbeschreiblichen Verhältnisse beim Mandanten" (S. 46) eingeht. Die von langjähriger intimer Kenntnis dieser Materie geprägten Ausführungen Hakelmachers sind von besonderer Bedeutung für alle, die sich in Theorie oder Praxis, in Forschung oder Lehre mit Buchhaltung, Rechnungslegung, Prüfung, Steuer- oder Unternehmensberatung befassen. Die leidvollen Erfahrungen aller vom Prüfungswesen Betroffenen, der Prüfenden wie der Geprüften, sind hier in sprachlich angemessener Form verdichtet und präzisiert worden. Zugleich erhalten jene Leserkreise, die sich mit der angesprochenen Materie lediglich in theoretischer Form, ob durch Bücher oder in Vorlesungen, befasst haben, einen Einblick in die Erfahrungswelt der Praxis – insbesondere ihrer eher schattigeren Seiten, aber dies auf heitere Art und Weise.

Aus der Fülle der von Hakelmacher angesprochenen und anschaulich erläuterten Problemkreise sei nur die Thematik der testatorientierten Abschlussprüfung hervorgehoben. Der Autor spricht diese nicht nur in Zusammenhang mit dem Berufsbild des Wirtschaftsprüfers an, sondern auch in einem eigenen Kapitel, beginnend mit der geschichtlichen Entwicklung über die Durchführung der Abschlussprüfung bis hin zur Qualitätskontrolle und dem virtuellen Abschlussprüfer als zukünftiger Entwicklung. Die Brisanz wie auch die Realitätsnähe der Thematik wird sich jedem erschließen, der auch nur einmal mit der Prüfung oder dem Prüfungsbericht eines anmerkungsbedürftigen Unternehmens zu tun hatte.

Vor diesem Hintergrund ist es jedem Leser frei gestellt, ob er die Ausführungen Hakelmachers lediglich als humoristische Darstellung betrachtet oder als kritische Anmerkungen (z. B. bezogen auf die Gepflogenheiten der internationalen Rechnungslegungsusancen) in besonderem Gewand. Lesens- und vor allem bedenkenswert sind seine Analysen allemal, wobei der Genuss der Lektüre nur durch die ärgerlich große Zahl von Rechtschreibfehlern im Manuskript getrübt wird.

HAMANN, Andreas/GIESE, Gudrun: Billig auf Kosten der Beschäftigten: SCHWARZBUCH LIDL

Berlin: ver.di GmbH medien buchhandel verlag, 2. Aufl., 2004. 103 S., br.

So sieht also ein heimlicher Bestseller aus: Ein dünnes schwarzes Büchlein, aufgemacht mit einem verfremdeten LIDL-Symbol. Der Inhalt ist allerdings gar nicht dünn, sondern durchaus erschreckend: Beleuchtet wird das LIDL-Imperium des Dieter Schwarz, dem es gelungen ist, sich nachhaltig in der ersten Reihe der deutschen Discounter zu etablieren. Unstrittig ist, dass dies zum einen auf die Qualität der Waren zurückzuführen ist, was u. a. auch durch verschiedene Tests bestätigt wurde. Zum anderen aber, und hier knüpft das von der Gewerkschaft ver.di publizierte Buch an, sind dafür auch die Arbeitsbedingungen verantwortlich.

Dabei fördert das Buch durchaus Erschreckendes zu Tage, denn die Reportagen und Berichte von (Ex-) Beschäftigten deuten in der Tat daraufhin, dass die Schwarz-Unternehmensgruppe mit LIDL und Kaufland konsequent und systematisch Arbeitnehmerrechte aushöhlt und untergräbt: Demnach werden Betriebsratswahlen behindert, zu manipulieren versucht und missliebige, weil zu teure Beschäftigte durch Diebstahlsvorwürfe aus dem Unternehmen gedrängt. Gleichzeitig wird durch die unternehmensrechtliche Konstruktion alles getan, um Transparenz zu verhindern, wofür sich insbesondere die Einbindung mehrerer nicht gemeinnütziger Stiftungen anscheinend hervorragend eignet. In logischer Konsequenz ihrer Beobachtungen sprechen die Autoren von einem System LIDL, das auf Expansion und Angst basiert.

Dabei ist LIDL keineswegs eine rein deutsche Problematik, denn die Discountkette ist seit mehreren Jahren auch international aktiv, u. a. in Österreich. Und auch hier scheinen sich die typischen Merkmale zu wiederholen, wie der Fall jener drei Arbeiterinnen zeigt, die entlassen wurden, als sie einen Betriebsrat gründen wollten (S. 81).

Gleichzeitig belegt der Band aber auch, dass es durchaus Möglichkeiten gibt, sich gegen unternehmensfeudalistische Methoden zu wehren, sind doch in den letzten Jahren durchaus einige Betriebsratsgründungen erfolgreich gewesen. Auch das Buch selbst darf sich als Teil erfolgreicher Gewerkschaftsarbeit verstehen, denn ver.di ist es gelungen, die Arbeitsbedingungen im Discount-Bereich zu einem breit diskutierten Thema zu machen. Wünschenswert wäre allerdings eine über die Darstellung von Einzelschicksalen hinausgehende zahlenmäßige Unterfütterung der Argumentation.

Gleichzeitig verdeutlicht die Vorstellung der Fälle individueller Betroffener aber auch das Anliegen der Gewerkschaft, denn die Gewinnerwirtschaftung auf dem Rücken der Beschäftigten ist kein abstraktes Problem, sondern greift konkret in das Leben von Menschen ein – und kann dieses zerstören! Dies unübersehbar deutlich gemacht zu haben, ist das große Verdienst dieses Schwarzbuchs.

HAMM, Walter: Das Ende der Bequemlichkeit. Ein Leitfaden zur Modernisierung von Wirtschaft und Gesellschaft

---

Frankfurt am Main: Frankfurter Allgemeine Zeitung, Verlagsbereich Buch 2000. 259 S., br.

Bereits die einleitenden Worte machen die Zielrichtung des Buches deutlich, wenn Hamm als Motiv seine tiefe Sorge um die Zukunft des Gemeinwesens hervorhebt, die ihn zu diesem „Versuch, eindringlich auf unübersehbare Krisensymptome hinzuweisen, deren Ursache nachzugehen und Wege zu skizzieren, die aus den sich zuspitzenden Schwierigkeiten hinausführen" (S. 9) bewegt haben. Damit reiht sich der Band in eine Vielzahl ähnlich ausgerichteter Werke ein, die während der letzten Jahre von Autoren wie Fischer,[9] Henkel,[10] Lafontaine,[11] Schäuble,[12] Schmidt[13] oder Späth[14] veröf-

---

[9] Fischer, Joschka: Für einen neuen Gesellschaftsvertrag. Eine politische Antwort auf die globale Revolution, Köln 1998.
[10] Henkel, Hans-Olaf: Jetzt oder nie. Ein Bündnis für Nachhaltigkeit in der Politik, Berlin 1998.

fentlicht worden sind. Doch im Gegensatz zu den vorgenannten Autoren, die aus der politischen Arena kommen, handelt es sich bei Hamm um einen renommierten Wissenschaftler, dessen Schwerpunkt die Ordnungs- und Wettbewerbspolitik ist. Dennoch wendet sich sein Buch nicht an die wissenschaftliche Fachwelt – die dementsprechend auch keine neuen Erkenntnisse vorfindet –, sondern explizit an die Nicht-Fachleute, um deren Verständnis für ökonomische Zusammenhänge und die politischen Implikationen zu steigern.

Dieser Leitlinie folgend beginnt Hamm mit grundlegenden Ausführungen über das Funktionieren der Wirtschaft, die Rollen von Staat und Unternehmern, die Wirkungsweise von Märkten und Preisen sowie die Aufgabe von Geld in einer Wirtschaft. Daran anknüpfend geht er detailliert auf die Ursachen der Arbeitslosigkeit und mögliche Strategien zu ihrer Bekämpfung ein, wobei er ein breites Szenario von Ansatzpunkten aufzeigt, das von institutionellen Reformen über Fortbildung und Höherqualifizierung, Anreize für Unternehmer wie für Arbeitslose bis hin zur Forderung nach Abbau von Subventionen reicht. Anschließend wendet er sich der Verteilung der Einkommen zu, wo seines Erachtens die Grenzen der Belastbarkeit durch die staatliche Umverteilung erreicht ist. Konsequenterweise fordert er sowohl eine Überprüfung der staatlich finanzierten Sozialleistungen als auch insbesondere Reformen der Sozialversicherung. Ziele dabei sind erstens die Schaffung von Anreizen zur Arbeitsaufnahme von Sozialhilfeempfängern, zweitens die Rückführung der Sozialversicherung auf die Absicherung der tatsächlich existenziellen Risiken sowie drittens eine größere Gerechtigkeit hinsichtlich der Profite und Belastungen zwischen den einzelnen Generationen. Seinem Gesamtansatz folgend, der sich verkürzt so zusammenfassen lässt, dass politische Interventionen schädlich sind, sobald sie über die Setzung von Rahmenregelungen hinausgehen, befasst sich Hamm eingehend mit den Folgen staatlicher Missgriffe, der erforderlichen Sanierung der Staatsfinanzen sowie den Zusammenhängen zwischen Demokratie, wirtschaftlicher Bildung und der Bekämpfung von Armut.

Inhaltlich sind Hamms Forderungen in vieler Hinsicht deckungsgleich mit dem, was insbesondere von den konservativen Parteien während der letzten Jahre zwar gefordert, aber kaum realisiert wurde (Flexibilisierung des Arbeitsmarktes, Reduzierung staatlicher Sozialleistungen, Reduzierung von Subventionen etc.). Hamm ist jedoch insofern überparteilich, als die von ihm geäußerte Kritik an politischen Entscheidungen und deren wirtschaftlichen Konsequenzen sowohl auf die vorangegangene als auch auf die derzeitige Koalition zu beziehen ist. Dies gilt insbesondere für den Vorwurf kurzer zeitlicher Entscheidungshorizonte bei Politikern, die fehlende Folgenabschätzung politischer Maßnahmen, den Wildwuchs in den gesetzlichen Regelungen, die mangelnde Wettbewerbsorientierung in der Rahmengestaltung und vieles mehr.

---

11 Lafontaine, Oskar/Müller, Christa: Keine Angst vor der Globalisierung. Wohlstand und Arbeit für alle, Bonn 1998.
12 Schäuble, Wolfgang: Und sie bewegt sich doch!, Berlin 1998.
13 Schmidt, Helmut: Auf der Suche nach einer öffentlichen Moral. Deutschland vor dem neuen Jahrhundert, 2. Aufl., Stuttgart 1998.
14 Henzler, Herbert A./Späth, Lothar: Sind die Deutschen noch zu retten? Von der Krise in den Aufbruch, 3. Aufl., München 1993.

Zugleich ist allerdings zu konstatieren, dass sich Hamms Buch zwar wirtschaftlichen Zusammenhängen und deren politischen Implikationen widmet, aber dennoch eine gewisse Distanz zur praktischen Politik festzustellen ist. Dies zeigt sich beispielsweise darin, dass Hamm auf die Auswirkungen wirtschaftlicher und politischer Macht ebenso wenig eingeht wie auf die Verschränkung politischer und wirtschaftlicher Interessen von Parteien und Lobbygruppen. So beklagt er z. B. staatliche Preisinterventionen, bei denen er zu Recht konstatiert, dass diese den Markt als Informationsinstrument von Unternehmern außer Kraft setzen (S. 65). Er unterstellt dadurch eine Verunsicherung der Unternehmer, ohne zu berücksichtigen, dass derartige Preisfixierungen z. T. von Seiten der Unternehmer politisch gewollt sind und durchgesetzt werden. An anderer Stelle geht er auf externe Kosten ein, die durch unternehmerisches Handeln entstehen können und durch die andere Personen geschädigt werden. Wenn er allerdings ausführt „Nichts hindert jedoch staatliche Instanzen daran, Vorschriften zur Reinhaltung von Luft und Wasser zu erlassen und die der Allgemeinheit entstehenden Kosten der Verunreinigung von Luft und Wasser den Verursachern anzulasten", so wird dabei die Lobbyarbeit jener völlig außer Acht gelassen, die von den externen Effekten profitieren. Beispielhaft hierfür stehen die Regelungen zur Verschrottung von Altfahrzeugen, das Pfand für Einwegverpackungen oder die Haftpflichtbegrenzungen bei Kernkraftwerksbetreibern.[15] Nahezu blauäugig wirken Hamms Argumentationsstränge, wenn er anlässlich der Einkommensverteilung konstatiert, dass die Honorierung von Spitzenmanagern entscheidend von deren unternehmerischen Erfolg abhänge (S. 122). Hier bleibt jedoch sowohl die ansonsten (S. 123) geforderte Koppelung der Entgelte an die Arbeitsproduktivität undiskutiert als auch Fakten wie der berühmte „Goldene Handschlag" oder jene zahlreichen Fälle, in denen Vorstandsgehälter trotz schlechter Unternehmensentwicklung angehoben wurden.

Ungeachtet dieser und einzelner weiterer Passagen, die das Buch entgegen der Wünsche des Autors (S. 9) in die Nähe einer Streitschrift rücken, ist das Werk insgesamt sehr lesenswert. In politischer Hinsicht ist es ein Leitfaden, wie man Feinde gewinnt: politische Parteien, Gewerkschaften, Unternehmerverbände, sonstige Lobbygruppen, staatliche Verwaltung, Sozialverwaltung etc. Zwar sind es aufgrund der Intention des Buches weniger die Wirtschaftswissenschaftler, die zu neuen Erkenntnissen gelangen, als vielmehr Nicht-Ökonomen und vielleicht auch einige Politiker, aber dies wäre durchaus wünschenswert. Denn inhaltlich sind viele der skizzierten Lösungsansätze durchaus vielversprechend. Vielleicht kann durch das Buch sogar zu einer Verbesserung des ökonomischen Grundwissens beitragen, das Hamm für Deutschland als schwach ausgeprägt ansieht (S. 205ff).

HAWKEN, Paul/LOVINS, Amory & Hunter : Öko-Kapitalismus. Die industrielle Revolution des 21. Jahrhunderts. Wohlstand im Einklang mit der Natur

München: Riemann 2000. 512 S., geb.

---

[15] Vgl. hierzu Gasche, Urs P./Guggenbühl, Hanspeter/Vontobel, Werner: Das Geschwätz von der freien Marktwirtschaft. Wie Unternehmen den Wettbewerb verfälschen, die Natur ausbeuten und die Steuerzahler zur Kasse bitten, Wien 1997, S. 33ff.

„Öko-Kapitalismus" ist ein Managementbuch der besonderen Art, denn die Autoren haben sich ein sehr anspruchsvolles Ziel gesteckt: Ausgehend von ihrer Sorge um das ökologische System der Erde wollen sie nicht allein die Bedrohungen skizzieren, denen der Planet gegenüber steht, sondern auch solche Lösungsmöglichkeiten die zu verbesserter betriebswirtschaftlicher Produktivität und Effizienz führen – und dadurch der Allgemeinheit ebenso wie dem Ökosystem nützlich sind.

Ihr Ausgangspunkt ist dabei zum einen die Feststellung, dass die herkömmliche Definition von Kapital im Sinne von angesammeltem Reichtum unzureichend ist und daher zu Fehlsteuerungen führt. „Eine Wirtschaft benötigt aber vier Arten von Kapital, um richtig funktionieren zu können:

- menschliches Kapital in Form von Arbeitskräften, Intelligenz, Kultur und Organisation
- finanzielles Kapital in Form von Bargeld, Investitionen und Geldinstrumenten
- hergestelltes Kapital wie z. B. Infrastruktur, Maschinen, Werkzeuge und Fabriken
- natürliches Kapital in Form von Ressourcen, lebenden Systemen, und Ökosystemdiensten" (S. 21).

Insbesondere natürliches Kapital wird kaum berücksichtigt und daher auch nicht angemessen mit Preisen versehen. Daraufhin spiegeln zum anderen sämtliche derzeitigen Wertrechnungen, Bruttosozialproduktberechnungen ebenso wie Firmenbilanzen, ein falsches Abbild der tatsächlichen Situation wider, mit der Konsequenz betriebs- wie volkswirtschaftlicher Fehlsteuerungen. Lösungen für dieses Dilemma sehen die Verfasser in dem von ihnen skizzierten Öko-Kapitalismus, der sich durch vier Prinzipien auszeichnet: Radikale Ressourcenproduktivität, Biomimikry, eine Service-und-Flow-Wirtschaft sowie Investitionen in natürliches Kapital.

Hierauf aufbauend wird für eine Vielzahl von Branchen und Industrien, von der Automobilwirtschaft über die Bauindustrie bis zur Nahrungsgüterwirtschaft skizziert, wie sich parallel eine Verbesserung von Produktivität und Effizienz sowie der Nachhaltigkeit erreichen lässt. Insbesondere durch den Einsatz von Lean Management-Konzepten und dem Service-und-Flow-Gedanken lässt sich den Autoren zufolge in einer Vielzahl von Unternehmen eine Verbesserung bewirken.

Für Unternehmer und Manager stellt das Buch eine Fundgrube von Ideen dar, wie sich durch innerbetriebliche Umstrukturierung verbunden mit dem Einsatz moderner Techniken und Instrumente und angestoßen durch eine innovative Betrachtungsweise Möglichkeiten zur Ertragserzielung eröffnen lassen. Adressaten sind dabei nicht einmal in erster Linie die berühmten innovativen Unternehmer und Entrepreneure nach Schumpeter, sondern eher die Kirznerschen „findigen Unternehmer".[16] Denn die von Hawken, Lovins & Lovins aufgezeigten Möglichkeiten müssen nicht mehr entdeckt werden; statt dessen gilt es, sie für das eigene Unternehmen, für die eigene Branche zu

---

[16] Eine Darstellung beider Konzepte, ihrer Unterschiede und der sich daraus ergebenden Konsequenzen findet sich bei Brockmeier, Thomas: Wettbewerb und Unternehmertum in der Systemtransformation. Das Problem des institutionellen Interregnums im Prozeß des Wandels von Wirtschaftssystemen, Stuttgart 1998, insb. S. 229ff.

adaptieren. „Schütze die Umwelt und verdiene dabei" ließe sich diesbezüglich als Motto konstatieren.

Die von den Autoren gewählte Vorgehensweise innerhalb des Buches ist ebenso verdienst- wie anspruchsvoll, denn sie fordert den Leser dazu auf, sich in jedem Kapitel mit einer anderen, jeweils sehr komplexen Thematik, den speziellen Problemen und ihren Lösungsmöglichkeiten zu befassen. Dennoch wird die dabei notwendige Vermittlung spezifischen Wissens aus unterschiedlichen Disziplinen, die von der Biologie über die Architektur bis zu verschiedenen Ingenieurstechnologien reichen, sehr souverän und gut lesbar gehandhabt. Umso ärgerlicher ist die durch den Verlag vorgenommene Streichung des Literaturverzeichnisses, das lediglich auf Anfrage nachgeliefert wird. Durch diese Vorgehensweise wird eine Überprüfung der Aussagen von Hawken, Lovins & Lovins gravierend erschwert. Dennoch bleibt das Buch insgesamt nicht nur ein sehr überzeugendes Plädoyer für eine Veränderung der Wirtschaftsweise aus Gründen des Umweltschutzes, sondern insbesondere eine verdienstvolle Fibel für Unternehmer und Manager, wie sie durch Einsatz entsprechender Instrumente, Methoden und Verfahren Produktivität und Effizienz steigern können.

HEINEMANN, Gustav W.: Einspruch. Ermutigung für entschiedene Demokraten

Bonn: J. H. W. Dietz Nachfolger 1999. 237 S., br.

Anlässlich des hundertsten Geburtstags von Gustav Walter Heinemann, dem ersten Innenminister und dritten Präsidenten der Bundesrepublik Deutschland ist ein Buch aufgelegt worden, in dem wesentliche Texte aus seiner Schaffenszeit zusammengestellt worden sind. Verbunden damit ist ein doppelter Anspruch: Zum einen soll Heinemann, der 1976 verstorben ist, einem breiteren Publikum wieder ins Gedächtnis gerufen werden, zum anderen ist die Bedeutung seiner Überzeugungen und seiner Taten für die heutige Zeit zu prüfen.

Dazu sind auf rund zweihundert Seiten Auszüge von Artikeln, Reden und Tagebuchnotizen zu verschiedenen Themengebieten zusammengestellt worden, die Heinemanns wesentliche Interessenschwerpunkte schlaglichtartig erhellen. In sieben Kapiteln finden sich so Kommentare zu Demokratie, Glaube und Politik, Geschichte und Gegenwart, Frieden und Wiedervereinigung Deutschlands, Recht und Gerechtigkeit, freie und soziale Wirtschaft sowie autobiographische Notizen.

Auf diese Weise entsteht nicht nur ein Bild dieses Politikers, das seine Ecken und Kanten widerspiegelt, sondern dass zugleich zeigt, was ihn bewegt hat. Sein Handeln, das sehr stark von seinen religiösen Werten geprägt war, wird so nachvollziehbar und erlebbar. Zugleich wird der Leser mitgenommen auf eine Reise durch die bundesdeutsche Geschichte, gesehen aus der Perspektive eines unbequemen Zeitgenossen.

Viele der Themen sind inzwischen vorrangig von zeitgeschichtlichem Interesse, andere wiederum sind nach wie vor von hoher Aktualität, wie z. B. die Rolle des mündigen Bürgers in Staat und Gesellschaft oder die Stellung von Armee und Polizei in einem demokratischen Rechtsstaat. Manche Passagen lesen sich gar wie tagesaktuelle Beiträge zur Diskussion um Standortqualität, Globalisierung und Europäische Union.

In seinem Nachwort stellt der Herausgeber die Frage, was Gustav Heinemann uns heute bedeutet und was von ihm geblieben ist. Sein Fazit lautet: „Heinemanns Anregungen und Folgerungen wurden von vielen Deutschen nicht aufgenommen. Minderheiten sahen und sehen sich ihnen verpflichtet, suchten sie in die Tat umzusetzen und versuchen es noch immer. Eine große sichtbare Nachwirkung in die Breite blieb Heinemann jedoch versagt." (S. 228). Die derzeitige Diskussion über Fremdenfeindlichkeit und doppelte Staatsangehörigkeit in Deutschland macht es jedoch notwendig, seine Warnung vor nationalistischer Überhebung ins Gedächtnis zurückzurufen: „Ein guter Deutscher kann kein Nationalist sein. Ein nationalbewußter Deutscher kann heute nur Europäer sein." (S. 98).

HENDRICH, Fritz: Horse Sense. Oder wie Alexander der Große erst ein Pferd und dann ein Weltreich eroberte. Drei Schritte zum Charisma der Führung

---

Wien: Signum 2003. 213 S., geb.

Zwischenzeitlich erscheint es schon fast merkwürdig, woher sich Manager ihre Anregungen holen und von wem sie lernen (sollen). Die einschlägige Management-Literatur verweist hier nicht nur auf Vorbilder aus Politik („Der Fürst" von Niccolo Machiavelli) und Militär („Die Kunst des Krieges" von Sun Tsu), sondern holt sich Managementkonzepte auch aus der Kinderliteratur („Management by Pu" von Roger E. Allen) und der Biologie (Wildentenprinzip, Delphinstrategien). Da konnte es eigentlich nur eine Frage der Zeit sein, bis das „Pferdeflüstern" dank des einschlägigen Buch- und Filmerfolges auch als Ratgeber für Manager adaptiert wird. Diese Lücke hat Fritz Hendrich nun unter Bezugnahme auf Alexander den Großen geschlossen.

Betrachtet man den vorliegenden Band genauer, so stellt sich allerdings heraus, dass viele der Empfehlungen von Hendrich für ein besseres Führungsverhalten von Managern durchaus sinnvoll und nachahmenswert sind. Konkret wendet er sich der Frage zu, wie es einem Manager gelingt, durch Charisma zu führen. Voraussetzung dafür ist, dass er seine Mitarbeiter achtet, wodurch sich gegenseitiges Vertrauen und Respekt entwickeln können. Zwar ist Charisma selbst nicht einfach erlernbar, sondern ergibt sich als eine Verbindung von mitgebrachten und erlernten Verhaltensweisen, wie Hendrich betont, aber im Endeffekt könnte eine Beherzigung seiner Empfehlungen in der Tat zu einem verbesserten Umgang von Management und Mitarbeitern führen, wodurch zugleich Effizienzsteigerungen zu erwarten sind.

Beide Zielsetzungen sind in einer Zeit, die geprägt ist von wirtschaftlichen Schwierigkeiten einerseits und einem massiven Vertrauensverlust von Managern andererseits, durchaus unterstützenswerte Ziele. Vor diesem Hintergrund verdienen Hendrichs Bemühungen Respekt, wenngleich viele seiner Empfehlungen bereits durch Einsatz des „gesunden Menschenverstandes" (der deutschen Bedeutung von „horse sense") ableitbar sind – und ohne dass man dafür über mehrere hundert Seiten Alexander den Großen und den Reitsport bemühen muss.

HENKEL, Hans-Olaf: Jetzt oder nie. Ein Bündnis für Nachhaltigkeit in der Politik

Berlin: Wolf Jobst Siedler Verlag 1998. 219 S., geb.

Der Präsident des Bundesverbandes der Deutschen Industrie hat ein Buch vorgelegt, das vehement für Nachhaltigkeit in der Politik plädiert. Er diagnostiziert die Notwendigkeit für gravierende Veränderungen, skizziert die derzeitige wirtschaftliche und politische Umbruchsituation und gibt Anstöße zur Bewältigung der Herausforderungen.

Anlage und Intention des Vorhabens sind ebenso ehrenwert wie löblich. Problematisch gestaltet sich jedoch die Realisierung. Henkel eilt der Ruf voraus, lautstark und vehement seine Positionen zu vertreten, dabei jedoch durchaus auch unkonventionelle Wege zu beschreiten. Die Lautstärke spiegelt sich in seinen Ausführungen wider, an Unkonventionalität und Originalität fehlt es jedoch. Die vorgetragenen Argumente sind weitgehend bekannt. Zwar sind sie teilweise durchaus bedenkenswert, doch mangelt es derart eklatant an Belegen, dass lediglich recht plakative Behauptungen übrig bleiben. Ob Ökosteuer, Bildungspolitik, Mitbestimmung oder Verfassungsgestaltung – eine fruchtbare Auseinandersetzung mit den jeweiligen Vor- und Nachteilen erfordert mehr Analyse als Henkel liefert.

Auch für dieses Buch gilt: Gut gemeint ist noch lange nicht gut gemacht, auch in der wirtschaftspolitischen Auseinandersetzung.

HERTZ, Noreena: Wir lassen uns nicht kaufen! Keine Kapitulation vor der Macht der Wirtschaft

München: Econ 2001. 304 S., geb.

Das Thema, mit dem sich Noreena Hertz befasst, ist inzwischen geradezu klassisch zu nennen: Das Verhältnis von staatlicher zu wirtschaftlicher Macht. Dabei diagnostiziert sie eine zunehmende Machtverlagerung zwischen den beiden Bereichen: Durch die in den achtziger Jahren einsetzende Deregulierung in Verbindung mit der zunehmenden Globalisierung verbesserten sich die Handlungs- und Gewinnerzielungsmöglichkeiten von Unternehmen – mit der Konsequenz zunehmender Macht. Im Gegenzug verringerten sich die Möglichkeiten von Staaten, das Unternehmenshandeln zu beeinflussen.

Dies führte zu der irrationalen Situation, dass sich die Staaten in einen Wettbewerb der Standorte einließen, um Unternehmen anzulocken, und zunehmend als Interessenvertreter der heimischen Unternehmen agierten, während gleichzeitig die Bindung der Unternehmen an ihre Heimatländer nachließ. Parallel ist ein Nachlassen der Wahlbeteiligung in demokratischen Staaten zu beobachten (Schlagwort „Politikverdrossenheit"), das nach Hertz mit der zunehmenden Ignoranz der gewählten Politiker gegenüber den Interessen und Problemen ihrer Wähler korrespondiert.

Zugegebenermaßen ist die von Hertz geäußerte Kritik nicht neu; in die selbe Richtung zielt beispielsweise Viviane Forresters Buch „Der Terror der Ökonomie". Dennoch bestehen zwischen den beiden Arbeiten erhebliche Unterschiede: Was bei Viviane Forrester zu einer Ökonomie für Verschwörungstheoretiker geraten war, ist bei Noreena Hertz eine zwar durchaus leidenschaftliche, aber immer fachlich kompetente argumentative Auseinandersetzung mit dem Thema. Darüber hinaus macht sich Hertz nicht nur die Mühe, die Problematik von zwei Seiten zu beleuchten, nämlich aus Sicht der Unternehmen und der (staatlichen) Politik, sondern berücksichtigt auch die Einflussmöglichkeiten der Konsumenten. So weist sie beispielsweise anhand von Shell auf die Wirkung von Protesten, Demonstrationen und Boykotten hin.

Insgesamt liegt mit der Studie von Hertz endlich eine ebenso engagierte wie fachkundige Auseinandersetzung zu Globalisierung und wirtschaftlich-politischer Macht vor. Positiv ist hervorzuheben, dass sie umfassend Probleme anspricht, einschließlich der Rolle der Medien. Das Schwächste an dem Buch ist eindeutig der deutsche Titel, der gerade jene sachliche Argumentation vermissen lässt, durch den sich das Buch ansonsten auszeichnet.

HITCHENS, Christopher: *Die Akte Kissinger*

Stuttgart/München: Deutsche Verlags-Anstalt 2001. 219 S., geb.

Das Ziel von Hitchens' Buch ist klar und eindeutig: Seines Erachtens ist Henry Kissinger verantwortlich für eine Vielzahl von Verbrechen, für die er vor Gericht gestellt werden sollte. Hitchens versucht seinen Beitrag zur Erreichung dieses Zieles zu leisten, indem er sich auf die Untersuchung von sechs Punkten konzentriert, die seines Erachtens Teil einer entsprechenden Anklageschrift sein könnten.

Dazu gehören nach Hitchens im Einzelnen: Die vorsätzliche Tötung von Zivilpersonen in Indochina; das vorsätzliche Einverständnis zunächst zum Massenmord und später zu einem Attentat in Bangladesch; die persönliche Anstiftung zur und Planung der Ermordung eines hohen Staatsbeamten in einem demokratischen Land – Chile –, mit dem die USA sich nicht im Kriegszustand befanden; die persönliche Beteiligung an einem Plan, das Staatsoberhaupt des demokratischen Zypern zu ermorden; die Anstiftung und Durchsetzung des Genozids auf Osttimor; die persönliche Beteiligung an einem Plan, einen in Washington, D. C., lebenden Journalisten zu entführen und zu ermorden (S. 11).

Jeder dieser Punkte wird im Verlaufe des Buches belegt und bewirkt eine nachhaltige Beschädigung einer „Lichtgestalt der Diplomatie" – ermöglicht durch die Öffnung bisher verschlossener Quellen. Aktuellen Bezug gewinnen diese Auseinandersetzungen mit den siebziger Jahren, wenn man sich die Frage stellt, welche brisanten Informationen wohl derzeit unter Ausschluss der Öffentlichkeit gehandelt werden.

Hitchens hat eine Streitschrift vorgelegt, die eine politische Anklage ist und eine juristische Anklage fordert. Daher kann es auch dahingestellt bleiben, ob die Vorwürfe im juristischen Sinne stichhaltig sind – dies wäre ggf. durch ein Gericht zu prüfen; die Frage aber nach der politischen Verantwortlichkeit von Mächtigen – wie sie sich exemplarisch sowohl bei Pinochet als auch bei Milosevic gestellt hat – erwartet auch im Falle Kissingers eine klare Antwort.

HOCHE, Karl: In diesem unserem Lande. Eine Geschichte der Bundesrepublik in ihren Bildern

Düsseldorf/Zürich: Artemis & Winkler 1997. 292 S., geb.

Das Konzept des Buches ist ebenso einfach wie verblüffend: Fünfzig Bilder aus der Geschichte der Bundesrepublik Deutschland, die der Münchner Satiriker Karl Hoche nach eigenem Gusto ausgewählt hat, werden von ihm mit relativ kurzen Artikeln begleitet.

Die Auswahl der Bilder ist streng subjektiv, allein nach der vom Autor empfundenen „Wahrheit" des Bildes urteilend, wobei Hoche ein Bild unabhängig von seinen Entstehungsbedingungen dann als „wahr" ansieht, wenn seine Aussage zutrifft. In den Band aufgenommen wurden jene „wahren" Bilder, die im „kollektiven Gedächtnis der Bundesdeutschen" haften geblieben sind, wie z. B. das Hissen der roten Fahne auf dem Berliner Reichstag 1945, der „Sprung in die Freiheit" eines Volkspolizisten, der tote Uwe Barschel in der Badewanne, aber auch das HB-Männchen, die Waschfrau Klementine oder das CDU-Plakat „Alle Wege des Marxismus führen nach Moskau". Insgesamt erscheint die Auswahl der Bilder sehr gelungen: Der Wiedererkennungseffekt ist sehr groß, obwohl man dennoch darüber streiten könnte, ob nicht das eine oder andere Bild zu Unrecht außen vor gelassen wurde. So fehlt mir beispielsweise das Foto von Bundeskanzler Kohl, als dieser auf einen eierwerfenden Demonstranten einstürmt.

Die zweite tragende Säule dieser Geschichte in Bildern sind die Texte. Die Artikel, die die Bilder umrahmen, sind kurz (maximal vier Seiten) und kommentieren weniger das Bild selbst als vielmehr die Umstände, aufgrund derer es „wahr" ist. Wie von Hoche zu erwarten, sind die Texte durchaus pointiert und gut zu lesen, doch fehlt es an einem roten Faden jenseits der zeitlichen Abfolge, der die einzelnen Artikel miteinander verbindet. Außerdem wirkt der Einbau einzelner Pointen sehr konstruiert. Dennoch ist das Buch durchaus lesenswert, insbesondere als eine Art kurz gefasster Führer durch bundesdeutsche Geschichte, Mentalität und Brennpunkte.

HOERNER, Rolf/VITINIUS, Katharina: Heiße Luft in neuen Schläuchen. Ein kritischer Führer durch die Managementtheorien

Frankfurt am Main: Vito von Eichborn Verlag 1997, 207 S., geb.[17]

Ausgangsbasis dieses Führers durch die Managementtheorien ist die Feststellung, dass diese Theorien den Gesetzen der Mode unterliegen und kommen und gehen. In 24 Kapiteln und damit sehr knapp (jeweils ca. 8 Seiten) wird auf die derzeit diskutierten Managementtheorien eingegangen. Management by Leadership, Innovationsmanagement, Kanban, Kaizen, Corporate Culture, Soft Management, Lean Management,

---

[17] Neuauflage als Demmer, Christine/Hoerner, Rolf: Heiße Luft in neuen Schläuchen. Ein kritischer Führer durch die Managementkonzepte, Frankfurt am Main 2001.

Synergiemanagement, Change Management, Team Management, Management by Chaos, die lernende Organisation, Total Quality Management, Business Process Reengineering, Zeitmanagement, Globalisierung, Total Value Management, Outsourcing, Kundenorientierung, Benchmarking, biologistische Programme, Case Management, all dies ist vorhanden und wird erörtert.

Der Aufbau der Kapitel ist weitestgehend ähnlich: Das Managementkonzept wird mit Schlagworten und deren Erfindern oder Vertretern benannt, kurz vorgestellt und skizziert, bevor es auf seinen Gehalt untersucht wird („... und was steckt dahinter?"). Abweichungen von dieser Vorgehensweise stellen lediglich das erste und das letzte Kapitel dar. Zum einen wird eine inhaltliche Einführung mit Verweis auf die Klassiker (Harzburger Modell, Management by Motivation) und die Rolle von Unternehmensberatungen gegeben, zum anderen wird ein satirischer Ausblick gewährt auf das, was man auch noch als Managementtheorie erfinden könnte.

Als konzeptbedingte Schwäche zeigt sich an einigen Stellen das gewollt satirische Vorgehen, das zu einer Überlagerung des bedenkenswerten Kerns (Kaizen, Shareholder Value) führen kann, zumal mit der Kritik an der Theorie auch eine (häufig wiederholte) Kritik an den Unternehmensberatungen verknüpft wird. Dennoch ist das Buch für all jene hilfreich, die sich freiwillig oder gezwungenermaßen mit Managementtheorien beschäftigen müssen, unabhängig davon, ob sie in Unternehmungen oder Universitäten sitzen. Hier liefert das Buch eine gute, wenngleich sehr knappe und gelegentlich überkritische Einführung in die verschiedenen Ansätze. Hinsichtlich der abgehandelten Konzepte bleiben bei den aktuellen Ansätzen kaum Lücken, mit Ausnahme des Kernkompetenzansatzes.[18] Schmerzlich vermisst wurde jedoch die in früheren Jahren sehr empfohlene Diversifikation,[19] zumal diese in besonders deutlichem Widerspruch zu zahlreichen anderen Managementtheorien steht.

IHLAU, Olaf: Weltmacht Indien. Die neue Herausforderung des Westens

München: Siedler 2006. 224 S., geb.

Olaf Ihlau, der lange Jahre für die Süddeutsche Zeitung und den Spiegel in Indien gearbeitet hat, weist mit seinem Buch eindringlich darauf hin, dass die deutsche Wirtschaft und Politik bei aller Aufgeschlossenheit für China nicht die Anstrengungen Indiens übersehen darf. Denn Indien ist nicht nur eine Nuklearmacht mit riesiger Armee, sondern hat sich gerade in den letzten Jahren auch zu einem wirtschaftlich ausgesprochen leistungsfähigen Konkurrenten auf dem Weltmarkt entwickelt. Gerade im High-Tech-Bereich ist Indien dank seiner gewaltigen Anstrengungen im Schul- und Hochschulsektor zu einem ernst zu nehmenden Wettbewerber geworden. Beispielhaft zeigt sich dies in den Hunderttausenden von Software-Ingenieuren, die im Auftrag indischer, aber auch vieler ausländischer Konzerne IT-Leistungen erbringen. In Ver-

---

[18] Vgl. Hamel, Gary/Prahalad, C. K.: Wettlauf um die Zukunft. Wie Sie mit bahnbrechenden Strategien die Kontrolle über Ihre Branche gewinnen und die Märkte von morgen schaffen, Wien 1997, S. 307ff.
[19] Vgl. Staehle, Wolfgang H.: Management, 6. Aufl., München 1991, S. 613.

bindung mit der demographischen Entwicklung, die in naher Zukunft Indien zum bevölkerungsreichsten Land der Welt machen dürfte, bieten sich Indien gute Chancen, der „globale Wachstumsmotor der nächsten Jahre" zu werden.

Gleichzeitig hat der wirtschaftliche Aufschwung aber noch keineswegs das gesamt Land erfasst. So lebt immer noch gut eine halbe Milliarde Inder in Dörfern, wo sich die Lebensbedingungen über die Jahrhunderte hinweg nur wenig verändert haben. Ein Viertel der Bevölkerung, ca. 300 Millionen, lebt unter der Armutsgrenze von einem US-Dollar pro Tag. Die zunehmende soziale Ungleichheit, das Kastenwesen, religiöse Spannungen, der schwelende Kaschmir-Konflikt mit Pakistan und Separatisten-Bewegungen in den nördlichen Provinzen signalisieren eine Vielzahl ungelöster Probleme und Gefahren.

Ihlau ist es mit seinem Buch gelungen, „den übersehenen Riesen" Indien in das ihm gebührende Rampenlicht zu zerren. Auf gut 200 Seiten beschreibt er viele verschiedene Mosaik-Steine, die sich zum Schluss zu einem Gesamtbild dieses faszinierenden Landes – der größten Demokratie der Welt – zusammenfügen. Es ist sein Verdienst, nicht nur dem Rezensenten die Augen für die indische Wirtschaftskraft geöffnet, sondern auch die sich daraus ergebenden Chancen und Risiken verdeutlicht zu haben. Dennoch bleibt bei allem Lob ein Vorbehalt: Ihlau hat sowohl über die positiven als auch die negativen Seiten Indiens eindringlich berichtet, auf eine tiefergehende Analyse und eine schlüssige Verbindung des von ihm Beschriebenen jedoch verzichtet. So nimmt er Indien als aufstrebende Wirtschaftsmacht mit enormem Bevölkerungswachstum wahr, ohne diese Ansicht aber mit den gravierenden sozialen Spannungen zu verknüpfen. Hier wäre, zumindest in einem Ausblick oder Fazit, mehr von einem so ausgewiesenen Experten zu erwarten gewesen.

JÄGER, Wilhelm (Hrsg.): Freiheit und Bindung als Grundlagen der marktwirtschaftlichen und demokratischen Ordnung. 50 Jahre Institut für Genossenschaftswesen der Westfälischen Wilhelms-Universität Münster

Münster: Regensberg 1998. 415 S., geb.

Mit dem Institut für Genossenschaftswesen der Westfälischen Wilhelms-Universität Münster hat das zweite deutsche Genossenschaftsinstitut sein fünfzigjähriges Bestehen gefeiert. Aus diesem Grund fand am 23. und 24. April 1998 eine Jubiläumsfeier statt, in deren Rahmen sowohl Festansprachen und -vorträge gehalten als auch neue Forschungskonzepte vorgestellt wurden, die in einem Sonderband der Münsteraner Genossenschaftspublikationen der Öffentlichkeit zugänglich gemacht worden sind.[20]

Neben diesem Tagungsband ist als eine Dokumentation der Genossenschaftswissenschaft an der Universität Münster das von Wilhelm Jäger herausgegebene Buch erschienen. Der selbstverkündete Anspruch ist es, die Identität dieses Instituts für Genossenschaftswesen abzubilden, gedacht als „eine Zusammenstellung der wichtigsten

---

20 Bonus, Holger/Rinn, Hermann Siegfried (Hrsg.): Aufbruch in die Zukunft – 50 Jahre Genossenschaftswissenschaft, Münster 1998.

Daten vor dem Hintergrund standortbestimmender Äußerungen beteiligter Zeitzeugen. So entsteht ein Bild des Jubilars, das frei ist von der Interpretation und Stringenz eines rückbetrachtenden Historikers. Die Akteure sprechen aus ihrer Zeit heraus, aus ihrer Sicht der Dinge, damals wie heute." (S. 5.)

Misst man den vorliegenden Band an diesem Anspruch, so ist zu konstatieren, dass die geweckten Erwartungen nicht erfüllt werden. Wohlgemerkt, dies bedeutet nicht, dass die in dem Band versammelten Beiträge etwa schlecht seien. Ganz im Gegenteil, denn neben den der Vorstellung interessanter Forschungskonzepte von Dieter Birk und Heinz Grossekettler sind exzellente Würdigungen von Bernhard Großfeld zu Harry Westermann und Ulrich Leffson vorhanden. Auch der Wiederabdruck wissenschaftlicher Äußerungen von Erik Boettcher, Holger Bonus und Rolf Eschenburg ist wegen der gewählten Themen nicht ohne Verdienst. Insbesondere die Auseinandersetzung von Erik Boettcher mit der Genossenschaftswissenschaft als einer „Wissenschaft im Stillstand" ist auch nach 20 Jahren noch von großer Bedeutung.

Dennoch lassen sich erhebliche Schwächen nicht übersehen, die aus der misslungenen Verbindung von Personendarstellungen und deren (genossenschafts)wissenschaftlichen Interessen resultieren. Zwar werden die verstorbenen Mitglieder des Instituts durch Geburtstagsansprachen und/oder Nachrufe gewürdigt, aber die Wiedergabe ihrer wissenschaftlichen Gedanken bleibt ihnen weitgehend verwehrt. Mit Ausnahme von Erik Boettcher wurden weder von Hans-Jürgen Seraphim, Friedrich Klein, Ulrich Leffson, Harry Westermann oder Hans-Josef Fischer Aufsätze oder Vorträge abgedruckt. Hatten all diese Wissenschaftler nichts „aus ihrer Zeit heraus" zu sagen, was heute noch von Interesse wäre?

Während die Verstorbenen als Personen gewürdigt wurden, aber als Wissenschaftler schweigen mussten, ist es bei den Lebenden umgekehrt: Von ihnen sind wissenschaftliche Äußerungen wiedergegeben, aber man erfährt nichts zu ihrem Lebenslauf. Dies ist besonders bedauerlich bei jenen Hochschullehrern, die neu in das Institut aufgenommen wurden und es in Zukunft tragen sollen, wie Dieter Birk und Heinz Lothar Grob.

Nicht nachvollziehbar ist es zudem, dass im Münsteraner Genossenschaftsinstitut über 30 Jahre hinweg eine Abteilung Ostwirtschaft bestand, die jedoch nicht mit einem Beitrag im Rahmen dieses Buches vertreten ist. Insgesamt ist der Anspruch einer Dokumentation nicht erfüllt worden: Die Verstorbenen bleiben als Wissenschaftler blass, die Lebenden als Personen, eine Abteilung wird nahezu völlig unterschlagen und wissenschaftliche wie auch technische Mitarbeiter werden überhaupt nicht erwähnt.

JAY, Peter: Das Streben nach Wohlstand. Die Wirtschaftsgeschichte des Menschen

---

Berlin: Propyläen 2000. 496 S., geb.

Die Wirtschaftsgeschichte der Menschen, seit ihrem Beginn ca. 10.000 vor Christus bis zum heutigen Tage, vollzieht sich zumeist in der Gestalt eines Walzerschrittes. Zunächst ein Schritt vorwärts, ein Fortschritt, der aus günstigen Umständen oder einer

Weiterentwicklung von Wissen und Technik resultiert; dann ein Schritt zurück, da der materielle Zuwachs die Begierden innerer oder äußerer Feinde weckt; der dritte Schritt verkörpert wiederum die erforderlich werdende gesellschaftliche oder politische Lösung der Bedrohung, z. B. durch die Schaffung neuer Regeln oder militärischer Verteidigungsmaßnahmen. Dieser Walzerschritt lässt sich nach Jays Ansicht mit beeindruckender Regelmäßigkeit in der Geschichte der wirtschaftlichen Evolution der Menschen beobachten, ohne dass es sich dabei allerdings um eine Art „Naturgesetz" handelt, zumal insbesondere der dritte Schritt keinesfalls zwangsläufig erfolge.

Es ist eine äußerst anspruchsvolle Aufgabe, die sich Peter Jay vorgenommen hat: Die Wirtschaftsgeschichte der Menschheit darzustellen, beginnend bei den Jägern und Sammlern und endend mit einem Ausblick in das gerade begonnene Jahrhundert. Naturgemäß kann ein derartiges Vorhaben nur eine begrenzte Detailtiefe erreichen, aber Jay bietet deutlich mehr als nur eine kurze Einführung in die Wirtschaftsgeschichte. Ganz im Gegenteil: Die Entwicklungsgeschichte wird derartig umfassend und facettenreich präsentiert, dass beim Leser angesichts der großen zeitlichen und räumlichen Dimensionen zwischenzeitlich der Überblick verloren zu gehen droht. Hier wäre es hilfreich gewesen, das Buch mit einer Übersicht abzurunden, bei der auf einem Zeitstrahl die beschriebenen Entwicklungen abgetragen sind.

Dessen ungeachtet hat Jay mit dem Buch insgesamt eine sehr verdienstvolle Arbeit vorgelegt, die einen ebenso informativen wie erhellenden Überblick der wirtschaftlichen Evolution des Menschen bietet.

JOHANNING, Lutz/RUDOLPH, Bernd (Hrsg.): Handbuch Risikomanagement. Band 1: Risikomanagement für Markt-, Kredit- und operative Risiken. Band 2: Risikomanagement in Banken, Asset Management Gesellschaften, Versicherungs- und Industrieunternehmen

---

Bad Soden: Uhlenbruch 2000. 2 Bände, 1429 S., geb.

Johanning und Rudolph haben mit dem Handbuch Risikomanagement eine ungeheure Fleißarbeit vorgelegt: Auf rund 1.400 Seiten werden innerhalb von acht Themenkomplexen vielfältige Aspekte des Risikomanagements angesprochen. Die Palette reicht von den Grundlagen des Risikomanagements über eine Segmentierung nach Arten (Marktrisiken, Kreditrisiken, operative Risiken) hin zu den branchenspezifischen Ausprägungen (Banken, Versicherungen, Industrieunternehmungen).

Auf diese Weise ist es den Herausgebern gelungen, allein schon durch die pure Masse der versammelten Beiträge einen wichtigen Beitrag zur Risikomanagement-Diskussion zu liefern. Darüber hinaus dokumentieren die Artikel in ihrer Gesamtheit, wie in jedem der acht Themenkomplexe der derzeitige Stand der wissenschaftlichen Diskussion ist. Auf diese Weise wird es dem Leser ermöglicht, einerseits konzeptionelle Lösungsansätze für eine eigene Risikomanagement-Realisierung zu erhalten, andererseits einen Einblick in den nach wie vor bestehenden Weiterentwicklungsbedarf zu gewinnen Hervorzuheben ist diesbezüglich, dass sich der Bedarf nicht allein auf mathematisch-methodische Weiterentwicklungen und praxistaugliche Umsetzungen beschränkt, sondern in allen behandelten Branchen auch noch konzeptionelle

Grundlagenarbeit zu erledigen ist. Die Leistung von Herausgebern und Autoren ist es, nicht nur für Fachleute und Spezialisten wichtige Informationen für deren jeweiliges Arbeitsgebiet zur Verfügung gestellt, sondern auch auf unerledigte Aufgaben hingewiesen zu haben.

Allerdings sind auch Schwächen des Werkes unverkennbar, trotz oder vielleicht sogar wegen der Vielzahl der Beiträge. Denn sowohl in ihrer Gesamtheit als auch in ihrer Zusammenführung zu den einzelnen Themenkomplexen stehen die Aufsätze weitgehend unverbunden nebeneinander. Dadurch findet der Leser zwar im Zweifelsfall zu (nahezu) jedem Thema einen Aufsatz, aber der erstrebte Handbuchcharakter des Werkes leidet darunter massiv. Der „rote Faden" fehlt nicht nur für das Gesamtbuch, sondern auch innerhalb der einzelnen Themenkomplexe. Für eine etwaig anstehende zweite Auflage erscheint es vor diesem Hintergrund erforderlich, jeweils einen Beitrag voranzustellen, der zum einen eine Einführung in die Themenstellung und zum anderen einen Überblick über die den derzeitigen Entwicklungsstand und die offenen Fragen bietet. In seiner derzeitigen Form erbringt das Handbuch diese wichtige Leistung jedenfalls nicht; so dass Neulinge an die Materie nicht herangeführt, sondern eher abgeschreckt werden.

Das Fehlen einer thematischen Hinführung macht sich insbesondere bei der Behandlung der operativen Risiken bemerkbar, die den schwächsten Teil des Werkes bilden. Dies liegt zum einen mit Sicherheit daran, dass in diesem Bereich die wissenschaftliche wie auch die praktische Aufarbeitung noch ziemlich am Anfang steht. Zum anderen liegt es aber auch an der geringen Anzahl der Beiträge (lediglich zwei) und der Herangehensweise der Autoren. Problematisch und geradezu ärgerlich ist an dieser Stelle, wie ausgehend von einer „Negativ-Definition" (Operative Risiken verstanden als all das, was nicht unter Markt- oder Kreditrisiken fällt) freihändig von Quantifizierungsmöglichkeiten und -verfahren gesprochen wird, ohne genauer Auskunft darüber zu geben, wie man dies denn bei den verschiedenen Bestandteilen des operativen Risikos realisieren will. Hinzu kommt, dass das operative Risiko bei dieser Definition so unterschiedliche Risiken beinhaltet wie Rechtsrisiken, Organisationsrisiken, Modellrisiken etc., die nicht nur heterogen sind, sondern auch unterschiedliche Steuerungsmöglichkeiten beinhalten (beginnend mit der Limitierung über die Versicherbarkeit bis hin zu der vorgeschlagenen Quantifizierung mit Value-at-Risk).

Positiv ist dafür hervorzuheben, dass auch Beiträge zum Risikomanagement bei Versicherungen und bei Industrieunternehmen im Handbuch enthalten sind. Normalerweise stehen die Banken in der aktuellen Risikomanagementdiskussion so weit im Vordergrund, dass alle anderen Branche kaum Beachtung finden. Entsprechend gebührt Autoren wie auch Herausgebern ein Lob für ihre Anstrengungen, dies zumindest partiell zu ändern. Auf die sich grundsätzlich anschließende Frage, wie es mit dem Risikomanagement in anderen Branchen aussieht (z. B. Dienstleister, insb. Bauträger und andere projektorientierte Unternehmen), liefert das Handbuch allerdings leider keine Antwort.

Die in den übrigen Themenkomplexen des Handbuchs zusammengeführten Beiträge wenden sich an die Praktiker in den Banken sowie an jene Experten, die die erforderlichen Managementsysteme entwickeln: Es wird der aktuelle Stand der Diskussion in den verschiedenen Detailbereichen wiedergegeben, theoretische Lösungsansätze vorgestellt oder zumindest skizziert und praktische Herangehensweisen beim

Risikomanagement beschrieben. Dankenswerterweise wird auf Bilanzierungsprobleme bei Finanzinstrumenten ebenso eingegangen wie auf die Anforderungen der Bankenaufsicht und ihre Vorgehensweise bei der Zulassungsprüfung.

Bei dem Handbuch handelt es sich um ein Werk mit viel Licht, aber auch deutlichem Schatten: Sehr gelungen ist insbesondere die Darstellung der Entwicklungen im Versicherungs- und Industriebereich, ebenso wie auch die Behandlung verschiedenster Fragestellungen aus dem Bankwesen. Schwach ist hingegen erstens die Aufarbeitung der operativen Risiken und zweitens das weitest gehende Fehlen problemadäquater Einführungen und Überblicksdarstellungen. Insgesamt wird das Handbuch dadurch zu einem Werk für einen durchaus begrenzten Leserkreis, nämlich die Spezialisten in Wissenschaft und (vorwiegend Bank-)Praxis. Ungeeignet ist das Werk somit für Neulinge in der Thematik, die zur Einführung auf andere Werke verwiesen seien. Somit ist als Fazit festzuhalten, dass sich dieses Handbuch an Fachleute wendet.

KIRCHHOF, Paul: Der sanfte Verlust der Freiheit. Für ein neues Steuerrecht – klar, verständlich, gerecht

---

München/Wien: Hanser 2004. 233 S., geb.

Insbesondere Deutschland, aber auch Österreich diskutieren seit längerer Zeit über ein besseres Steuerrecht, das gleichzeitig in ausreichendem Maße Einnahmen für den Staat ermöglicht und den Steuerzahler weder konzeptionell noch finanziell überfordert. In diese Diskussion hat sich bereits seit längerem Paul Kirchhof, ehemaliger Richter am Bundesverfassungsgericht, eingemischt. In dem vorliegenden Buch skizzier Kirchhof auf der Basis grundlegender ordnungspolitischer und steuerpolitischer Vorgaben, wie ein entsprechendes Steuerrecht aussehen könnte.

Ausgangsbasis ist, dass das derzeitige Steuerrecht erstens keine durchgängige Logik erkennen lässt, zweitens Anreize für ein Verhalten setzt, das ökonomischer Vernunft sogar widerspricht (Abschreibungsgesellschaften etc.) und daher drittens grundlegende Verfassungsaufträge nicht erfüllt. Vor diesem Hintergrund betont Kirchhof, dass Steuern der Finanzbeschaffung für den Staat zu dienen haben, nicht aber der Verhaltenssteuerung der Bürger. Entsprechend sind Steuersubventionen konzeptionell kaum zu rechtfertigen. Ziel muss es sein, Steuergerechtigkeit anzustreben, wozu eine Besteuerung des Erfolges (ausgedrückt in Einkommen und Konsum), nicht aber von Talent und Vermögen gehört. Entsprechende Gesetze sind einerseits rechtsphilosophisch begründbar und andererseits können sie einfach und aufgabenadäquat gestaltet werden. Dabei bleiben sie aber eingebunden in das Netz der Grundrechte und dürfen gegen diese nicht verstoßen. Kern einer solchen Gesetzesreform muss das Einkommensteuerrecht sein, dass sich in Kirchhofs Vorschlag auf eine Einkunftsart begrenzen lässt, auf Ausnahmetatbestände verzichtet und rechtsformneutral zu gestalten ist. Erreichbar ist dies durch ein System niedriger, allgemeiner Steuersätze, denen man im Gegenzug aber nicht ausweichen kann.

In einem zweiten Schritt wäre dieses erneuerte Einkommensteuersystem durch eine Reform des Gesamtsteuersystems zu ergänzen. Insgesamt würde dieses System darüber hinaus zwar nicht die Steuerbelastung reduzieren, aber die Besteuerung einfacher und nachvollziehbarer gestalten. Darüber hinaus würden die Steuerzahler ein Stück Freiheit zurückgewinnen, weil sie ihr Verhalten zukünftig weniger an den steuerlichen Wirkungen als an ihren eigenen Interessen ausrichten können.

Kirchhof skizziert mit seinem Buch ein Steuersystem, das tatsächlich sowohl die Finanzbeschaffungsfunktion erfüllt, als auch für den Steuerzahler nachvollziehbar ist. Gleichzeitig ist seine Umsetzung aber keineswegs so selbstverständlich, wie es auf den ersten Blick zu erwarten wäre: In einem solchen Steuersystem wären nämlich sowohl die Steuerzahler mit einer mächtigen Lobby als auch die Politiker schlechter gestellt – erstere müssten tendenziell mehr Steuern zahlen, letztere müssten auf Gestaltungsspielräume verzichten. Umso wichtiger wird daher Kirchhofs fundierter Beitrag für die politische Diskussion!

KLEIN, Dieter/KUPF, Martin/SCHEDIWY, Robert: *Stadtbildverluste Wien. Ein Rückblick auf fünf Jahrzehnte*

Wien: LIT 2004. 356 S., br.

Bei dem vorliegenden Buch handelt es sich um eine aktualisierte Neuauflage des ursprünglich unter dem Titel „Wien. Stadtbildverluste seit 1945. Eine kritische Dokumentation" erschienenen Werkes. Klein, Kupf und Schediwy befassen sich in ihrem Buch mit der städtebaulichen Veränderung Wiens während der letzten sechs Jahrzehnte. Die Brisanz dieses Themas wurde bereits 1963 in einer Aussage Friedrich Achleitners erkenntlich, der konstatierte: „Es ist bekannt, dass die Zerstörungsarbeit an unseren Baudenkmälern das Ausmaß der Kriegszerstörungen schon längst übersteigt." Diese von ihm beklagte Entwicklung hat sich danach weiter fortgesetzt, wie die vorgelegte „kritische Dokumentation" ebenso eindrucksvoll wie umfänglich belegt.

Die Autoren zeigen, dass für die mit dieser Entwicklung verbundenen Stadtbildverluste durchaus unterschiedliche Ursachen auszumachen sind: Im Zuge des Wiederaufbaus nach dem Zweiten Weltkrieg bestand nicht nur eine Neigung zum Abriss von Gebäuden unabhängig vom Grad ihrer Beschädigung, sondern zudem eine Tendenz zur Beseitigung von Fassadengliederungen, Ornamenten, Stuckdecken und anderen Formen der „Behübschung". Anstelle dieser Elemente waren klare Linien und Formen gefragt, wie sie exemplarisch von den Glaspalästen und Betonhochburgen amerikanischer und europäischer Hochhäuser verkörpert wurden.

Die Verbindung von derartigen architektonischen Moden, fehlendem Respekt vor den Leistungen anderer Epochen, den Anforderungen einer „autogerechten Stadt" und wirtschaftlich-politischen Interessen haben massive Breschen in den städtebaulichen Reichtum Wiens geschlagen. Dieses Vorgehen wurde darüber hinaus durch unzureichende Denkmalschutzbestimmungen gedeckt. Diese gleichermaßen bei politischer, wirtschaftlicher und künstlerischer „Elite" zu beobachtende Missachtung der überkommenen Substanz bei gleichzeitiger Überschätzung des eigenen Wertes hat sich zwar seit den siebziger Jahren etwas abgeschwächt, aber keineswegs gelegt. Jüngere Beispiele für derartige Tendenzen sind der Umbau der Hofstallungen, der Gasometer und das „Projekt Wien Mitte" als einem besonderen Beispiel gnadenloser Architektur.

Das große Verdienst der Autoren besteht darin, die Wiener Stadtbildverluste auf lesbare Art und Weise dokumentiert zu haben. Entsprechend verbindet sich damit die Hoffnung, dass ihr „Katalog verlorener Denkmäler" eine Mahnung für derzeitige und zukünftige Architekten, Bauherren und politische Entscheidungsträger darstellt, respektvoller mit dem Bestehenden umzugehen. Denn ungeachtet allen notwendigen städtebaulichen Wandels, wie er sich immer aus veränderten politischen Rahmen- und wirtschaftlichen Nutzungsbedingungen ergibt, dürfte Wien durch den rabiaten Umgang mit der historischen Bausubstanz mehr verloren als gewonnen haben.

KLUGE, Ulrich: Ökowende. Agrarpolitik zwischen Reform und Rinderwahnsinn

Berlin: Siedler 2001. 187 S., geb.

Ulrich Kluge, Professor für Wirtschafts- und Sozialgeschichte an der Technischen Universität Dresden, hat die BSE-Krise zum Anlass genommen, um sowohl die bundesdeutsche als auch die europäische Agrarpolitik einer Generalrevision zu unterziehen. Herausgekommen ist dabei eine bittere Abrechnung mit den Ergebnissen dieser Politik: Dem Abschied von einer bäuerlichen Familienwirtschaft einerseits und der Entwicklung agroindustrieller Komplexe andererseits.

Dabei beklagt Kluge zu Recht, dass sowohl ökologische als auch ethische Werte wie z. B. Tierschutz und Verbraucherschutz i. d. R. zugunsten einer industrialisierten Landwirtschaft mit Niedrigpreisprodukten vernachlässigt wurden. Gleichermaßen gefördert wie verursacht wird diese Politik durch die Interessen der Agrarindustrie, insbesondere in der Verarbeitung, und die bürokratiedominierten Maßnahmen in Brüssel.

Bis hierhin ist das Buch eine durchaus gelungene, wenngleich zwischenzeitlich überspitzende Kritik an der historischen Entwicklung. Problematisch wird es jedoch, wenn Kluge versucht, Lehren aus der Vergangenheit zu ziehen und einen Entwurf für die Zukunft vorzulegen. Hier versagt Kluges Phantasie und er bleibt in durchaus Gewohntem stecken: Der Aufforderung an die Agrarpolitiker, bessere Rahmenbedingungen zu setzen, verbunden mit der Hoffnung, dass dann die bäuerliche Familienwirtschaft die Probleme schon auf ökologisch-ethisch richtige Weise lösen wird. Dabei übersieht Kluge gleichermaßen, dass viele Familienbetriebe sich in ihrer Situation als Subventionsbewirtschafter durchaus erfolgreich eingelebt haben, während andererseits die gemeinschaftliche Bewirtschaftung in Form von Genossenschaften auch für Klein- und Nebenerwerbslandwirte eine erfolgversprechende Alternative sein kann.

KRÄMER, Walter/MACKENTHUN, Gerald: Die Panik-Macher

München: Piper 2001. 362 S., geb.

Ausgangspunkt dieses Buches des Wirtschafts- und Sozialstatistikers Krämer und des Psychologen und Publizisten Mackenthun ist die Feststellung, dass insbesondere in Deutschland eine Neigung zu Panikmache und öffentlich geäußerten Ängsten bestehe. Zwar sei es durchaus richtig, so konstatieren sie, dass man mit Gefahren leben (und irgendwann als Folge einer der Gefahren sterben) müsse. Die relevante Frage sei daher, *wie* man mit den Gefahren und Risiken lebe: „Wir können zwischen kleinen und großen Gefahren unterscheiden, wir können hier das Risiko erhöhen, um anderswo das Risiko zu reduzieren, wir können aus großen Gefahren kleine, aber auch aus kleinen Gefahren große machen." Unmöglich wäre es allerdings, alle Gefahren gleichzeitig auszuschalten.

Vor diesem Hintergrund gehen Krämer und Mackenthun auf verschiedenste Aspekte des Themenkomplexes „Risiken und Gefahren" ein. Dabei konstatieren sie ein tendenziell irrationales Verhalten beim Umgang mit Risiken: Ihrer Ansicht nach besteht eine Neigung, eher unbedeutenden Risiken zuviel Aufmerksamkeit zu widmen und die wahren Gefahren leichten Herzens in Kauf zu nehmen. Zur Illustration dieser These vergleichen sie den Umgang mit viel diskutierten Risiken wie Amalgamfüllungen, Kernkraftwerken und BSE mit den „wahren Killern" Rauchen, Autos, Alkohol und Bequemlichkeit. So ist die Wahrscheinlichkeit, dass ein zufällig ausgewählter männlicher Bundesbürger irgendwann an Krebs stirbt, etwa 100 Millionen mal wahrscheinlicher als dass er irgendwann durch die Folgen einer Kernschmelze stirbt!

Auf diese Weise gelingt es den Autoren auf sehr überzeugende Weise, verschiedene „populäre" Gefahren und Risiken zu relativieren. So positiv das Buch diesbezüglich auffällt, so ärgerlich ist es an anderen Stellen. Hierzu zählt zum einen der vielfach polemische Schreibstil im Sinne eines „Freund-Feind-Schemas". Gleichzeitig ärgert der „beleglose" Umgang mit Zitaten, der insbesondere Krämer, dem Verfasser eines Handbuches zum Schreiben wissenschaftlicher Arbeiten, nicht passieren dürfte. Hinzu kommt eine gewisse Bigotterie: So wird Journalisten vorgeworfen, mit der Formulierung eine Gefährdung sei „nicht auszuschließen", Gemeinschaftspanik zu betreiben, weil sich grundsätzlich nie etwas ausschließen ließe (S. 193). Um so mehr verwundert es, wenn bereits auf der folgenden Seite die gleiche Formulierung für die eigene Argumentation herangezogen wird! Bei allen Verdiensten der Autoren zur Bekämpfung der Panikmache: Etwas mehr Sachlichkeit und etwas weniger Emotion hätten dem Buch gut getan.

KREUZ, Werner et al.: Mit Benchmarking zur Weltspitze aufsteigen. Strategien neu gestalten – Geschäftsprozesse optimieren – Unternehmenswandel forcieren

Landsberg/Lech: moderne industrie, 2. Aufl., 1997. 222 S., geb.

Ziel des vorliegenden Buches ist es, „Benchmarking vor dem Kontext des heute für viele Unternehmen dringend notwendigen Wandels aus gesamtunternehmerischer Sicht darzustellen" (S. 9). Zu diesem Zweck haben gegenwärtige und ehemalige Mitarbeiter der Unternehmensberatung A. T. Kearney in acht Kapiteln unterschiedliche Bereiche und Dimensionen des Benchmarkings unter Bezug auf andere Managementmethoden abgehandelt. Die Abschnitte bauen schlüssig aufeinander auf und befassen sich jeweils mit einer speziellen Thematik, die von ein oder zwei Bearbeitern behandelt wird.

Als erstes geht Werner Kreuz auf die Unternehmensvision ein, wobei er feststellt, dass zur Erlangung der Weltspitze das Unternehmen einen Visionär als obersten Leiter benötigt. Dieser habe eine klare Vorstellung davon, wie das Unternehmen in fünf oder zehn Jahren aussehen könne und solle, würde sich am Vorbild anderer Spitzenunternehmen orientieren und im Rahmen eines „Extended Enterprise"-Konzeptes über das eigene Unternehmen hinausblicken. Klingt diese Darstellung zunächst plausibel, machen sich bei einer kritischen Hinterfragung des Textes jedoch einige Aspekte unangenehm bemerkbar. So wird zwar die Notwendigkeit eines Visionärs an der Unternehmensspitze mehrfach betont, doch wird weder angesprochen, wie dieser zu finden sei, noch darauf hingewiesen, dass derartige Visionen auch schief liegen können, wie der Visionär Edzard Reuter bei Daimler gezeigt hat.

Im zweiten Kapitel gehen Werner Kreuz und Matthias Herter genauer auf das Management-Instrument Benchmarking ein, wobei sie Benchmarking definieren als „eine objektive, vergleichende Bewertung von Strategien, Prozessen, Funktionen und Verhaltensweisen mit Hilfe von quantitativen Indikatoren und qualitativen Messgrößen, die sich aus der direkten Analyse von Daten und Informationen einer repräsentativen Gruppe von ähnlichen oder konkurrierenden Unternehmen ergeben, die als die Weltbesten gelten" (S. 37). Abgesehen davon, dass in dieser Definition bereits eine gewisse Beliebigkeit beim Einsatz („ähnlich oder konkurrierend") vorgegeben wird, fällt auf, dass das Kriterium der „Weltbesten" weder definiert noch operationalisiert wird. Als Vergleichspartner wird nicht vorgeschlagen, wer Weltbester ist, sondern wer als solcher gilt. Ersteres bedarf eines Beweises, für zweiteres reicht die subjektive Einschätzung. Mit wem man sich hinsichtlich welcher Verhältnisse vergleichen will, ist somit völlig freigestellt. Unklar bleibt auch, woher Unternehmen die Informationen fürs Benchmarking beziehen sollen, insbesondere wenn ein Vergleich mit direkten Konkurrenten angestrebt ist. Wenig hilfreich oder auch nur schlüssig nachvollziehbar ist das in diesem Kapitel angesprochene „Stages of Excellency"-Konzept von A. T. Kearney, das sich auch in den späteren Abschnitten mehrfach wiederfindet. Unterschieden wird dabei zwischen vier Stufen („Traditionell", „Budgetgesteuert", „Führend in Einzelbereichen" und „Weltklasse"), die nicht begründet werden, aber in den verschiedenen Kapiteln mit unterschiedlichen Detailinhalten gefüllt wird. Auch hier entsteht der Eindruck einer gewissen Beliebigkeit, wenn als Kriterium für Weltklasse geringe Aufwandsanteile für Verwaltung, Controlling und Informationstechnologie angesehen werden, da diese quantitativen Kriterien auch durch entsprechenden qualitativen Verzicht erfüllt werden können: Unternehmen ohne Controlling haben hier zwar keinen Aufwand, erhalten jedoch auch keine entsprechenden Informationen.

Im dritten Teil beschäftigt sich Johannes Bußmann mit den Möglichkeiten, die Unternehmensstrategie durch Benchmarking neu auszurichten. Beeindruckend ist hier die Ansammlung von Allgemeinplätzen, wenn z. B. eine starke Markt- und/oder Wettbewerbsposition als Voraussetzung für nachhaltigen Unternehmenserfolg betont oder die Produkt- und Technologieführerschaft als Ziel von Weltklasseunternehmen angesehen wird. Es ist nur natürlich, dass ich eher am Ziel bin, wenn ich mit einem Vorsprung starte und wenn ich als Weltklasseunternehmen keine Spitzenprodukte mehr anbiete, ist es sehr wahrscheinlich, dass ich nicht mehr lange Weltklasse bin. Besonders ärgerlich wird es, wenn derartige Selbstverständlichkeiten verbunden werden mit Behauptungen, für die weder Belege noch Beweise erbracht werden. Ein besonders eklatantes Beispiel dieser im gesamten Buch zu findenden Vorgehensweise findet sich auf Seite 62, wenn konstatiert wird, dass der Serviceindex von Banken in den Vereinigten Staaten signifikant höher ist als der von deutschen Banken. Dies mag durchaus so sein, aber weder die Ausführungen Bußmanns noch die abgebildeten Graphiken belegen dies. Zwar wird ein Serviceindex gezeigt, bei dem amerikanische Banken besser abschneiden als deutsche Banken, doch wird weder gesagt, wie dieser Serviceindex zustande kommt (wer wurde gefragt?, wonach wurde gefragt?), was als Service verstanden wird, welche Banken einbezogen wurden (Universal- oder Spezialbanken, international tätige oder lokal begrenzte) noch wann diese Untersuchung überhaupt durchgeführt wurde.

Das von Hartwig Grevener und Erich Schiffers verfasste vierte Kapitel befasst sich mit dem Benchmarking von Geschäftsprozessen und setzt inhaltlich sehr stark auf das Konzept der Prozesskostenrechnung. Es wird zu recht das Prozessdenken und die Kundenorientierung betont, die sich anschließenden Bemerkungen zum Total Quality Management sind jedoch nicht nachvollziehbar. Nach der Lektüre von Aussagen wie der folgenden möchte man den Autoren eine Einführung in die Theorie und Praxis von Stichprobenverfahren empfehlen: „Das Endstadium ist der Zustand beherrschter Prozesse. Dabei wird die Leistungsqualität durch vollständig beherrschte Parameter bestimmt, so daß zwischen zwei durch Stichproben identifizierten guten produzierten Stücken keine schlechten sein können. Die Qualität ist dann bereits durch seltene Kontrollen der Parametereinstellungen sichergestellt." (S. 98). Abgesehen von der Frage, wie es gelingen soll, in einem komplexen interdependenten System die Parameter vollständig (!) zu beherrschen, bieten zwei Stichproben mit ausschließlich guten Stücken lediglich eine große Wahrscheinlichkeit dafür, dass auch die nicht überprüften Stücke gut sind, jedoch keinesfalls eine Garantie. Die sich anschließenden Ausführungen über schnelle Markteinführung und Kostentreiber sind wiederum durch Allgemeinplätze geprägt. Dass ein Unternehmen, das vor allen anderen ein neues Produkt auf den Markt bringt, einen Wettbewerbsvorsprung hat (S. 105) darf wohl als bekannt unterstellt werden!

Im Folgenden gehen Dietmar Bauer und Markus Peterseim auf das Benchmarking von Funktionen ein. Die hierbei vermittelten Informationen über Einsatzgebiete und Fallbeispiele sind nachvollziehbar und informativ, wenngleich nicht immer neu. Das durch Benchmarking herausgefundene Einsparpotential im Sekretariatsbereich durch Einrichtung eines Sekretärinnenpools statt personengebundener Vollzeitsekretärinnen ließ sich bereits im Jahre 1970 bei Townsend nachlesen.[21] Gleichzeitig bleiben jedoch Fragen offen, wenn z. B. von einer Zeiteinsparung bis zu 90 Prozent beim Sichten von Bewerbungen ohne Verschlechterung der Personalbeschaffungsqualität berichtet wird (S. 131). Wie wurde in diesem Fall die Qualität der Personalbeschaffung gemessen? Zugleich dürften die Vorbehalte von Betriebsräten und anderen Arbeitnehmervertretern gegenüber dem Benchmarking (und zahlreichen anderen Managementinstrumenten) unterstützt werden, wenn hinsichtlich Mitarbeiteranzahl und -jahre ausgeführt wird: „Beide Angaben sind wichtig, wenn ein Unternehmen zur Steigerung seiner Effizienz die Anzahl der Mitarbeiter reduzieren will." (S. 124).

Die beiden anschließenden Kapitel von Ilona Kryl bzw. Eva Diedrichs und Heide-Lore Knof sind mit deutlichem Abstand die lesenswertesten Teile des Buches. Sie befassen sich mit dem Benchmarking von Verhalten bzw. neuem Denken und Verhalten. Zwar sind auch die an dieser Stelle vorgestellten Überlegungen nicht ganz neu und erinnern vielfach an eine Mischung aus „Harzburger Modell" und „Management by Motivation", doch erweist sich Führung von Mitarbeitern seit langem als eines der diffizilsten Kapitel betriebswirtschaftlicher Aktivität. Schon aus diesem Grund wären die Ausführungen von Kryl, Diedrichs und Knof vielen Führungskräften ans Herz zu legen.

Den Abschluss des Buches bildet Florian Haslauers Auseinandersetzung mit kontinuierlichem Benchmarking, bei dem sich wieder einmal die Verbindung von Gemeinplätzen mit unbelegten Behauptungen findet. Zu recht wird betont, dass Unternehmen nicht einfach ihre Verbesserungsbemühungen einstellen dürfen – eine Selbstverständlichkeit, sonst bleiben sie nämlich weder lange Weltspitze noch überhaupt am Markt. Die Konsequenz daraus ist für Haslauer einerseits das Bemühen um kontinuierliche innerbetriebliche Verbesserung im Sinne von Kaizen, wobei er behauptet, dass diese Methode lediglich zu degressiven Fortschritten bei der Unternehmensentwicklung führt. Diese These wird zwar graphisch dargestellt, aber nicht belegt. Andererseits sei aufgrund dieser Mängel der ebenfalls permanente Vergleich mit Spitzenunternehmen im Sinne des Benchmarking-Konzeptes notwendig. Diese Aufforderung ist zwar wenig originell, aber einleuchtend und insgesamt durchaus richtig.

Zusammenfassend verfügt das Buch über wenig Substanz. Die relevanten Inhalte lassen sich in wenigen Sätzen zusammenfassen: Das Unternehmen muss sich kontinuierlich weiterentwickeln und darf nicht zum Stillstand kommen (Dynamik). Dabei ist es hilfreich, sich das Unternehmen als Prozess zu vergegenwärtigen (Prozesskostenrechnung), wobei einerseits kontinuierlich an der eigenen Verbesserung zu arbeiten ist (Kaizen), man aber andererseits auch von anderen lernen sollte (Benchmarking). Die Unternehmensleitung sollte ein Ziel ansteuern (Vision) und die Mitarbeiter motivieren und führen (Verhalten).

Von Interesse ist darüber hinaus die Frage, was dem Buch fehlt. Dabei stehen zwei Aspekte in vorderster Linie: Einerseits werden regelmäßig Behauptungen aufgestellt, die sich zwar intuitiv einigermaßen nachvollziehen lassen, für die jedoch angemesse-

---

[21] Vgl. Townsend, Robert: Hoch lebe die Organisation. Aus der Trickkiste eines Erfolgsmanagers, München/Zürich 1970, S. 184-189.

ne Belege oder Begründungen weitestgehend fehlen. Hinzu kommt, dass andererseits die mit den gemachten Vorschlägen zwangsläufig verbundenen Risiken vollständig unerwähnt bleiben. Die Chancen werden benannt, die Risiken verschwiegen. Beispielhaft hierfür steht die Just-In-Time-Lieferung, die einerseits Einsparpotentiale durch Verzicht auf Lagerhaltung eröffnet, andererseits aber zu einer verstärkten Abhängigkeit von den Lieferanten führt. Aufgrund von Streiks beim Lieferanten kann es so innerhalb kürzester Zeit auch beim beziehenden Unternehmen zum Produktionsstillstand kommen. Zudem kann die Übernahme eines Lieferanten durch einen Wettbewerber die eigene Wettbewerbsposition nachhaltig gefährden. Diese grundsätzlichen Gefahren finden im gesamten Buch keinerlei Erwähnung!

Grundsätzlich stellt sich die Frage, wem das Buch nützt. Lesenswert sind letztlich allein die Kapitel zum Thema Verhalten und Mitarbeiterführung; der Rest weist eklatante Mängel verschiedenster Art auf. Dennoch dürfte das Buch eine große Verbreitung erfahren, wie der Umstand zeigt, dass es bereits in der zweiten Auflage vorliegt. Es nützt also sowohl dem Verlag als auch der Unternehmensberatung A. T. Kearney, deren Logo auf dem Einband prangt und die es zu Werbezwecken einsetzen kann. Für Praktiker oder Wissenschaftler, die sich mit Benchmarking befassen, ist das Buch aufgrund seiner Einseitigkeit (Vernachlässigung der Risiken) und der Ansammlung von unbelegten Behauptungen jedoch nutzlos.

KRUGMAN, Paul: *Der Mythos vom globalen Wirtschaftskrieg. Eine Abrechnung mit den Pop-Ökonomen*

Frankfurt am Main/New York: Campus 1999. 239 S., geb.

Krugman hat ein „Anti"-Buch geschrieben, eines, das der vehementen Bekämpfung einer ebenso populären wie dominierenden Ansicht dienen soll: Der Mythos, wonach die Länder miteinander im Wettbewerb stehen wie Unternehmen auf einem Markt. Diese Auffassung, die u. a. von Bill Clinton geäußert wurde und auch die europäische Wirtschaftsstandort- und Globalisierungs-Debatte geprägt hat, ist genauso falsch wie die Vorstellung, dass der Welthandel eine Art von Krieg sei (den die Exportländer gewinnen und die Importländer verlieren). Krugman zeigt auch, dass die Beschäftigungsprobleme eines Landes nur in geringem Maße durch den ausländischen Wettbewerb verursacht werden: Wichtiger ist die Produktivitätsentwicklung im Inland sowie die Politik der Zentralbank.

Obwohl die amerikanische Situation im Mittelpunkt der Ausführungen steht, lassen sich die Ausführungen weitestgehend auf Europa übertragen. Zwar sind die einzelnen europäischen Staaten stärker außenhandelsabhängig als die USA – und damit einhergehend auch stärker diesen Einflüssen ausgesetzt, doch spielt sich der überwiegende Teil der Im- und Exporte innerhalb des vereinheitlichten EU-Marktes ab, der aufgrund dieser Vereinheitlichung einem nationalen Markt ähnelt.

Insgesamt hat Krugman ein kluges Buch vorgelegt, das mit einigen Missverständnissen aufräumt und zur Versachlichung der wirtschaftspolitischen Diskussion beitragen kann. Positiv anzumerken ist auch, dass es ihm weitgehend gelungen ist, seine Auffassungen in einfacher Sprache und leicht nachvollziehbarer Argumentation darzulegen. Störend macht sich allein bemerkbar, dass das Buch aus verschiedenen Aufsätzen mit sich wiederholenden Themen besteht. Andererseits gilt gerade bei einem so komplexen Thema wie der Außenhandelstheorie, dass Wiederholung anschaulich macht.

KRUGMAN, Paul: *Die große Rezession. Was zu tun ist, damit die Weltwirtschaft nicht kippt*

Frankfurt am Main/New York: Campus 1999. 237 S., geb.

Ausgangspunkt von Krugmans Ausführungen ist seine Besorgnis, dass die in den letzten Jahren bei mehreren Ländern (Thailand, Japan, Russland, Brasilien etc.) aufgetretenen Wirtschaftskrisen Vorläufer einer Weltwirtschaftskrise wie in den Dreißiger Jahren sein könnten. Vor diesem Hintergrund stellt er die Entwicklungen dar, die in den verschiedenen Ländern vor und während der Krise beobachtbar waren. Sein besonderes Augenmerk gilt darüber hinaus der Rolle von Hedge-Fonds (als möglichen Krisenverursachern) und dem Internationalen Währungsfonds (als Helfer bei der Krisenbewältigung). Schlussendlich münden seine Überlegungen in der Frage, ob die Talsohle der Krisenentwicklung bereits erreicht sei, sowie in der Skizzierung und Beurteilung verschiedener Reaktionsweisen bei Auftreten von Währungskrisen.

Das Buch bietet eine spannende Lektüre, wofür Thema und Darstellungsweise gleichermaßen verantwortlich sind. Zwar sind viele von Krugmans Argumentationsweisen und Lösungsansätzen nicht ganz neu, aber ihm gebührt das große Verdienst, sie einer breiten Öffentlichkeit jenseits des ökonomischen Fachpublikums vorgestellt zu haben. Von grundsätzlicher Bedeutung sind insbesondere seine Anmerkungen zur Rolle des IWF bei der Krisenbewältigung, da sie die aufgrund der politischen Konsequenzen geübte Kritik an dieser Organisation durch ökonomische Analysen verstärken.

Das Buch ist ein wertvoller Beitrag zur (wirtschafts-) politischen Diskussion, das auch Laien differenziert an die Problematik heranführt. Störend macht sich bei dem insgesamt gut lesbaren Buch allein eine gewisse Eitelkeit des Verfassers bemerkbar, wenn er seine eigenen Diskussionsbeiträge explizit und lobend hervorhebt.

KUHN, Joseph/GÖBEL, Eberhard (Hrsg.): *Gesundheit als Preis der Arbeit? Gesundheitliche und wirtschaftliche Interessen im Wandel*

Frankfurt am Main: Mabuse 2003. 234 S., br.

Das Spannungsverhältnis zwischen den Beanspruchungen am Arbeitsplatz und dem Gesundheitszustand der Beschäftigten steht im Mittelpunkt des vorliegenden Buches. Beide Aspekte werden vielfach als Positionen verstanden, die kaum oder gar nicht vereinbar sind. „Denn wo immer Arbeitskraft verkauft wird, übernimmt der Käufer in der Regel keine Haftung dafür, dass die Arbeitenden den Arbeitsprozess unversehrt und gesund überstehen." (S. 7). In Deutschland und den meisten anderen westlichen Industrieländern bestehen inzwischen allerdings umfangreiche rechtliche Regelungen zum Gesundheitsschutz und zur Krankenversorgung auf betrieblicher Ebene.

Deren Entstehung und Entwicklungsperspektiven sind Thema des vorliegenden Buches. Inhaltlich lassen sich die Beiträge in vier Bereiche unterteilen: Vorwort und erster Aufsatz bilden die thematische Hinführung. Daran schließen sich sieben Aufsätze an, die sich mit der historischen Entwicklung des deutschen Gesundheitswesens und insbesondere der Krankheits- und Unfallverhütung am Arbeitsplatz befassen, abgerundet durch eine kurze Beleuchtung der Arbeitsbedingungen in der Dritten Welt. Danach folgen vier Aufsätze zu verschiedenen Facetten der aktuellen Lage bei der betrieblichen Gesundheitsförderung, während der letzte Beitrag des Bandes den heutigen Stand anspricht und Perspektiven aufzeigt.

Das Buch bietet insgesamt eine gelungene Einführung in das komplexe Themengebiet „Verhältnis von Arbeit und Gesundheit", wobei die zu erwartenden „Risiken und Nebenwirkungen" gerade nicht mehr als reines Expertenthema verstanden werden, sondern als eine Materie, die den Arbeitenden direkt betrifft.

KUNATH, Ulrich: Der kundige Patient. Wie bekomme ich die optimale Behandlung?

Göttingen: Vandenhoeck & Ruprecht 2003. 168 S., br.

Was sich auf den ersten Blick anhört wie ein Patientenratgeber nach dem Schema „Wo finde ich den besten Arzt für mein Problem?" entpuppt sich auf den zweiten Blick als eine eingehende Information über das deutsche Gesundheitswesen in seiner Gesamtheit – immer wieder verknüpft mit Handlungs- und Verhaltensempfehlungen für (potenzielle) Patienten. Ausgangspunkt sind dabei immer die Erfahrungen des Autors, eines ehemaligen Chefarztes eines Berliner Krankenhauses, der zu dem Fazit gelangt ist, dass sich Patienten in der Regel viel zu passiv verhalten. Aktives Verhalten verlangt jedoch Informiertheit – und dazu möchte er mit seinem Buch beitragen.

Inhaltlich ist das Buch in 22 Kapitel untergliedert, die in der Regel recht kurz gehalten sind, was die Lesbarkeit erhöht. In ihnen handelt Kunath alles ab, was für das Verständnis eines Patienten über Arzt- und Gesundheitswesen wichtig ist. Er beginnt mit dem Vertrauensverhältnis zwischen Arzt und Patient und seinen Voraussetzungen. Danach thematisiert er das Zusammenwirken von Patient (zugleich Beitragszahler), Arzt (zugleich Leistungserbringer) und Krankenkasse (zugleich Zahlungsleistender), wobei er auch die diversen Kontrolllücken anspricht, die Manipulationen und Missbrauch erleichtern. Danach gibt er Tipps zur Wahl von Arzt, Facharzt und Krankenhaus. Das Thema Arztrechnungen wird ebenso abgehandelt wie Behandlungsfehler und die Probleme bei ihrem Nachweis.

Dem Buch von Kunath merkt man an, dass es mit viel Sachkenntnis und mindestens ebensoviel Herzblut geschrieben ist. Gleichzeitig wird auch deutlich, dass eine wissenschaftlich neutrale Darstellung der Stärken und Schwächen im Gesundheitswesen nicht beabsichtigt ist. Statt dessen geht es dem Autor um eine leicht verständliche und gut lesbare Handreichung für (Noch-Nicht)-Patienten, damit diese als mündige und selbstbewusste Partner in eine ärztliche Behandlung gehen können. Dies ist ihm gelungen – und noch mehr: Ein Buch für Nicht-Fachleute, das Probleme anspricht, Schwachstellen aufdeckt, aber auch Verständnis für die anderen Akteure im System weckt.

KUSS, Heike: Qualitätscontrolling in der kreditwirtschaftlichen Weiterbildung. Konzeptionelle Überlegungen und empirische Untersuchung am Beispiel der Bildungseinrichtung einer Kreditinstitutsgruppe

---

Frankfurt am Main: Fritz Knapp 2000. 324 S., geb.

Viele Unternehmen sagen öffentlich, dass ihre Mitarbeiter ihre wichtigsten Aktiva seien. Die Arbeit von Heike Kuß untersucht am Beispiel einer Kreditinstitutsgruppe, ob diese Aussage sich halten lässt – denn wenn die Mitarbeiter die wichtigsten Aktiva sind, wird die Unternehmensleitung diese ja wohl gezielt fördern, weiterbilden und den entsprechenden Bedarf detailliert planen. Als Fazit sei bereits vorab angemerkt, dass vollmundige Behauptungen wie die zu Beginn geäußerte sich zumindest für die untersuchte Bankengruppe nur bedingt belegen ließen.

Ausgangspunkt der Untersuchung ist die bereits im Geleitwort getroffene Feststellung, dass Unternehmen mit qualifizierten Mitarbeitern nachhaltige Wettbewerbsvorteile besitzen (S. V.). Dies gilt insbesondere für Banken, die einerseits mit hochsensiblen Vertrauensgütern umgehen, andererseits sich gerade in einem akuten Strukturwandel befinden, der die „Halbwertzeit" des in der beruflichen Erstausbildung vermittelten Wissens deutlich reduziert. Mit anderen Worten: Gerade Kreditunternehmen sind für ein erfolgreiches Agieren am Markt auf gut ausgebildete (und entsprechend motivierte) Mitarbeiter angewiesen. Folgerichtig muss es Aufgabe der Unternehmensleitung sein, im Rahmen der innerbetrieblichen Personalentwicklung nicht nur festzulegen, welche Qualifikationen für die einzelnen Tätigkeitsbereiche aktuell und in absehbarer Zukunft erforderlich sind, sondern auch, etwaig bestehende Lücken durch geeignete Weiterbildungsmaßnahmen zu schließen. Vor dem Hintergrund von Effektivitäts- und Effizienzanforderungen kommen an dieser Stelle die Aspekte der Qualität und des Controllings zum Tragen, denn nicht zuletzt aufgrund der Kosten von Weiterbildungsmaßnahmen scheint sowohl die Qualitätssicherung als auch die Einführung eines Bildungscontrollings sinnvoll.

Diese Bereiche werden von Kuß im Laufe des ersten Teils aufgegriffen, wo sie, basierend auf der Feststellung der strategischen Bedeutung von Weiterbildung als einem strategischen Erfolgs- und Wettbewerbsfaktor, zunächst die Weiterbildung als zentralen Bestandteil der Personalentwicklung hervorhebt und sich dann verschiedenen Ansatzpunkten der Qualitätssicherung entsprechender Weiterbildungsmaßnahmen zuwendet. Hierzu zählt sie neben dem sattsam bekannten Zertifizierungsverfahren nach DIN EN ISO 9000 ff. insbesondere Berufstandards, Förderungskriterien, Zulassungskriterien, die Kooperation von Bildungsanbietern, Total Quality Management sowie Bildungscontrolling (S. 33). Trotz bestehender Differenzen und Unklarheiten hinsichtlich Ausgestaltung und Aufgabenbereichen dürfte Bildungscontrolling zukünftig von wachsender Bedeutung sein, wobei die ihm zuzuordnenden Ziele „die Steuerung und

Dokumentation von Kosten, Qualität und Nutzen betrieblicher Bildungsdienstleistungen" (S. 47) sind. Inhaltlich schlagen sich dabei sowohl quantitative als auch qualitative Dimensionen und Verfahren nieder, die von der Kostenrechnung und Budgetierung über die Entwicklung adäquater Kennzahlen bis zur Einbindung des Bildungscontrollings in einen Funktionszyklus betrieblicher Bildungsarbeit reichen (S. 49). Derzeit ist allerdings zu konstatieren, dass die Theorie der Unternehmenspraxis deutlich voraus ist. Entsprechend konstatiert Kuß auch, dass nur wenige Unternehmen Controlling im Bildungsbereich einsetzen (S. 56), nicht zuletzt aufgrund der Probleme bei der ökonomischen Bewertungen von Weiterbildungserfolgen, geringer Aussagekraft der erhobenen Kennziffern und einer allgemein zu beobachtenden Tendenz zu (zu) kurzen Zeiträumen (S. 56f). Insbesondere erweist es sich als nachteilig, dass viele Verfahren im Bereich des Bildungscontrollings lediglich ex post eingesetzt werden, aber noch keine Einbindung in einen echten Controllingzyklus stattfindet. „Ein zentrales Ziel sollte es daher sein, Weiterbildungsqualität nicht nur zu kontrollieren, sondern bereits im Vorfeld einer Maßnahme sicherzustellen. In den einzelnen Schritten des Bildungsprozesses gibt es Störfaktoren, die den Erfolg der Weiterbildung beeinflussen können. Zu diesem Zweck müssen in jeder Phase des Prozesses mögliche Probleme und Fehler, die den Erfolg der Weiterbildung beeinträchtigen oder verhindern, mittels geeigneter Instrumente erfasst und analysiert werden" (S. 58).

Zu diesem Zweck wird im zweiten Teil der Arbeit ein Phasenmodell zur betrieblichen Weiterbildung entwickelt und in jeder einzelnen Phase mit geeigneten Controllinginstrumenten verknüpft. Dabei werden vier Phasen unterschieden: (1) die Bildungsbedarfsanalyse, (2) die Programmplanung und Maßnahmenkonzeption, (3) die Durchführung der Weiterbildungsmaßnahmen und (4) der Transfer des Lernerfolgs in die Arbeitssituation. Weiterbildung beginnt diesem Verständnis zufolge damit, dass sowohl der operative als auch der strategische Bildungsbedarf zu ermitteln ist, wodurch so weit wie möglich sichergestellt wird, dass der „richtige" Mitarbeiter zur „richtigen" Schulung geschickt wird und dort mit Erfolg teilnimmt. Im Gegensatz zur weit verbreiteten aktuellen Handhabung endet die Weiterbildung aber nicht mit dem Abschluss der Weiterbildungsmaßnahme, sondern erst mit der Umsetzung des Gelernten am Arbeitsplatz, wobei sich hiermit der Kreislauf des Bildungscontrollings schließt und der neue Kenntnisstand in der nächsten Bildungsbedarfsanalyse zu berücksichtigen ist.

Positiv hervorzuheben ist in diesem Zusammenhang, dass Kuß diesen „Weiterbildungsprozess" hinsichtlich der sich ergebenden Anforderungen an die einzelnen Prozessbeteiligten auflöst, aber auch auf deren Ziele eingeht. Zu den Prozessbeteiligten gehören neben den Bildungsverantwortlichen innerhalb der Banken und den Lehrkräften in erster Linie die Kunden des Bildungsbereichs, die sich wiederum in drei Gruppen mit jeweils unterschiedlichen Zielen unterteilen lassen: Die Teilnehmer der Bildungsmaßnahmen, deren Vorgesetzte sowie die Bankleitung, wobei die letzten beiden Gruppen lediglich „indirekte Kunden" darstellen.

Nachdem im zweiten Teil ein umfassendes System von Instrumenten und Verfahren des Qualitätscontrollings in allen vier Phasen dieses Modells der betrieblichen Weiterbildung vorgestellt wurde, schließen sich im dritten Teil die Ergebnisse einer empirischen Untersuchung dieses Modells an. Dazu wurden Fragebögen an vier der fünf aufgezeigten Gruppen von Prozessteilnehmern versandt. Befragt wurden die Vorstände der Banken (als indirekte Kunden, aber zugleich auch als oberste Verantwortliche der betrieblichen Weiterbildung; ihre geschäftspolitischen Zielsetzungen determinieren in großem Maße den betrieblichen Weiterbildungsbedarf), die Bildungsverantwortlichen (als Steuerer der Weiterbildung ist es ihre Aufgabe, den Bildungsbereich zu organisieren, die Weiterbildungsplanung detailliert durchzuführen sowie die Auswahl, Vor- und Nachbereitung der Bildungsmaßnahmen durchzuführen), die Lehrkräfte (als direkt Verantwortliche für die Gestaltung und Durchführung der einzelnen Bildungsmaßnahmen) sowie die Teilnehmer (als direkte Kunden). Lediglich auf die Befragung der Vorgesetzten von Teilnehmern an Bildungsmaßnahmen wurde verzichtet, obwohl diese ggf. wertvolle Informationen hinsichtlich der Umsetzung des Gelernten am Arbeitsplatz hätten liefern können. Da sich die empirische Untersuchung auf eine dezentral organisierte Kreditinstitutsgruppe bezog, verwundert es nicht, dass in allen Fragenkomplexen die Antworten durchaus heterogen ausfielen. Dennoch ließen sich wesentliche Aspekte sehr deutlich identifizieren. So sehen die befragten Banken besonderen Weiterbildungsbedarf insbesondere hinsichtlich der Entwicklungen in der Aufbauorganisation, in der Vertriebspolitik sowie im Ertrags- und Risikomanagement. Für die Bildungseinrichtungen des Verbundes ließen sich zugleich sowohl Problemfelder als auch Zukunftschancen identifizieren, wobei insbesondere das Angebot von Zusatzleistungen wie z. B. die Unterstützung bei der Personalplanung in Zukunft an Bedeutung gewinnen dürfte.

Gleichzeitig wurden jedoch in der untersuchten Kreditinstitutsgruppe schwerwiegende Defizite offensichtlich und zwar auf allen Ebenen. Dies reichte von der Vernachlässigung der Bildungsbedarfsanalyse (sowohl grundsätzlich als auch hinsichtlich des gewählten Zeithorizonts) über Mängel in der Qualifikation und Weiterbildung der Lehrkräfte bis hin zur fehlenden Vor- und Nachbereitung von Bildungsmaßnahmen. Insgesamt drängte sich dabei dem Leser der Eindruck auf, dass hier ein effizienter und effektiver Einsatz von Geld, Zeit und Arbeitskraft keineswegs sichergestellt war.

Vor diesem Hintergrund hat Kuß mit der vorliegenden Arbeit nicht nur eine hilfreiche Studie geliefert, wie in welcher Phase des Weiterbildungsprozesses mit welchen Instrumenten und Verfahren ein Qualitätscontrolling implementiert und phasenübergreifend miteinander verzahnt werden kann – was bereits in sich selbst ein großer Verdienst ist –, sondern darüber hinaus mit der empirischen Untersuchung sowohl für die untersuchte Kreditinstitutsgruppe wesentliche Anregungen für Verbesserungsmaßnahmen geliefert. Gleichzeitig bietet die empirische Untersuchung auch für andere Kreditinstitutsgruppen wertvolle Anregungen, die ggf. schnellstmöglich aufzugreifen und für die eigene Weiterbildungsplanung und Personalentwicklung zu beachten sind. Entstanden ist mit Hilfe dieser Untersuchung eine Art „Pflichtenheft" für Banken und Akademien: Worauf ist bei der Weiterbildung zu achten – und wie kann man die Fehler und Schwächen der untersuchten Konkurrenten vermeiden bzw. von deren Erfahrungen lernen. Darüber hinaus liefert die Arbeit sogar noch fruchtbare Anregungen für weiterführende Forschungsarbeiten, denn gerade im Bereich des Bildungscontrollings besteht noch ein Bedarf an praktikablen Konzepten und Instrumenten, durch deren Entwicklung sich die Wissenschaft den Dank der Praxis erwerben würde. Denn die Bedeutung von qualifizierten Mitarbeitern für die Wettbewerbsposition von Unternehmen im Allgemeinen und Kreditinstituten im Besonderen wird in Zukunft noch weiter wachsen. Gerade Banken, deren Produkte einerseits leicht imitierbar und andererseits hochsensible Vertrauensgüter sind, leben von der Qualifikation ihrer Mitarbeiter – worauf nicht zuletzt auch die Untersuchungen der Stiftung Warentest immer wieder aufmerksam machen.

LAFONTAINE, Oskar: Das Herz schlägt links

München: Econ 1999. 317 S., geb.

Lafontaine unvoreingenommen zu lesen fällt schwer, nicht zuletzt aufgrund seines spektakulären Rücktritts von allen Ämtern im März 1999 und des Presserummels anlässlich der Frankfurter Buchmesse im Herbst des Jahres. Drängt man diese Faktoren zur Seite, so bleiben dennoch höchst gemischte Eindrücke übrig.

Zunächst einmal lebt das Buch vom Politikklatsch, den Lafontaine ebenso ungehemmt wie gefärbt wiedergibt. Ob einen das interessiert, ist reine Geschmackssache. Neues erfährt man dabei jedenfalls kaum. Spannend ist das Buch hingegen, wenn man es unter dem Blickwinkel liest, wie in einer Demokratie Wahlen gewonnen (oder verloren) werden. Hier sind die Analysen des engagierten Wahlkämpfers ebenso faszinierend wie erhellend.

So klar die Ausführungen zu Wahlkampf und politischen Zielen sind, so dunkel bleiben die Vorstellungen, was mit der gewonnenen Macht anzufangen ist. Zwar wird über Seiten hinweg wiederholt, dass an die Stelle des Neoliberalismus soziale Gerechtigkeit treten muss, aber wie dieses Ziel zu erreichen ist, lässt Lafontaine im Dunkel: Auf über dreihundert Seiten findet sich gerade eine halbe mit Konkretisierungen der Ziele, über die Mittel und Wege wird gar nicht geredet.

Lafontaine offenbart sich in diesem Buch als Politiker mit politischen und strategischen Defiziten: Dass zum erfolgreichen Regieren mehr gehört als das Gewinnen der Wahl scheint er nicht verstanden zu haben, denn selbst die besten Ziele – und viele seiner Ziele sind sinnvoll – bedürfen einer Vorstellung, wie sie zu erreichen sind. Davon schweigt Lafontaine jedoch, und auch die Betonung, dass das Herz links schlägt, ist hierfür kein Ersatz: Herz allein reicht nicht, auch Hirn ist gefordert!

LAFONTAINE, Oskar: Politik für alle. Streitschrift für eine gerechte Gesellschaft

---

Berlin: Econ 2005. 303 S., geb.

Oskar Lafontaine hat zum Rundumschlag ausgeholt: Er beklagt den Abbau des Sozialstaates, die Umverteilung von unten nach oben, das Vordringen des Neoliberalismus, das Fehlen einer linken Politik, eine fehlende Konjunktur-, Geld- und Steuerpolitik und noch vieles mehr!

Über dieses Buch sachlich zu urteilen, fällt ziemlich schwer. Dafür sind viele Aspekte verantwortlich, die teilweise mit der Person Lafontaines zusammenhängen und teilweise mit seiner Schreib- und Argumentationstechnik. Lasst uns anfangen, die verschiedenen Stränge auseinander zu sortieren:

Das Buch ist eine Fundamentalkritik an der derzeitigen Wirtschafts-, Gesellschaft- und Sozialpolitik, wie sie insbesondere in Deutschland – aber nicht nur da – betrieben wird. Diese grundlegende Kritik ist erwartungsgemäß sprachlich virtuos vorgetragen, aber sie würde glaubwürdiger wirken, wenn sie nicht gerade von jenem Politiker stammen würde, der mit lautem Getöse seine einflussreichen politischen Ämter jenen vor die Füße geworfen hat, die er jetzt kritisiert.

Diese Glaubwürdigkeitslücke wird durch seine Argumentationsweise vertieft: Wenn Lafontaine Belege für seine Thesen benötigt, greift er voller Begeisterung auf die Beispiele von Einzelpersonen zurück, die ihm – wie er behauptet – ihr Leid geklagt haben. Dies sorgt zwar für eine emotionale Bindung des Lesers an die vorgetragenen Thesen; gleichzeitig entkräftet diese stete Bezugnahme auf Einzelfälle aber auch die Argumentation: Denn durch wohlausgewählte Einzelfalldarstellungen lässt sich letztlich jede These belegen! Insgesamt ist zu konstatieren, dass Lafontaines Umgang mit Zahlen eher lax als überzeugend ist. Dies beginnt mit dem 53jährigen Bauzeichner, der 35 Jahre gearbeitet hat und 4 Jahre arbeitslos war: Ein bedauerliches Schicksal, denn dies bedeutet, dass er im Jahr 1966 allen Regeln des Kinderschutzes zum Trotz bereits mit 14 Jahren anfangen musste zu arbeiten!

Gleichzeitig ist allerdings zu konstatieren, dass viele der von ihm vorgetragenen Argumente – beispielsweise hinsichtlich der Gestaltung der Erbschafts- und der Vermögenssteuer – durchaus nachdenkenswert sind. Gleiches gilt auch für seine Verteidigung einer Sozialpolitik gegen Friedrich August von Hayek und dessen fundamental-liberale Anhänger.

Nach der Lektüre bleibt daher ein äußerst zwiespältiger Eindruck: Wichtige und richtige Anmerkungen zur Sache, die aber methodisch fragwürdig begründet und im Stil eher polemisch denn überzeugend daherkommen. „Politik für alle" wird denn auch im Untertitel zu Recht als eine Streitschrift bezeichnet; ob ihre Wirkung allerdings ähnlich nachhaltig sein wird, wie in Ludwig Erhards Buch „Wohlstand für alle", auf das der Titel deutlich Bezug nimmt, darf allerdings getrost bezweifelt werden. Dafür sind Belege und Argumente bei aller Sympathie für die Ziele denn doch zu dünn ausgefallen.

LANGE, Knut Werner/WALL, Friederike (Hrsg.): Risikomanagement nach dem KonTraG. Aufgaben und Chancen aus betriebswirtschaftlicher und juristischer Sicht

---

München: Franz Vahlen 2001. 564 S., geb.

Der von Lange und Wall herausgegebene Band zum Risikomanagement gemäß KonTraG ist das Ergebnis eines interdisziplinären Ansatzes, bei dem sowohl auf rechtliche als auch auf betriebswirtschaftliche Dimensionen eingegangen wird.

Inhaltlich ist das Buch in sieben Bereiche untergliedert, die verschiedene rechtliche oder wirtschaftliche Aspekte des Themas widerspiegeln. Das erste Kapitel setzt sich aus vier Aufsätzen zusammen, die unterschiedliche, aus § 91 AktG resultierende Anforderungen an die Aktiengesellschaft beleuchten: Gerhard Picot legt die Grundlagen mit einem Überblick über die gemäß KonTraG erforderlichen Kontrollmechanismen in Unternehmen. Daniel Zimmer und Andrea Maria Sonneborn knüpfen daran an, indem sie die Anforderungen und gesetzgeberischen Absichten von § 91 Abs. 2 AktG einer tiefergehenden Analyse unterziehen. Peter Kindler und Anne-Kathrin Pahlke befassen sich mit den veränderten bzw. neu definierten Überwachungspflichten des Aufsichtsrates während sich Jürgen Oechsler der Frage widmet, welche Möglichkeiten der Vorstand einer AG hat, um durch den Rückerwerb eigener Aktien eine feindliche Übernahme zu verhindern.

Im zweiten Abschnitt steht das Thema „Risikofrüherkennung und Rechnungslegung" im Vordergrund. Knut Werner Lange geht auf die rechtlich niedergelegten Anforderungen zur Berichterstattung über Risiken ein, die nun von Aktiengesellschaften im Lagebericht zu erfolgen hat. Dabei verweist er darauf, dass dies eigentlich bereits vor der Neufassung erforderlich gewesen wäre, aber vielfach nicht in ausreichendem Maße zur Befriedigung des Informationsinteresses erfolgt sei. Joachim Schindler und Dirk Rabenhorst gelangen in ihrem Beitrag über die Prüfung des Risikofrüherkennungssystems im Rahmen der Abschlussprüfung zu der Feststellung, dass formal lediglich eine Prüfung des Risikofrüherkennungssystems gefordert ist, nicht aber eine Beurteilung der Reaktion des Managements. In der Prüfungspraxis ist aber dessen ungeachtet aufgrund der vorgeschriebenen engeren Zusammenarbeit von Abschlussprüfer und Aufsichtsrat zu erwarten, dass die Beurteilung des Managements größeres Gewicht erhält. Die Abschlussprüfung der Aktiengesellschaft erhält dadurch zunehmend Züge der für Genossenschaften ohnehin schon vorgesehenen materiellen Prüfung.

Das dritte Kapitel wendet sich den betriebswirtschaftlichen Methoden des Risikomanagements zu und umfasst fünf Einzelbeiträge. Zunächst befasst sich Dieter Schneider mit der Frage, inwieweit Risk Management ein betriebswirtschaftliches Entscheidungsproblem darstellt, wobei er vor der Gefahr warnt, das Denken durch Rechnen zu ersetzen. Die für das Rechnen erforderlichen Methoden und Instrumente werden nachfolgend von Friederike Wall vorgestellt, die in ihrem Beitrag nicht nur auf unterschiedliche Risikobegriffe zwischen Gesetz und betriebswirtschaftlicher Praxis aufmerksam macht, sondern auch darauf hinweist, dass eine Vereinbarkeit von betriebswirtschaftlichen Verfahren und rechtlichen Anforderungen nicht zwangsläufig gegeben ist. Arnold Picot und Susanne Schuller betrachten anschließend Risk-Management aus vertragstheoretischer Perspektive, um so Erkenntnisse über das Entstehen von Risiken aufgrund falscher vertraglicher Anreize zu gewinnen – und damit zugleich auch Ansatzpunkte für eine Risikoreduzierung. In den beiden abschließenden Beiträgen dieses Kapitels geht zunächst Edgar Wittmann auf das Risikomanagement als Bestandteil des Planungs- und Kontrollsystems einer Unternehmung ein, bevor Thomas Reichmann eine um Risikoaspekte erweiterte Balanced Scorecard vorstellt.

Das vierte Kapitel stellt in drei Beiträgen ausgewählte Aspekte des Risikomanagements in Kreditinstituten vor. Zunächst geht Martin Burgi auf Risk Management und Bankenaufsicht aus der Perspektive des Wirtschaftsverwaltungsrechts ein. Dann betrachtet Marc Benzler die Auslagerung von Bankdienstleistungen unter Aufsichts- und Risikogesichtspunkten, bevor Thomas R. Fischer abschließend das Global Risk Management der Deutschen Bank skizziert.

Funktionsspezifische Aspekte des Risikomanagements stehen im Mittelpunkt der beiden Beiträge des fünften Abschnitts, wobei sich Ralph Elfgen und Carina Sieler mit dem Risikomanagement als einer Beratungsleistung beschäftigen, während das Management ökologischer Risiken im Mittelpunkt des Beitrags von Wolfgang Benkert steht.

Rechtliche Konsequenzen, genauer gesagt der Zusammenhang zwischen Risikomanagement und Haftungsfolgen, ist das Thema des sechsten Kapitels. Thomas Daum geht unter diesem Oberthema auf die vom Gesetzgeber vorgesehene Ausstrahlungswirkung des § 91 Abs. 2 AktG auf die GmbH ein. Eben diese Ausstrahlung ist sowohl hinsichtlich Art, Ausmaß und Rechtsfolgen durchaus umstritten, wobei sich Daum der Mehrheitsmeinung anschließt: Danach kann die Ausstrahlung nur jene GmbHs betreffen, die hinsichtlich Größe, Tätigkeit etc. große Ähnlichkeiten zu Aktiengesellschaften aufweisen. Die Haftungsrisiken im engeren Sinne, namentlich in Zusammenhang mit einer Insolvenz, stehen im Zentrum der Ausführungen von Stefan Reinhart und Dortheé Maye, die die einzelnen Pflichten sowie die ggf. daraus resultierenden Folgen untersuchen.

Einen perspektivischen Blick wagt das siebte Kapitel unter der Überschrift „Rationalität des Risikomanagements". In den beiden Artikeln dieses Bereichs befassen sich Jürgen Weber und Armin Liekweg mit dem Spannungsverhältnis von Risiko, Risikomanagement und Führungsrationalität, während Franz Liebl sich der strategischen Dimension des Risikomanagements zuwendet.

In seiner Gesamtheit stellt der vorliegende Band eine umfangreiche und weitgehend gelungene Auseinandersetzung mit den verschiedenen rechtlichen und betriebswirtschaftlichen Dimensionen des Risikomanagements – und auch, aber keineswegs nur seiner Verknüpfung mit dem KonTraG – dar. Aufgrund seiner Mehrdimensionalität gewinnt das Buch den Charakter eines Handbuchs, wofür nicht nur das große Spektrum der enthaltenen Beiträge verantwortlich ist, sondern auch die sorgfältige Editierung und nicht zuletzt das Schlagwortverzeichnis am Ende des Buches.

Vor diesem Hintergrund ist das Buch eine empfehlenswerte Lektüre sowohl für alle Juristen und Betriebswirte, die sich mit Risikomanagement befassen, da es in vorbildlicher Form den interdisziplinären Charakter des Themas deutlich macht. Der Leser gewinnt insgesamt einen guten Überblick über die Materie, wobei das Buch seine schwächste Stelle allerdings gerade in jenem Kapitel hat, wo es am konkretesten wird, nämlich beim Risikomanagement in Kreditinstituten. Wohlgemerkt: Dies ist nicht die Schuld der Autoren, sondern resultiert aus den gerade in dieser Branche besonders großen Komplexität, sowie den damit verbundenen Herausforderungen und Entwicklungsanstrengungen, die zudem durch rechtliche Spezialvorschriften (KWG / Basel II) beeinflusst werden. Ungeachtet dieser Einschränkung ist dem Buch wegen seiner Verzahnung rechtlicher und wirtschaftlicher Dimensionen eine große Verbreitung zu wünschen.

LEVITT, Steven D./DUBNER, Stephen J.: Freakonomics. Überraschende Antworten auf alltägliche Lebensfragen

München: Riemann 2006. 2. Aufl., 301 S., geb.

Der schlechte Ruf von Wirtschaftswissenschaftlern ist legendär: Ihr Fach gilt als gleichermaßen langweilig und kompliziert. Ein noch schlechteres Bild in der Öffentlichkeit lässt sich eigentlich nur noch bei Statistikern finden, deren Gebiet eine enge Verwandtschaft zu Fälschungen und Lügen nachgesagt wird. Was kann in Anbetracht dieser Vorurteile schon dabei herauskommen, wenn ein Ökonom mit Statistikneigungen ein Buch schreibt – selbst wenn er dies zusammen mit einem Journalisten tut?

„Freakonomics" ist das Ergebnis dieser eher ungewöhnlichen Zusammenarbeit, wobei Steven Levitt ein Wirtschaftsprofessor ist, der das Instrumentarium seiner Zunft auf eher ungewöhnliche Interessensgebiete anwendet. Dieser Umstand in Verbindung mit fundierten statistischen Kenntnissen führt zu eher ungewöhnlichen Erkenntnissen. Beispielhaft zeigt sich dies in den Ausführungen zum Drogenhandel. Diesem „Wirtschaftszweig" eilt der Ruf voraus, dass damit enormen Summen verdient werden können – was übrigens jedes Mal seine Bestätigung findet, wenn in den Nachrichten von dem Wert beschlagnahmter Drogenbestände berichtet wird. Gleichzeitig belegen die Daten aber auch, dass Drogenhändler in den meisten Fällen bei ihren Müttern lebten. Warum sollten sie das aber tun, wenn sie tatsächlich so viel Geld verdienten. Die Antwort darauf erscheint schon fast zynisch: Die meisten Drogenhändler in den USA sind auf der untersten Stufe der Hierarchie des Drogenhandels zu finden. Dort verdienen sie so wenig, dass sie zusätzlich zu den illegalen Einkünften noch einen legalen Mindestlohnjob brauchten, um davon leben zu können. Die Gutverdiener im Drogengeschäft sind also, wie Levitt und Dubner aufzeigen, jene auf den oberen Hierarchieebenen – ähnlich wie in den meisten anderen amerikanischen Unternehmen.

Vor dem Hintergrund dieser und ähnlicher Untersuchungen betonen die Autoren, dass der Schlüssel zum Verständnis des modernen Lebens nicht unbedingt im konventionellen Wissen zu finden ist, sondern darin, zu wissen, was man messen kann und wie man es messen muss. Dies bedeutet aber auch, dass man Zahlen zusammentragen und analysieren muss – also die Methoden der Statistik nutzen – um zu neuen und deswegen vielleicht überraschenden Erkenntnissen zu gelangen.

Was man damit anfangen kann, hängt ganz davon ab, wofür man sich interessiert. Man kann sich dabei auf ein spezielles Einzelthema konzentrieren, wie es für Fach- und viele Sachbücher üblich ist, oder man kann eine ganze Palette äußerst unterschiedlicher, aber tendenziell spannender und ungewöhnlicher Aspekte betrachten. Levitt und Dubner haben sich sehr bewusst für die zweite Variante entschieden und präsentieren ihren Lesern so einen bunten Strauß ökonomisch-statistischer Analysen, getreu ihrer Überzeugung, dass die Wirtschaftswissenschaften in erster Linie eine Ansammlung von Instrumenten ist, „die sich für jedes beliebige Thema nutzen lassen, und sei es auch noch so abwegig" (S. 33). Ergebnis ihres Herumspielens mit dem ökonomischen Instrumentarium ist ein Buch, das gleichermaßen lesbar wie lesenswert ist – und so vorbildlich amüsante Unterhaltung mit neuen Erkenntnissen verbindet.

Lindenthal, Sabine: Die Kontrollfunktion des mitbestimmten Aufsichtsrats. Ein vertragstheoretischer Beitrag zur Corporate Governance-Debatte

München/Mering: Rainer Hampp 2001. 201 S., br.

In jüngster Zeit ist die Kontrollfunktion des Aufsichtsrates wieder verstärkt in den Blickpunkt der öffentlichen wie auch der wissenschaftlichen Diskussion gelangt. Dabei sind interessanterweise zumeist gleich zwei Ursachen für diese verstärkte Aufmerksamkeit festzustellen: Zum einen die Corporate-Governance-Diskussion, die sich an der Vielzahl spektakulärer Unternehmenspleiten in den vergangenen Monaten entzündet hat, zum anderen aber auch die wieder belebte Kritik an den Mitbestimmungsregeln deutscher Ausprägung, wie sie jüngst erst wieder von Rolf-E. Breuer, dem Aufsichtsratsvorsitzenden der Deutschen Bank vorgetragen wurden. Zu beiden Facetten dieser Diskussion liefert Sabine Lindenthal mit ihrem Buch einen Beitrag, denn ihr geht es nicht nur um die Funktionsfähigkeit des Aufsichtsrates an sich, sondern speziell um die des mitbestimmten Aufsichtsrates.

Am Anfang und gewissermaßen als Hinführung zur Thematik steht eine knappe Skizzierung der Kontroverse über die Funktionsfähigkeit eines mitbestimmten Aufsichtsrates. Daran knüpft ein Überblick über die Unternehmensmitbestimmung in Deutschland an, wobei nicht nur die rechtlichen Regeln referiert werden, sondern auch der rechtspolitische Diskussionsstand. Zugleich macht Lindenthal darauf aufmerksam, dass die deutsche Form der Mitbestimmung keineswegs eindeutig ein „Standortnachteil" ist. Zwar gestaltet sich eine empirische Überprüfung sehr schwierig – und wird von Lindenthal auch nicht versucht – aber Äußerungen von Unternehmensvertretern deuten daraufhin, dass auch in Zeiten der Globalisierung die Mitbestimmungsregelungen nicht zum „Ausflaggen" von Unternehmen führen. Wirtschaftstheoretisch werden die Vorbehalte gegenüber einer Arbeitnehmermitbestimmung i. d. R. damit begründet, dass diese bereits freiwillig eingeführt worden wäre – wenn sie denn zu einer Steigerung der Effizienz führen würde. Der Umstand, dass dies zumeist nicht geschehen ist, wird als Beleg dafür genommen, dass die gesetzlichen Regelungen zu größerer Ineffizienz führen. Bereits an dieser Stelle deutet Lindenthal an, dass es durchaus verschiedene Gegenargumente zu dieser These gibt, die beispielsweise im Rahmen vertragstheoretischer Modelle analysiert werden können.

Bevor sich Lindenthal mit den modelltheoretischen Annahmen befasst, unterzieht sie jedoch zunächst im dritten Kapitel die Kontrolltätigkeit des Aufsichtsrates einer eingehenden Analyse. Dazu wird einerseits der gesetzliche Überwachungsauftrag betrachtet, andererseits – im Sinne der Anreiz-Beitrags-Theorie – auch die Anreize, die für eine gewissenhafte Kontrolle des Vorstandes durch den Aufsichtsrat sorgen sollen. Lindenthal betrachtet dabei monetäre, Haftungs- und Reputationsanreize. Dabei gelangt sie aufgrund der Auswertung empirischer Ergebnisse zu dem Fazit, dass unter den geltenden Bedingungen in der Praxis die Reputationswirkung den Hauptanreiz bildet.

Dieses Fazit wird im nächsten Kapitel, wo sie sich mit modelltheoretischen Ansätzen und Kontrollüberlegungen befasst, wieder aufgegriffen, denn als Konsequenz des identifizierten Hauptanreizes ist es notwendig, ein Modell zur reputationsabhängigen Kontrollqualität von Aufsichtsräten zu entwickeln. Darüber hinaus muss das Modell die Existenz zweier Akteure berücksichtigen (idealtypisch für Kapitalgeberseite und Arbeitnehmerseite).[22]

Das entsprechende Modell findet sich dann im anschließenden fünften Kapitel, wobei Lindenthal annimmt, dass die Aufsichtsräte ihren Arbeitseinsatz in Abhängigkeit von den Kontrollkosten, ihrer Kontrollfähigkeiten und der mit der Kontrolltätigkeit verbundenen Reputationswirkung ausüben. Dabei beeinflusst die monetäre Vergütung allein die Entscheidung, sich wählen zu lassen, nicht aber die Intensität der Funktionsausübung. Dabei unterscheidet die Verfasserin vier verschiedene Typen von Kontrolleuren (der Gründliche, der Vielbeschäftigte, der Anpasser und der Contra-Kontrolleur). Die gegenseitige Verhaltensbeeinflussung dieser Kontrolleurstypen wird ebenso analysiert wie die Wahl eines niedrigen und eines hohen Arbeitseinsatzes. Darüber hinaus wird auch berücksichtigt, dass möglicherweise eine Spezialisierung der beiden Kontrolleure statt findet, wobei sich die Vorteilhaftigkeit eines heterogen zusammengesetzten Gremiums zeigt. Vor diesem Hintergrund wird das Modell durchgespielt mit „typischen" Arbeitnehmervertretern und ebenso „typischen" Kapitalgebervertretern. Lindenthal gelangt dabei zu dem überraschend eindeutigen Ergebnis, dass ein heterogen besetztes Kontrollorgan mit einem Arbeitnehmer- und einem Anteilseignerrepräsentanten bessere Kontrollleistungen aufweist, als eine Paarung von zwei Anteilseignern. Dieses Ergebnis zeigt sich auch für andere Zusammensetzungen als robust.

Im letzten Abschnitt der Arbeit wagt sich Lindenthal in den Bereich der Modellimplikationen und Politikempfehlungen vor, wenngleich ihr durchaus bewusst ist, dass die Ableitung von praktischen Empfehlungen aus theoretischen Modellen immer problematisch ist. Auf jeden Fall konnte gezeigt werden, dass unter den geltenden Bedingungen ein mitbestimmter Aufsichtsrat keinesfalls schlechtere Kontrollleistungen erbringt als ein nur mit Anteilseignervertretern besetzter. Allerdings gilt diese Aussage zunächst nur bei Interessenidentität, da die anderen Fälle noch nicht untersucht wurden. Verbesserungen für die Praxis sind vorrangig über den Reputationseffekt zu erwarten, z. B. durch namentliche Auflistung aller nicht besuchten Aufsichtsratssitzungen, aber möglicherweise auch durch Berufsaufsichtsräte. Gleichzeitig macht Lindenthal darauf aufmerksam, dass trotz der positiven Ergebnisse dieser Studie nicht auf eine Notwendigkeit für eine gesetzliche Verankerung der Arbeitnehmermitbestimmung geschlossen werden kann (S. 164), da hierfür eine breiter angelegte Studie erforderlich wäre.

Insgesamt hat Lindenthal eine Arbeit vorgelegt, die wesentliche Einwände gegen eine Arbeitnehmervertretung im Aufsichtsrat aus dem Weg räumt. So führt die heterogene Besetzung i. d. R. nicht zu einer schlechteren, sondern zu einer zumindest gleichwertigen, wenn nicht sogar besseren Kontrollleistung. Dieser Aspekt in Verbin-

---

[22] Hier weist das Modell eine gewisse Abweichung zur Praxis auf. Denn wenngleich man durchaus – wie Lindenthal auf S. 97 – eine weitgehende Übereinstimmung der ökonomischen Interessen von Arbeitnehmern und Anteilseignern diagnostizieren kann, sollte nicht vernachlässigt werden, dass sich in vielen Aufsichtsräten nicht Aktionärs- und Arbeitnehmervertreter gegenübersitzen, sondern in großem Maße ehemalige Vorstände des betreffenden Unternehmens und aktuelle Vorstände anderer Unternehmen sowie Gewerkschaftsvertreter. Hier automatisch eine Interessenidentität mit Aktionären bzw. Arbeitnehmern zu unterstellen, erscheint nur in der ersten Modellkonstruktion zulässig und bedarf zukünftig einer Verfeinerung.

dung mit dem Stakeholder-Konzept spricht in der politischen Diskussion durchaus dafür, die Arbeitnehmermitbestimmung auch unter Globalisierungsbedingungen beizubehalten. Dies bedeutet allerdings keineswegs zwangsläufig, dass auch die Details (Gewerkschaftervertretung, Aufsichtsratsgröße, geringer Einfluss von Mitarbeitern im Ausland etc.) beizubehalten sind.

Linhart, Sepp: „Niedliche Japaner" oder Gelbe Gefahr? Westliche Kriegspostkarten/"Dainty Japanese" or Yellow Peril? Western War Postcards 1900 – 1945

Wien/Münster: LIT 2005. 170 S., br.

Postkarten kennt jeder – und doch scheinen sie, vielleicht mit Ausnahme der Urlaubspostkarten, heutzutage keine große Rolle mehr zu spielen. In der ersten Hälfte des 20. Jahrhunderts war dies anders: Da waren sie das wesentliche Bildmedium, Kulturträger und Sammelobjekt zugleich, aber auch Propagandainstrument. Gerade dieser Aspekt ist es allerdings, der Sepp Linhart, Professor für Japanologie an der Universität Wien, fasziniert.

Besonders deutlich wird Propaganda natürlich in Kriegszeiten, wie sich am Beispiel Japans sehr deutlich zeigt, schließlich befand sich das Land viele Jahre im Krieg: 1894-95 mit China, 1904-05 mit Russland, 1914-18 mit Deutschland, 1918 Sibirien-Feldzug und Besetzung Sibiriens bis 1922 und Nordsachalins bis 1925, 1938-39 mit der Sowjetunion, 1941-45 mit den USA, Großbritannien und den Niederlanden. Alle diese Ereignisse spiegeln sich in den wiedergegebenen Postkarten. Je nach Land und Krieg wird Japan dabei als der putzige Orientale, der treue Verbündete oder der dämonische Feind – eben die „Gelbe Gefahr" dargestellt.

Linhart beschränkt sich in seinem Buch nicht auf die Wiedergabe der Postkarten, sondern ordnet diese geschichtlich und politisch ein. Die Wahrnehmung Japans entwickelt sich dabei von Erheiterung über die „Nachäffung" westlichen Verhaltens bis zu offenem Hass in der Darstellung als „entmenschlichter" Affe. Dieser Wandel in der Darstellung korrespondiert mit dem Aufstieg Japans von einem vernachlässigenswerten Kleinstaat zu einem ernst zu nehmenden Konkurrenten – und zeigt, wie Linhart deutlich macht, auch die Konstanz von Klischees, „die fest in unsere Hirne eingegraben und zu jeder Zeit wieder rasch hervorgeholt werden können". Und so halten uralte Postkarten letztlich auch uns selbst und unseren Vorurteilen einen Spiegel vor.

LUTTWAK, Edward: Turbo-Kapitalismus. Gewinner und Verlierer der Globalisierung

---

Hamburg: Europa 1999. 448 S., geb.

Und wieder ein Buch zum Thema Globalisierung, ist man versucht zu stöhnen. Die Regale quellen schon über mit Literatur, die diesen Modebegriff im Titel trägt. Doch bereits die ersten Seiten von Luttwak belehren den Leser eines Besseren: Endlich ist eine echte Auseinandersetzung mit der Thematik erschienen, die weder verharmlost noch Bedrohungsszenarien beschwört, sondern eine fundierte Analyse der jüngeren kapitalistischen Entwicklung liefert – auch wenn man nicht jedem einzelnen Argument zustimmen mag. Hilfreich ist insbesondere, dass sich Luttwak nicht ausschließlich auf die Globalisierung konzentriert, sondern mit Deregulierung und Privatisierung zwei weitere Determinanten berücksichtigt. Diese drei Aspekte zusammen haben eine wirtschaftlich-politische Entwicklung hervorgerufen, die Luttwak „Turbo-Kapitalismus" nennt.

Eindrucksvoll zeichnet er auf, wie es zu diesem Phänomen gerade im angloamerikanischen Raum kommen konnte und wo die Chancen und Risiken liegen. Während der Zusammenhang zwischen wirtschaftlicher Liberalisierung und zunehmender Arbeitslosigkeit (in Europa) bzw. einem wachsenden Niedriglohnsektor (in Amerika) bereits häufiger diskutiert wurde, zeigt Luttwak u. a., dass – und warum – hier auch eine Ursache für die zunehmende Zahl von Strafgefangenen in den USA zu finden ist.

Das Buch zeichnet sich dadurch aus, dass nicht nur unterschiedliche Aspekte und Facetten angesprochen, sondern auch aus verschiedenen Blickwinkeln beleuchtet werden. Luttwak verbindet in seiner Betrachtung politische, soziologische, ökonomische und teilweise auch rechtliche Dimensionen, wodurch er dem Leser eine umfassende Betrachtung gestattet. Für Nicht-Amerikaner, die sich in ihrem jeweiligen Heimatland mit Globalisierungsfragen befassen, ist besonders hilfreich, dass Luttwak auch die Gefahren einer unvollständigen Kopie des amerikanischen Modells hervorhebt: So wirken beispielsweise die für Erfolgshonorar arbeitenden Anwälte und die für europäische Maßstäbe extrem hohen Schadenersatzbeträge tendenziell als Gegengewichte innerhalb des US-Modells. In unvollständigen Kopien hingegen fehlen derartige Bestandteile häufig, wie u. a. das Beispiel Indonesien zeigt.

Luttwak gebührt ein großes Lob: Das Buch ist umfassend und kritisch angelegt, ohne einseitig zu sein, ist darüber hinaus auch noch sehr gut lesbar und bildet einen unschätzbaren Beitrag zur Versachlichung der Diskussion. Möge es insbesondere unter Wirtschaftspolitikern viele Leser finden – manch groben Vereinfachern unter ihnen gehört es um die Ohren geschlagen.

LÜTZ, Manfred: Der blockierte Riese. Psycho-Analyse der katholischen Kirche

Augsburg: Pattloch 1999. 208 S., br.

Der selbstgewählte Anspruch des vorliegenden Buches ist ein doppelter: Zum einen soll eine Einführung in die moderne Psychotherapie gegeben werden, zum anderen wird die katholische Kirche als Patient wahrgenommen und psychotherapeutisch durchleuchtet. Beide Aspekte werden mit einander verbunden, um systemische und lösungsorientierte Sichtweisen zu präsentieren, mit deren Hilfe sich Krisen effizient bewältigen lassen.

Die katholische Kirche bietet sich als Patient dieser Behandlung in besonderer Weise an: Sie ist bekannt, die „älteste noch bestehende Großinstitution der Welt" und befindet sich derzeit in einer sehr schwierigen Lage, wie nicht zuletzt in Österreich besonders augenscheinlich wird. Lütz konstatiert, dass ihn die katholische Kirche derzeit an eine Alkoholikerfamilie erinnere, die schwierigste Familienkonstellation überhaupt: Spaltungen, Depressionen, Abwertungen, Überverantwortlichkeit, Rollendiffusionen, Überlastung aller Beteiligten.

Eine ausführliche Diagnose dieser problematischen Situation findet in der ersten Hälfte des Buches statt. Die kontinuierlichen Diskussionen über Zölibat, Frauenpriestertum, Sexualmoral und Demokratisierung werden als Anlässe für eine „Problemtrance" ausgemacht: Man redet nur noch über die Probleme, statt sich mit den Lösungen zu befassen. Ansätze, die es der Kirche ermöglichen sollten, sich aus ihrem weitgehend selbstverursachten Dilemma zu lösen, stehen im Mittelpunkt der zweiten Buchhälfte. Ausgangspunkt ist dabei für Lütz, dass die katholische Kirche durch kirchliche Gemeinschaft, Bekenntnis, Gottesdienst und Sozialengagement nach wie vor Lebenssignale aussendet. Damit sind zugleich aber auch die Ressourcen für eine erfolgversprechende Therapie vorhanden. Die Kirche muss sich immer wieder bewusst machen, dass sie kein Selbstzweck ist, sondern eine Aufgabe (und damit auch Ressourcen) auferlegt bekommen hat.

Dieses Buch hat viele Widerhaken. Während die Einführung in die Methoden der Psychotherapie vorwiegend informativ ist, reizt gerade deren Anwendung auf die Kirche zum Widerspruch. Stundenlang könnte man mit dem Autor streiten! Und gerade hierin – in der Anregung zum Nachdenken und zum eigenen Argumentieren – liegen der besondere Reiz und der große Wert des Buches.

MAIER, Corinne: Die Entdeckung der Faulheit. Von der Kunst, bei der Arbeit möglichst wenig zu tun

München: Goldmann, 2. Aufl., 2005. 156 S., br.

Das geknechtete mittlere Management schlägt zurück! Unter diesem Motto könnte das Buch von Corinne Maier stehen. Aus der Perspektive einer akademisch gebildeten Mitarbeiterin eines großen Konzerns – die sie ist –, berichtet sie aus dem Bauch des Biestes: Von Chefs, die bei Beschäftigten lediglich deren Funktionieren interessiert; von einer Sprache im Unternehmen, die von Gemeinplätzen und Kauderwelsch nur so strotzt; von der Unmöglichkeit, mit Hilfe von Diplomen und Qualifikationen durch die gläserne Decke zu dringen.

Aber dies ist nur der Anfang. Sie stellt die tollsten Lügen im Unternehmen vor: Strategie – Unternehmenskultur – Ethik. Sie verzerrt die typischen Mitarbeiter bis zur Kenntlichkeit: der typische höhere Angestellte, der Manager, der Verkäufer, der Unternehmensberater. Das Schlimmste an diesen und ihren weiteren Ausführungen ist: Es ist alles wahr! Corinne Maier beschreibt ihre Erfahrungen aus Frankreich; diese ähneln den eigenen Erfahrungen in Deutschland und Österreich; und die Dilbert-Cartoons von Scott Adams zeigen, dass es in den USA genauso ist.

Und wie in den Dilbert-Cartoons gelangt auch Maier zu der Erkenntnis: In großen Konzernen muss man nichts tun! Erstens ist keineswegs sicher, ob Engagement tatsächlich gewünscht ist, geschweige denn erkannt wird. Zweitens schützt Leistung keineswegs vor einem Verlust des Arbeitsplatzes oder führt auch nur zu einer besseren Bezahlung. Wenn Belohnungen und Bestrafungen, so ihr Fazit, nicht an die eigene Leistung gekoppelt sind, braucht man auch nicht mehr tun als notwendig: Das Unternehmen ist nicht der Ort der Selbstentfaltung.

Zu diesem Fazit sind nicht nur einige von Adams' Cartoon-Figuren ebenfalls gelangt, es entspricht darüber hinaus auch betriebswirtschaftlicher Rationalität: Wenn in Unternehmen nicht mehr auf die Menschen in ihrer Vielgestaltigkeit geachtet, sondern mit standardisierten Anreizen geführt wird, sind der „Dienst nach Vorschrift" und die „innere Kündigung" angemessene Reaktionen. Aber Achtung: Damit kommt man nur in großen Unternehmen durch – und so richtig befriedigend ist das auch nicht.

So gesehen wendet sich das Buch weniger an die Untergebenen als an die Chefs: Nehmt Eure Mitarbeiter ernst, damit sie auch ihre Arbeit ernst nehmen können!

MAILER, Norman: Heiliger Krieg: Amerikas Kreuzzug

Reinbek: Rowohlt 2003. 125 S., geb.

Im Gefolge des 11. September 2001 hat sich das „offizielle Amerika" sowohl im innen- als auch im außenpolitischen Verhalten deutlich geändert – was wiederum von einer Vielzahl von Autoren teils kritisch, teils zustimmend reflektiert wird. Auch Norman Mailer registriert einen deutlichen Wandel im Verhalten seiner Mitbürger und insbesondere der führenden Politiker, was er in dem vorliegenden Buch kommentiert.

So hat nach seiner Einschätzung das Trauma des 11. September eine neue Spielart des Konservativismus wenn schon nicht hervorgerufen, so doch zumindest massiv gefördert und verbreitet: Den „Fahnenkonservativismus" als eine Verbindung aus dem unzerstörbaren Glauben, dass Amerika jede Art von Schwierigkeit, falls notwendig durch Anwendung von Gewalt, überwinden kann, und dem durchaus auch als allgemeine Verpflichtung gesehenen Schwenken und Verehren der amerikanischen Flagge. Mailer diagnostiziert dahinter einen zwanghaften Patriotismus, der in Verbindung mit einem althergebrachten Puritanismus begonnen hat, traditionelle Freiheitsrechte und andere demokratische Errungenschaften zurückzudrängen. Gleichzeitig sieht Mailer in dieser Haltung eine der Ursachen für die Invasion im Irak, auch wenn dieser mit der Katastrophe des 11. September 2001 nichts zu tun hatte.

In formaler Hinsicht ist das Buch Stückwerk: Es besteht aus drei Kapiteln, die sich wiederum aus Interviews, Zitaten, Meinungsäußerungen von Mailers Freunden und dessen eigenen Gedankensplittern zusammensetzen. Inhaltlich kreisen alle Ausführungen um den Dreiklang 11. September, Irak und amerikanischer Neokonservativismus, ohne stringente Strukturierung, aber dafür mit Wiederholungen.

Trotz dieser augenscheinlichen Schwächen ist es ein durchaus lesenswertes Buch, insbesondere für europäische Leser, bietet es diesen doch Innenansichten aus Amerika, die ihnen ansonsten schwer zugänglich sind. Schließlich ist Mailer gleichermaßen überzeugter Amerikaner wie bekennender Liberaler – was seine Reflexionen zu einer Minderheitsmeinung machen, aber gerade deswegen interessant.

MARSHALL, Matt: Die Bank. Die Europäische Zentralbank und der Aufstieg Europas zur führenden Wirtschaftsmacht

München: Karl Blessing 1999. 448 S., geb.

Geldpolitik, Inflationsbekämpfung, Geldmengenvolumen und Monetarismus sind Themen, die normalerweise nicht gerade dazu verlocken, freiwillig ein Buch zu lesen, das sich genau hiermit befasst. Marshall gelingt es jedoch in seiner Studie über die Europäische Zentralbank (EZB), nicht nur diese und andere fachlichen Begriff und Zusammenhänge anschaulich zu erklären, sondern auch den elitären Kreis dieser Währungshüter pointiert zu charakterisieren. Darüber hinaus hat er es geschafft, die Entstehungsgeschichte der Bank spannend zu beschreiben und in welt- und europapolitische Zusammenhänge einzuordnen. Die differierenden Ansichten und Interessen sowie die Motive der Akteure werden auf diese Weise verständlich.

Ergebnis von Marshalls Bemühungen ist ein Buch für alle Leser, die bezüglich der EZB nicht nur die Überschriften der wirtschaftspolitischen Berichterstattung gelesen haben. Bei ihnen kommt es zu einem nachhaltigen „Aha"-Effekt, wenn politische und wirtschaftliche Ereignisse und Differenzen plötzlich nachvollziehbar werden.

Natürlich hat das Buch auch Schwächen: Der Aufbau innerhalb der verschiedenen Kapitel erscheint willkürlich bis konfus, es gibt einige Wiederholungen und eine Kürzung um ca. 50 Seiten wäre leicht verkraftbar gewesen. Dennoch ist der Band unbedingt empfehlenswert, wozu auch der Schreibstil des Verfassers und die gelungene Arbeit der Übersetzer ihren Teil beigetragen haben.

MITCHELL, Lawrence E.: Der parasitäre Konzern. Shareholder Value und der Abschied von gesellschaftlicher Verantwortung

München: Riemann 2002. 415 S., geb.

Der Juraprofessor Mitchell befasst sich in dem vorliegenden Buch mit einem eher untypischen Rechts-Thema, nämlich der Entwicklung amerikanischer Aktiengesellschaften und deren Einfluss auf die Gesellschaft und deren Werte. Während der Ausgangspunkt noch vergleichsweise rechtswissenschaftlich ist, nämlich eine Analyse der gesellschaftsrechtlichen Verfassung amerikanischer Unternehmen, sind sowohl die Intention als auch der analytische Hintergrund mehr politisch denn juristisch geprägt. Denn ausgehend von der Beobachtung, dass sich – zumindest amerikanische – Konzerne sehr wenig um die gesellschaftlichen Konsequenzen ihres Handelns kümmern, stellt sich Mitchell die Frage, warum dies denn so sei. Als Ursache für dieses Verhalten macht er ein ausgeprägtes Kurzfrist-Denken in den Unternehmensleitungen aus, was er wiederum zurückführt auf eine ausschließliche Orientierung an einer Aktienkursmaximierung. Diese Ausrichtung, die Mitchell gleichsetzt mit dem Begriff des Shareholder Value, resultiert seines Erachtens aus einem gesellschaftsrechtlichen Konstruktionsfehler der Aktiengesellschaft: Einerseits wird einer AG der Status einer juristischen Person zuerkannt mit der Konsequenz, dass das Unternehmen über alle Rechte einer natürlichen Person verfügt. Andererseits fehlen dem Unternehmen sämtliche einer natürlichen Person innewohnenden Schranken wie z. B. moralisches Empfinden, Mitgefühl etc. Diese Schwachstelle gewinnt zudem durch den Umstand an Bedeutung, dass an die Stelle mehrerer, gegeneinander abzuwägender Ziele – wie bei natürlichen Personen – lediglich ein einziges Ziel tritt, nämlich die durch Gesetz und Unternehmensverfassung vorgegebene Ausrichtung an den Zielen der Aktionäre – was wiederum gleichbedeutend ist mit Einseitigkeit, kurzfristiger Gewinnmaximierung und Steigerung des Aktienkurses.

So überzeugend diese Argumentation aus politischer Sicht auf den ersten Blick auch erscheinen mag, so deutlich sind doch die bei genauerem Hinsehen deutlich werdenden Schwachstellen. Diese liegen zum einen im Bereich der Analyse, wenn Mitchell z. B. betont, dass die AG ausschließlich an den Interessen der Aktionäre ausgerichtet ist. Dabei soll gar nicht bezweifelt werden, dass die Interessen der Aktionäre durchaus dominierend sein dürften, aber gleichzeitig machen sich zumindest die Interessen der Unternehmensleitung ebenfalls bemerkbar. Diese mögen sich im Allgemeinen innerhalb der rechtlich vorgegebenen Bahnen bewegen, aber die jüngsten Firmenskandale in den USA zeigen auch, dass es eine beträchtlich Anzahl amerikanischer Manager gegeben hat, die die gewährten Freiräume zur Maximierung ihres eigenen Vorteils genutzt haben – und nicht zu dem der Aktionäre. Diese ungenügende Berücksichtigung der Eigeninteressen aller Beteiligten zeigt sich zum anderen auch im von Mitchell vorgeschlagenen Lösungsansatz, nämlich dem Abbau der Aktionärsrechte zugunsten einer stärkeren Selbstverantwortung der Unternehmensleitung. Mitchell geht in diesem Kontext davon aus, dass ein Abbau der Aktionärsdominanz die Unternehmensleitung dazu bewegen wird, stärker auf gesellschaftliche Konsequenzen ihres Handelns zu achten – weil sie selbst ja Teil dieser Gesellschaft sind. Diese Konsequenz erscheint allerdings keineswegs zwangsläufig – und wird von motivationstheoretischen Studien aus der Betriebswirtschaftslehre auch keineswegs gestützt.

Vor diesem Hintergrund ist das Buch zwar eine durchaus lesenswerte Analyse, die aber gerade bei den Lösungsansätzen in erheblichem Maße auf das „Prinzip Hoffnung" vertraut. Ob eine Umsetzung der Mitchellschen Lösungsvorschläge daher tatsächlich zu einem Rückgang der von ihm – zu Recht – beklagten Zustände führt, erscheint daher durchaus zweifelhaft.

MOORE, Michael: *Querschüsse. „Downsize This!"*

München: Piper 2003. 314 S., br.

Es ist wahrhaft beeindruckend: Kaum hat Michael Moore einen Oscar für seinen Film „Bowling for Columbine" erhalten und wochenlang mit seinem Buch „Stupid White Men" die Bestsellerlisten angeführt, schon entschließt sich der Piper Verlag, auch das vorliegende, aus dem Jahr 1997 stammende Werk schnell zu publizieren. Dahinter steht sehr deutlich die Hoffnung, trotz geringerer Aktualität auch mit diesem Werk gute Verkäufe zu erzielen.

Ungeachtet dieser wirtschaftlichen Erwägungen handelt es sich bei den Querschüssen von Michael Moore durchaus um lesenswerte Beiträge. Zwar handelt es sich nicht um ein Buch aus einem Guss, sondern um eine Sammlung von siebenunddreißig formal, inhaltlich und qualitativ unterschiedlichen Beiträgen, die den Eindruck erwecken, für eine Vielzahl von Magazinen geschrieben worden zu sein. Ihnen gemeinsam ist der brennende Wunsch, auf Ungerechtigkeiten und insbesondere auf Machtmissbrauch in der Welt aufmerksam zu machen, wofür Moore nahezu jedes Mittel recht ist. Entsprechend reicht seine Palette vom Spott bis zum Zynismus, wobei er im Zweifelsfall lieber den Knüppel schwingt als das Florett. Und Anlass zum Aufregen findet er zuhauf: Seine Themen reichen von der Scheinheiligkeit der Politiker über die Selbstversorgermentalität von Unternehmern bis hin zu Anklagen gegen Deutschland, das seiner Ansicht nach bei weitem nicht genug Wiedergutmachung für die nationalsozialistischen Verbrechen geleistet hat. Wenn man sich erst einmal auf seine Themen und die Art seines Denkens eingelassen hat, sind die einzelnen Beiträge durchaus erhellend, teils lustig, teils empörend.

Ungeachtet der Frage, ob man seine Ansichten teilt oder nicht, ist das Buch eine ebenso aufmunternde wie aufrüttelnde Lektüre. Denn alles Lamento wird verknüpft mit der tief verwurzelten Überzeugung, dass sich die aufgezeigten Missstände in einer demokratischen Gesellschaft ändern lassen: Wenn ein einzelner anfängt, etwas dagegen zu tun, kann er – so Moores feste Überzeugung – auf längere Sicht genügend Mitstreiter finden, um die angestrebte Veränderung auch zu erreichen. Diese Überzeugung mag naiv anmuten, aber sie zeugt von einem festen Glauben an die Demokratie und die Einflussmöglichkeiten des Einzelnen – und ist weit entfernt von den weit verbreiteten Klagen, dass man ja doch nichts ändern könne. Michael Moore lebt jene Zivilcourage vor, die John F. Kennedy einst rühmte – und er zeigt Gründe ebenso wie Wege auf, dasselbe zu tun. Dies – wenn auch verspätet – dem deutschsprachigen Publikum zugänglich zu machen, ist nun doch ein Grund, dem Piper Verlag zu danken.

MÜNKNER, Hans-H. u. a.:Unternehmen mit sozialer Zielsetzung. Rahmenbedingungen in Deutschland und anderen europäischen Ländern

Neu-Ulm: AG SPAK Bücher 2000. 215 S., br.

Im Mittelpunkt der Studie steht ein konkretes Erkenntnisinteresse: Wie lassen sich die Rahmenbedingungen in einer Gesellschaft so verändern, dass die Tätigkeit von Unternehmen mit sozialer Zielsetzung nennenswert erleichtert wird? Münkner liefert in seinem Beitrag Antworten auf diese Frage, wobei vier Länderberichte (Italien, Belgien, Frankreich, Spanien) als Beispiele dienen. Inhaltlich versucht Münkner dabei drei miteinander verwandte, aber durchaus unterschiedliche Themen parallel abzuhandeln.

Erstens interessiert ihn, wie die rechtlichen Rahmenbedingungen in Deutschland verändert werden müssten, dass mehr Unternehmen mit sozialer Zielsetzung gegründet werden. Hierzu unterbreitet er eine Vielzahl von Vorschlägen, die vom Gesellschaftsrecht über das Steuerrecht bis hin zum Arbeitsrecht reichen.

Zweitens geht er auf die Frage ein, wie der bestehende Rechtsrahmen zu verändern wäre, damit verstärkt kleine Genossenschaften und selbstverwaltete Unternehmen entstehen. Auch hierzu schlägt er eine Vielzahl von Veränderungen vor, die zudem von dem Wunsch geprägt sind, die Rechtsform der eingetragenen Genossenschaft wieder stärker an die genossenschaftlichen Prinzipien heranzuführen.

Drittens sind seine Ausführungen geprägt von dem Wunsch, durch bessere Rahmenbedingungen für Unternehmen mit sozialer Zielsetzung einen zusätzlichen Weg zum Abbau der Arbeitslosigkeit zu eröffnen. Hier allerdings werfen seine Überlegungen eine Kette von Fragen auf, die letztlich ohne konkrete Antwort bleiben: Ist die Bereitstellung von Arbeitsplätzen für am Arbeitsmarkt Benachteiligte bereits ein soziales Ziel? Wenn ja, verdient dieses Ziel dann eine staatliche Förderung, z. B. durch Steuerbefreiungen etc.? Wenn ja, ist es dann noch relevant, was dieses Unternehmen tut – außer entsprechende Arbeitsplätze anzubieten?

Ungeachtet dieser Fragen ist das Buch insgesamt ein verdienstvoller und ausgesprochen sachlicher Beitrag zum Verhältnis zwischen Genossenschaften und economie sociale. Eine Realisierung von Münkners Vorschlägen würde mit Sicherheit die Chancen für Unternehmen mit sozialer Zielsetzung, kleine Genossenschaften und selbst Produktivgenossenschaften deutlich verbessern. Auf diese Weise könnte nicht nur der Genossenschaftsgedanke neuen Schub erhalten, sondern auch ein Beitrag zur Reduzierung der Arbeitslosigkeit geleistet werden.

MÜNKNER, Hans-H.: Organisierte Selbsthilfe gegen soziale Ausgrenzung. „Multistakeholder Genossenschaften" in der internationalen Praxis

---

Berlin: Institut für Genossenschaftswesen an der Humboldt-Universität zu Berlin 2002. 59 S., br.

Im Zuge der Bemühungen um einen Abbau der Arbeitslosigkeit und der (Re-)Integration von ausgegrenzten Personenkreisen in das Wirtschafts- und Arbeitsleben wird seit geraumer Zeit auch wieder die Eignung von Genossenschaften zur Erreichung dieser Ziele diskutiert. Als Ansatzpunkt werden „Multi-stakeholder Genossenschaften" angesehen, bei denen sich die Selbsthilfeinteressen der Mitglieder mit weiteren spezifischen Interessen einzelner Anspruchsgruppen verbinden. Typische Beispiele für solche Organisationen sind z. B. Stadtteilgenossenschaften, in denen sich der Wunsch nach Arbeit mit dem Wunsch nach Sanierung eines Wohngebietes verbindet. Münkners Buch untersucht anhand praktischer Beispiele und rechtlicher Rahmenbedingungen, in welchem Maße derartige Organisationen in Deutschland verwirklicht werden können und was sie leisten können.

Dabei widmet er sich insbesondere der Frage, ob und wenn ja, wie die Erfahrungen aus anderen Industrieländern auf Deutschland übertragen werden können. Dazu unterzieht er den Wortlaut des deutschen Genossenschaftsgesetzes und seine herrschende Auslegung einer Überprüfung, ob hiernach die Gründung von Multi-stakeholder Genossenschaften zulässig wäre und zu erwarten ist. Als Problemfelder stellen sich hierbei einerseits die betont soziale Zielrichtung und andererseits die damit häufig verbundene Gemeinnützigkeitsorientierung heraus. Münker gelangt somit zu dem durchaus bitteren Fazit, dass Multi-stakeholder Genossenschaften „nach deutschem Genossenschaftsgesetz errichtet werden könnten, eintragungsfähig wären und im Rahmen der Satzungsautonomie ihren Anforderungen entsprechende Satzungen aufstellen könnten, wenn eine soziale Zielsetzung und eine gemeinnützige Ausrichtung von den Genossenschaftsverbänden und vom Gesetzgeber akzeptiert würden. Dieses hätte jedoch eine Erweiterung der Definition des Genossenschaftsbegriffs und ein neues Verständnis von Selbsthilfe zur Voraussetzung" (S. 53).

Zwar können, so das Fazit nach Lektüre des Buches, auch Multi-stakeholder Genossenschaften (in der Rechtsform der eingetragenen Genossenschaft) keineswegs alle Engpässe beseitigen. Hinzu kommt, dass gerade Unternehmen mit sozialer Zielsetzung eines großen (zeitlichen, personellen und zum Teil auch finanziellen) Engagements durch die Gründer bedürfen. Erforderlich bleibt damit das Engagement von Leuten, die sich als „sozial orientierte Entrepreneure" im Sinne Schumpeters engagieren und die betriebswirtschaftlichen Fragen (Finanzierung, Produktion, Absatz, innere Organisation etc.) lösen. Münkners Ausführungen sind aber ein wichtiger Schritt in die richtige Richtung – und wenn sie von Genossenschaftsverbänden und vom Gesetzgeber aufgegriffen werden, kann in ihrem Gefolge ein beachtlicher Beitrag zur Lösung sozialer wie wirtschaftlicher Probleme geleistet werden.

Murtaugh, Niall: Blauäugig in Tokio. Meine verrückten Jahre bei Mitsubishi

---

Berlin: Econ 2006. 291 S., br., € 16,50 (GW)

Stellen Sie sich vor, Sie seien ein Wissenschaftler, der sich für eine bestimmte Kultur interessiert und im Rahmen einer langjährigen Feldforschung in diese Kultur integriert und teilnehmende Beobachtung und Analyse praktiziert. Beispielhaft hierfür steht das Wirken von Jane Goodall, einer britischen Verhaltens- und Primatenforscherin, die über fast 30 Jahre hinweg das Verhalten von Schimpansen in einem Nationalpark Tansanias beobachtete. Wenn Sie sich in eine solche Rolle versetzen können, ist dies der Schlüssel zu dem Buch von Niall Murtaugh, der etwas ähnliches praktiziert hat wie Jane Goodall, allerdings nicht unbedingt aus wissenschaftlich fundiertem Erkenntnisinteresse, sondern anfangs eher aus reiner Neugierde, und danach aus einer Mischung von Bequemlichkeit, Bindung und Sympathie.

Zugegeben, sein Untersuchungsgebiet ist etwas anders: Murtaugh befasst sich nämlich mit Japan und der japanischen Lebensweise – oder genauer gesagt: mit Mitsubishi, seiner Firmenkultur und der Lebensweise von Mitsubishi-Mitarbeitern. Nach dem Abschluss seiner Promotion an einer Elite-Universität in Tokio wollte Murtaugh eigentlich nur eine neue Erfahrung machen, aber keinesfalls eine Lebensstellung antreten. Aus verschiedensten Gründen blieb er dann aber doch mehrere Jahrzehnte dem Mitsubishi-Konzern als normaler Angestellter, als „salaryman" verbunden – einerseits fasziniert von dem Unternehmen und der Lebensweise in ihm, andererseits sich als Europäer aber auch an der anderen Kultur reibend.

Nach dem Ausscheiden bei Mitsubishi legt Niall Murtaugh nun eine stark biographisch geprägte Sicht auf dieses Muster eines japanischen Traditionsunternehmens und seine Unternehmenskultur vor – und liefert dabei nebenbei Feldforschungsergebnisse aus einer anderen Kultur ab: Gleichermaßen faszinierend und irritierend für den Leser. Verantwortlich dafür ist die Verknüpfung des Blicks von innen – der langjährige Mitarbeiter mit seiner Vertrautheit mit den Vorgängen im Unternehmen und seiner Kultur – mit dem Blick von außen – der viel gereiste Ausländer, der auch andere Kulturen und Verhaltensweisen kennt.

Durch die Verbindung dieser beiden Blickwinkel entsteht ein ganz eigenes Portrait eines Unternehmens mit typischen Stärken und Schwächen – und dem Leser wird der kometenhafte Aufstieg Japans zu einer wirtschaftlichen Weltmacht ebenso erklärlich wie der seit Jahren andauernde Kampf desselben Landes mit wirtschaftlicher Stagnation. Zugleich liefert Murtaugh einen Einblick in die trotz aller Globalisierung bestehenden kulturellen Unterschiede – und das Ganze auf gut lesbare und unterhaltsame Art und Weise. Und am Ende des Buches hat der Leser viel verstanden: über Niall Murtaugh, über Japan, über Mitsubishi, vielleicht sogar über sich selbst – nur warum der Verlag im Untertitel von „verrückten Jahren" spricht, dürfte ein Geheimnis bleiben. Schließlich waren diese Japan ja gerade nicht verrückt, sondern typisch japanisch!

NEUMANN, Reiner/ROSS, Alexander: Der perfekte Auftritt. Erste Hilfe für Manager in der Öffentlichkeit

---

Hamburg: Murmann 2004. 214 S., br.

Wer in der Öffentlichkeit auftritt, egal ob freiwillig oder unfreiwillig, kann sich massiv schaden. Das musste nicht nur Josef Ackermann im Rahmen des Mannesmann-Prozesses erfahren, als er sich den Journalisten mit siegesgewissem Grinsen und den zum Victory-Symbol gespreizten Fingern präsentierte. Auch Hartmut Mehdorn, Chef der Deutschen Bahn verfügt da über einschlägige Kenntnisse, nachdem er der staunenden Öffentlichkeit verkündete, dass Bahnfahrten von mehr als vier Stunden eine Tortur seien.

Wenn man jedoch weder solcherart für die Konkurrenz Reklame machen, noch sich selbst blamieren will, sollte man sich vorher mit den verschiedenen Fallen vertraut machen, die bei einem Auftritt lauern können. An dieser Stelle knüpft das Buch von Neumann und Ross an. Anders als die üblichen Rhetorik-Bücher erzählen sie nicht, wie man es machen soll, sondern gehen von mehr oder weniger drastischen Fehlschlägen aus und erläutern, wie man sie hätte vermeiden können. Dabei befassen sich die beiden Autoren nicht nur mit Rhetorik-Problemen, sondern werden durchaus grundsätzlicher. So beginnen sie mit der Frage passender Kleidung, gehen über zu Präsentationstechniken und -Unsitten bevor sie schließlich bei praktischen Regeln für den Alltag landen.

Durch die Vielzahl negativer Beispiele gewinnt das Buch zunächst einmal an Unterhaltungswert wie auch an Lesbarkeit. Darüber hinaus erlaubt es aber auch gleichzeitig dem Leser, sich in die skizzierte Situation zu versetzen, die die meisten wohl schon einmal selbst erlebt haben. Gerade die ebenso langweiligen wie langwierigen Powerpoint-Präsentationen sind in Unternehmenskreisen bereits Legende und das Leerpredigen von Konferenzen hat man auch schon viel zu oft erlebt. Schon aus diesem Grunde ist dem Buch von Neumann und Ross viel Erfolg zu wünschen: Damit man selbst ebenso wie die Leute, denen man zuhören muss, in Zukunft die angesprochenen Fehler vermeiden!

NIX, Christoph: Deutsche Kurzschlüsse. Einlassungen zu Justiz, Macht und Herrschaft

Hamburg, Europäische Verlagsanstalt 1997. 180 S., br.

Laut Inhaltsangabe handelt es sich um „Achtzehn Einlassungen über die Zusammenhänge von Politik und Verbrechen, über verbotene Verhörmethoden, unrechtmäßige Untersuchungshaft, falsche Kronzeugen, fahrlässige Tötungen und die Ungebührlichkeit vor Gericht." Fragt man sich vor dem Lesen noch, wofür der eher ungewöhnliche Begriff „Einlassung" steht, ist nach der Lektüre klar, dass er lediglich dazu dient, die hinsichtlich Umfang, Stil, Konzeption, Methodik und Thema sehr unterschiedlichen Texte unter einem gemeinschaftlichen Begriff zu versammeln.

Insgesamt erweckt das Buch den Eindruck der Beliebigkeit: Weder ist zu erkennen, warum die vorliegende Abfolge der Texte gewählt wurde, noch besteht eine inhaltliche Beziehung zwischen aufeinanderfolgenden Artikeln. Inhaltlich wird zwar in der Tat auf Verhörmethoden, Untersuchungshaft etc. eingegangen, doch wird daraus der vollmundig angekündigte Zusammenhang zwischen Politik und Verbrechen oder gar zwischen Justiz, Macht und Herrschaft (so im Untertitel) nicht erkennbar. Letztlich wird nichts Neues geboten, zumal die Mehrzahl der Beiträge bereits anderswo erschienen ist. Ein Buch, dessen Lektüre man sich sparen kann.

PAULI, Gunter: UpCycling. Wirtschaften nach dem Vorbild der Natur für mehr Arbeitsplätze und eine saubere Umwelt

München: Riemann 1999. 349 S., geb.

Das von Pauli vorgelegte Buch plädiert vehement für eine Wirtschaftsweise, die ohne Abfallerzeugung auskommt (Zero Emission Konzept). Entsprechend wird das Ziel formuliert: Mehr Arbeitsplätze und Wachstum ohne Umweltverschmutzung! Gleichzeitig wird behauptet, dass die Erreichung dieses Zieles bei Anwendung des Zero Emission Konzeptes erreichbar wäre.

Inhaltlich wird von dem Grundsatz ausgegangen, dass es keinen Abfall gibt, der nicht als Input für die Produktion eines anderen Gutes sinnvoll und ökonomisch effektiv verwendet werden könne. Dabei dient die Natur als Vorbild für die Lösung der Abfallproblematik, denn in ihrem Biosystem sind die verschiedenen Beteiligten so miteinander in einem System verflochten, dass die Abfälle des einen (Herbstblätter bei einem Baum) als Input für andere (Pilze, Regenwürmer, Insekten etc.) dienen, die daraus wiederum den Input (Humus) für den ersten schaffen. Derartige „Kreislaufwirtschaften" durch gezielte Zusammenführung („Cluster") entsprechender Unternehmen und Industrien auch im Wirtschaftsgeschehen nachzubilden, ist die Vorgehensweise beim Zero Emission Konzept.

Naturwissenschaftlich-technologisch knüpft das Konzept an vier Aspekten an, die von Pauli als „braune, rote, blaue und gelbe Revolutionen" bezeichnet werden. Hinter diesen Schlagworten verbergen sich die Zucht von Pilzen zur Lebensmittelerzeugung wie zur Abfallbeseitigung, die Nutzung von Regenwürmern zur Bodenbereitung und Umwandlung von pflanzlichem Protein in tierisches, der Ausbau integrativer Fischzucht und last, but not least, die Nutzung der Wüsten zur Landkultivierung (S. 80-100).

Aufgrund des praktizierten Ansatzes aus Systemtheorie und Netzwerkgestaltung, der sich mit ähnlicher Zielsetzung, aber größerem Abstraktionsgrad beispielsweise bei Vester[23] findet, ist das Buch eine Aufforderung an verschiedene wirtschafts- und gesellschaftspolitische Akteure, an Unternehmen wie an Regierungen. Vorrangige Zielgruppe des Buches sind aufgrund der konsequenten Ertragsorientierung (S. 101) aber Unternehmensmanager, insbesondere aus dem (agrar-) industriellen Bereich. Hier hat Paulis Argumentation aufgrund der ausführlich erläuterten Beispiele auch seine besondere Stärke, denn an so unterschiedlichen Beispielen wie Brauereien und Plantagen zeigt er auf, wie durch gezielte Zusammenführung unterschiedlicher Branchen die Produktivität gesteigert und „Abfall" sinnvoll als Input genutzt werden kann. Exemplarisch steht hierfür beispielsweise die Ergänzung einer Brauerei durch die Zucht von Pilzen, für die der in der Brauwirtschaft anfallende Biertreber eine hervorragende Eiweißquelle ist (S. 224). Auch für die anderen „Abfälle" lassen sich – gezielte Zusammenarbeit von Biologen, Chemikern, Ökonomen und Ingenieuren vorausgesetzt – laut Pauli sinnvolle Verwendungsmöglichkeiten finden, die zur Einkommenserzielung beitragen.

Pauli betont daraufhin auch, dass es sich bei Zero Emission um ein neues Managementkonzept bzw. -instrument handelt (S. 113), das durch seinen systemischen Ansatz im Widerspruch zur traditionell-linearen Vorgehensweise – und damit auch zum in jüngster Zeit vielfach favorisierten Kernkompetenzansatz – steht. Durch die Zusammenführung verschiedener komplementärer Industrien zu Clustern wird ein Portfolio-Ansatz verfolgt, bei dem verschiedene Produkte und Nebenprodukte gezielt und bewusst in unterschiedliche industrielle Zyklen einfließen, wodurch laut Pauli (S. 129) eine größere Einkommensstabilität garantiert werden kann.

Für Unternehmensleitungen sind Paulis Gedanken und Beispiele echte Herausforderungen, da ein alternativer Weg zur Ertragssteigerung skizziert wird: statt linearer Kernkompetenzorientierung systemische Diversifizierung. Hinzu kommt, dass die Unternehmensleitung sich ggf. nicht nur in neue, unvertraute Branchen begeben muss, sondern auch der interdisziplinären Zusammenarbeit mit Biologen, Chemikern, Technikern etc. bedarf.

So faszinierend der von Pauli skizzierte Weg der Ertragssteigerung durch Abfallvermeidung auch aussieht, ist es dennoch nicht möglich, ihn vorurteilsfrei auf der Basis seines Buches zu beurteilen. Zwar gelingt es ihm durchaus, sein Konzept überzeugend zu vermitteln, dennoch bleibt das Buch selbst – und damit auch das Zero Emission Konzept – in doppelter Hinsicht unbefriedigend: Zum einen werden Argumentationen und Beispiele derart häufig wiederholt, dass die Leselust darunter leidet. Zum anderen zeichnet sich die gesamte Argumentation durch fehlende Distanz aus: Pauli ist Initiator und Gründer des Zero Emission Research Institutes (ZERI) und hat das

---

[23] Siehe z. B. Vester, Frederic: Die Kunst, vernetzt zu denken. Ideen und Werkzeuge für einen neuen Umgang mit Komplexität, Stuttgart 1999.

Zero Emission Konzept mitentwickelt; daraufhin fehlt die kritische Hinterfragung. Statt dessen drängt sich der Eindruck auf, Pauli habe den Stein der Weisen gefunden.

Zusammenfassend lässt sich somit lediglich konstatieren, dass das Konzept als solches interessant und zumindest potentiell für Unternehmen auch erfolgversprechend erscheint, aber erstens noch eine kritische Durchleuchtung durch Biologen, Chemiker und insbesondere Controller notwendig ist, und zweitens der Umsetzungserfolg ein höchst effizientes Management der konzeptimmanenten Komplexität erfordert. Die beschriebenen Beispiele zeigen, dass dies möglich ist; ob sich die gemachten Erfahrungen aber problemlos auch auf alle anderen Industrien übertragen lassen – wie von Pauli unterstellt – ist mit Recht anzuzweifeln.

PFEFFER, Jeffrey/SUTTON, Robert I.: Wie aus Wissen Taten werden. So schließen die besten Unternehmen die Umsetzungslücke

---

Frankfurt am Main/New York: Campus 2001. 298 S., geb.

Pfeffer und Sutton nehmen sich eines ebenso weit verbreiteten wie schwierig zu behandelnden Problems an: Unternehmen wissen zwar in vielen Fällen nicht nur, welche Probleme sie haben, sondern auch, wie sie diese in den Griff bekommen könnten – trotzdem wird die Lösung nicht umgesetzt. An diesem Zustand ändert sich häufig auch dann nichts, wenn in dem Unternehmen Weiterbildungsmaßnahmen, Seminare, Schulungen oder Unternehmensberater zum Einsatz kommen. Der Einfluss dieser Aktivitäten auf das tatsächliche Handeln der Führungskräfte war, so die Autoren, in vielen Fällen gering oder fehlte vollständig (S. 9). Wissen allein scheint nach diesen Erkenntnissen nicht zur Problemlösung auszureichen, so dass ein Forschungsprojekt aus der Taufe gehoben wurde, um zu klären, „weshalb Unternehmen trotz ihrer hoch qualifizierten Führungskräfte nicht in der Lage sind, die allgemein als nützlich und sinnvoll bekannten Maßnahmen zu ergreifen" (S. 10).

Die Autoren gehen aufgrund ihrer einschlägigen Erfahrungen davon aus, dass zur Lösung der Probleme nicht eine neue Managementstrategie im Sinne von Benchmarking, Lean Management, Total Quality Concept etc. erforderlich ist, da das Wissen zur Problemlösung grundsätzlich ja bereits vorhanden ist. Statt dessen halten sie eine Ursachenanalyse für erforderlich, die klärt, warum es nicht zur Umsetzung dieses Wissens kommt. Hierin liegt auch der wissenschaftliche Neuigkeitswert des Buches von Pfeffer und Sutton: Wodurch wird die Umsetzung von Wissen behindert und wie kann man diese Hürden abbauen? Adressaten des Buches sind daher in erster Linie Unternehmer und Manager von Betrieben; erst in zweiter Linie wendet sich dieses Buch an Wissenschaftler – vorrangig an jene, die sich mit der Frage effizienter Wissensvermittlung befassen.

Kernthema des Buches ist die Umsetzungsproblematik bzw. die vielfach bestehende Umsetzungslücke. Darunter verstehen die Autoren „die Unfähigkeit, Strategien zur Leistungssteigerung eines Unternehmens in die betriebliche Praxis umzusetzen" (S. 14). Hintergrund dieses vielfach beobachtbaren Zustandes ist, dass sich Wissen auf vielfältige Weise erwerben lässt, aber seine Umsetzbarkeit von der Art des Wissenserwerbs abhängt. Konkret bedeutet dies, dass man Wissen, das durch eigenes Handeln erworben wurde („handlungsbasiertes Wissen"), leichter und besser anwenden kann als rein „theoriebasiertes" Wissen. Kenntnisse, die aus Schulungsmaßnahmen, Literaturstudium etc. stammen, scheinen demnach nicht „handlungsadäquat" aufgearbeitet worden zu sein.[24]

Der inhaltliche Aufbau des Buches befasst sich, aufbauend auf diesen Feststellungen, mit vier Themenkomplexen. Im ersten Kapitel werden detaillierte Belege für die These erbracht, dass das Wissen über Problemlösungen allein nicht auch bereits zur Problemlösung ausreicht. Die folgenden fünf Kapitel wenden sich im Detail einzelnen Einflussfaktoren zu, die die Umsetzung des erforderlichen Problemlösungswissens verhindern. Hierzu gehört das Fehlen von Taten, die Beibehaltung von Gewohnheiten, die Blockadewirkung von Angst, der Fokus auf (irrelevante) Kennzahlen und die Forcierung unternehmensinternen Wettbewerbs, wobei den einschlägigen Problemschilderungen in jedem Fall Lösungsansätze nachgestellt werden. Im vorletzten Kapitel wird gezeigt, wie erfolgreiche Unternehmen mit der Umsetzungsproblematik umgegangen sind, während das letzte Kapitel die aus diesen Beobachtungen erlangten Schlussfolgerungen verdichtet. Auf diesem Wege wird es, so hoffen die Autoren, mehr Unternehmen ermöglicht, vorhandenes Wissen erfolgreich in die Tat umzusetzen.

Derzeit ist es jedoch in vielen Unternehmen so, dass massive Hürden einer effizienten Umsetzung vorhandenen Wissens im Wege stehen. Häufigstes Problem ist allem Anschein nach, dass viele Organisationen es beim Reden über Veränderungen belassen, anstatt die grundsätzlich angestrebten Veränderungen auch tatsächlich durchzuführen. Somit wird zwar geredet und ggf. auch eine Entscheidung getroffen, aber die Umsetzung bleibt einfach aus, wobei auch die Durchführung von Managementschulungen und die Einschaltung von Unternehmensberatungen dieses Problem in vielen Fällen nicht nur nicht beseitigen, sondern sogar noch verstärken.

Eine weitere Hürde besteht in eingefahrenen Gewohnheiten, die zwar einerseits einen wichtigen Beitrag zur Unternehmenskultur und zum Zusammengehörigkeitsgefühl leisten, andererseits aber auch Handlungen verhindern können („Das haben wir noch nie so gemacht!"). Eine verwandte Schwierigkeit ist die Nutzung von Kennzahlensystemen, die in vielen Fällen nicht richtig justiert sind und entweder zu viele Dinge messen und so die wesentlichen Informationen überdecken oder direkt auf ungeeignete Messgrößen abstellen.

Große Schwierigkeiten verursacht auch „angstbasiertes Management", das auf eine absichtliche oder unabsichtliche Einschüchterung der Mitarbeiter abstellt. Pfeffer und Sutton erklären hierzu explizit: „Der Standpunkt, Mitarbeiter gut zu behandeln und zu schätzen, gilt leider immer noch in vielen Unternehmen als Zeichen von Nachgiebigkeit und fehlenden Geschäftssinn." (S. 119). Unterstellt wird bei derartigem Managementverhalten, dass Beschäftigte nur arbeiten, wenn sie unter Druck gesetzt und überwacht werden. Paradoxerweise wundern sich diese Unternehmen dann allerdings, warum ihre Mitarbeiter nicht bereit sind, sich mit kreativen Vorschlägen „aus

---

[24] Diese Erkenntnis ist grundsätzlich für alle Bildungsträger von Bedeutung. Sofern diese Beobachtungen verallgemeinerbar sind, bedeutet dies, dass Bildungsangebote verstärkt auf „handlungsbasiertes" Wissen setzen sollten, da dieses effizienter im Sinne einer besseren und leichteren Übertragung in die Praxis ist.

der Deckung zu wagen". Eine durchaus verwandte, allerdings im Detail anders geartete Schwierigkeit liegt in dem Umstand, dass viele Unternehmen zur Leistungssteigerung gezielt auf internen Wettbewerb setzen. Während dies grundsätzlich – und auf volkswirtschaftlicher Ebene – durchaus positive Leistungen hervorruft, kann ein starkes internes Konkurrenzdenken zu perversen Konsequenzen führen: So führt interner Wettbewerb unter Umständen sogar zu einer Schädigung der Unternehmung, weil jene Bereiche, die Vorsprünge erzielt haben, dieses Wissen nicht teilen, da sie in den anderen Beschäftigten nicht Kollegen, sondern Konkurrenten sehen.

Anhand von drei Unternehmensbeispielen (British Petroleum, Barclays Global Investors und New Zealand Post) wird aber auch deutlich gemacht, dass man konsequent diese Hürden vermeiden und/oder beseitigen kann. Die Studie mündet in Konzepten für die Schließung der Umsetzungslücke, wobei den Autoren durchaus bewusst ist, dass sie selbst mit ihrem Buch auch lediglich „theoriebasiertes" und kein „handlungsbasiertes" Wissen schaffen. Als Ansatzpunkte werden acht Tipps genannt: (1) Unternehmensphilosophie, (2) Weitergabe des Wissens, (3) Handeln statt Planen, (4) Fehler als Lernprozess betrachten, (5) Angst bekämpfen, (6) firmeninterne Konkurrenz vermeiden, (7) Beschränkung auf das Wesentliche und (8) die Rolle der Führungskräfte.

Pfeffer und Sutton haben mit ihrem Buch eine Arbeit geleistet, die von kaum zu unterschätzender Bedeutung für die Unternehmenspraxis sind. Organisationen in allen Bereichen – keinesfalls nur Unternehmen – wird mit Hilfe des vorliegenden Bandes eine wichtige Hilfe zur Verfügung gestellt, die es ihnen ermöglicht, sich im Wettbewerb besser zu platzieren und/oder ihre Leistungen besser zu erbringen. Der größte Verdienst der Autoren besteht darin, dass sie mit dem Buch Wege zur besseren Übertragung betriebswirtschaftlichen Know Hows in die Alltagswelt der Unternehmen aufgezeigt haben. Darin liegen erhebliche Einsparpotentiale für die Unternehmen. Bekanntermaßen scheitern komplexere Veränderungsprojekte in ca. 60 % aller Fälle bei der Umsetzung. Mit Hilfe dieses Buch werden erstens Wege zur Verbesserung der „Umsetzungsbilanz" aufgezeigt und zweitens kann vielfach auf (zusätzliche) kostenträchtige Beratungsprojekte etc. verzichtet werden. Zugleich geben die Autoren aber auch der Wissenschaft einen wichtigen Impuls, da sich durch ihre Beobachtung, dass handlungsbasiertes Wissen in der Regel rein theoriegetragenem Wissen hinsichtlich der Wissensumsetzung überlegen ist, die Frage stellt, wie man zukünftig sinnvollerweise eine möglichst effiziente Wissensvermittlung erreichen kann.

PIPER, Nikolaus: Felix und das liebe Geld. Roman vom Reichwerden und anderen wichtigen Dingen

---

Weinheim/Basel: Beltz & Gelberg 1998, 373 S., geb.

Piper hat sich auf ein anspruchsvolles Unterfangen eingelassen: Ein Jugendbuch schreiben, dass gleichzeitig eine Einführung in die Wirtschaft und ein Krimi ist.

Erzählt wird die Geschichte von Felix und seinen Freunden Peter und Gianna, die beschließen, reich zu werden. Die Gründe für dieses Vorhaben sind durchaus unterschiedlich: Bei Felix ist das Streiten seiner Eltern über das nie reichende Geld der Anlass, bei Peter der Glaube, dass Mädchen reiche Jungs bevorzugen, und bei Gianna die Feststellung ihrer Großmutter, dass eine Frau eigenes Geld brauche, um von Männern unabhängig zu sein. Vor diesem Hintergrund versuchen die drei durch Sparen, Arbeiten und Spekulieren ihr Ziel zu erreichen. Ein Warentermingeschäft ist dann auch der Ausgangspunkt für die Krimihandlung, als die drei einem betrügerischen Anlagevermittler aufsitzen. In den verschiedenen Kapiteln lernen die Helden in ihrem Bemühen um Reichtum unterschiedliche Teile des Wirtschaftslebens kennen, teils durch eigene Erfahrung, teils durch die Erzählungen eines väterlichen Freundes namens Adam Schmitz.

Der Eindruck, den das Buch hinterlässt, ist ähnlich zwiespältig wie das Konzept. Dies resultiert aus dem Umstand, dass Piper verschiedene Ziele verfolgt hat, die durchaus widersprüchlich sind. Erstens wollte er jungen Lesern Grundkenntnisse aus Betriebs- und Volkswirtschaftslehre vermitteln, wodurch der Haupterzählstrang zustande kommt und was zu dem im Anhang befindlichen kleinen Wirtschaftslexikon führte. Zweitens wollte er eine spannende Geschichte schreiben, die auch gelesen wird, was sich in der Krimihandlung niederschlägt. Zudem wollte er drittens noch erzieherisch wirken, weshalb er einen weiteren Erzählstrang mit historisch-politischen Elementen (Judenverfolgung und Drittes Reich) eingeflochten hat. In der Konsequenz standen sich die drei Ziele jedoch gegenseitig im Wege, so dass ein Buch voller Kompromisse entstanden ist, dass daraufhin zwar nicht der große Wurf, aber dennoch eine spannende und informative Lektüre geworden ist.

POSTMAN, Neil: Die zweite Aufklärung. Vom 18. ins 21. Jahrhundert

---

Berlin: Berlin 1999. 253 S., geb.

Kern von Postmans Überlegungen ist der Gedanke, dass es für eine gedeihliche Entwicklung der Menschheit im 21. Jahrhundert mehr als sinnvoll ist, „ein paar gute Ideen dorthin mitzunehmen" (S. 21). Für die Suche nach geeigneten guten Ideen hält er das 18. Jahrhundert, das Zeitalter der Aufklärung, für einen besonders fruchtbaren Boden, da zu der Zeit eine Unzahl guter Ideen entstanden ist, die von zeitlos großem Wert sind.

Zu diesen Ideen, die Postman in besonderer Weise am Herzen liegen, zählen u. a. der Fortschrittsgedanke, die Rolle von Technologie und Wissen, die Funktion der Sprache, das Leitbild moralischen Handelns, die Gestaltung von Demokratie, die Bedeutung von Erziehung und die Bedrohung der Kindheit. In all diesen Bereichen sieht er die Gefahr, dass die Menschheit auf dem Wege ihrer Weiterentwicklung, aus Nachlässigkeit oder aufgrund entgegenstehender Interessen den bereits erreichten zivilisatorischen Stand wieder verliert und sich fahrlässig vielfältigen Bedrohungen aussetzt. Der Rückgriff auf die Aufklärung dient ihm dabei als eine Möglichkeit zur Bewusstmachung, worum damals gerungen wurde und was jetzt auf dem Spiel steht. Das 18. Jahrhundert wird dabei weder glorifiziert noch als Vorbild genommen, dem es nachzueifern gilt. Statt dessen destilliert Postman heraus, was ihm wertvoll und bewahrenswert erscheint.

Postmans Buch ist ein wichtiger Beitrag zur aktuell ablaufenden Milleniumshysterie: Eine eminent politische Einmischung, die zugleich moderne Zivilisationskritik übt und einen subjektiv gefärbten Leitfaden zur gezielten Bewahrung wertvoller Errungenschaften offeriert. Namentlich seine Ausführungen zur Erziehung sind eine Mahnung für Bildungspolitiker und Erzieher gleichermaßen.

PRANTL, Heribert: Kein schöner Land. Die Zerstörung der sozialen Gerechtigkeit

München: Droemer 2005. 208 S., br., € 13,40 (GP)

Gute politische Bücher, gut geschrieben – wie selten kommt das vor. Uns dann fällt einem ein Buch wie dieses in die Finger, und man atmet erleichtert auf!

Prantl hat sich geärgert, das merkt man ihm an. Aber anders als Lafontaine in seinem Buch „Politik für alle" oder Müntefering in seinen Aussagen zur Kapitalismus-Kritik argumentiert Prantl fundiert. Er kritisiert die Standort-Debatte als einseitig und verurteilt die primitive Ökonomisierung aller Lebensbereiche. Seine Ausgangsposition ist dabei diejenige eines überzeugten Anhängers der Sozialen Marktwirtschaft, wie sie jahrzehntelang die Bundesrepublik Deutschland geprägt hat. Vor diesem Hintergrund erläutert er zunächst den Sinn und die Notwendigkeit einer Sozialpolitik.

Seitens der Unternehmen, ihrer Verbände und jener Politik und Journalisten, die ihnen hörig sind, wird unter Verweis auf die Kosten immer wieder der Abbau des Sozialstaats gefordert. Prantl hält ihnen entgegen: „Sozialstaat und Demokratie gehören zusammen, sie bilden eine Einheit. Wer den Sozialstaat beerdigen will, der muß ein Doppelgrab bestellen." (S. 32) Das Soziale in der sozialen Marktwirtschaft besteht darin, dass gerade die Armen und Schwachen trotz ihrer Armut und Schwäche keine Angst um ihre Existenz haben müssen. Zur Bewältigung der Herausforderungen, die die Zukunft bereit hält braucht man Mut und Kraft – beides ist leichter aufzubringen, wenn eine Absicherung für den Fall des Scheiterns besteht!

Auf diesem Grundbekenntnis aufbauend skizziert Prantl Wege, wie man den Sozialstaat bezahlen kann, wie man ihn gerechter gestalten kann, wie man die Ausgegrenzten wieder einbinden kann. Er sieht den Sozialstaat als einen Staat, der zumindest annähernd Chancengleichheit bietet, der Entwicklung – auch individuelle – ermöglicht. Und so hält er unter Verweis auf Demonstrationen in den letzten Jahren fest: „Die europaweiten Proteste fordern von ihren Regierungen, in einer globalisierten Welt für ein gewisses Maß an ökonomischem Anstand zu sorgen. ... In Westeuropa wächst der Reichtum und zugleich mit ihm die Armut. Das spricht nicht gegen, sondern für eine Reaktivierung des Sozialstaats." (S. 205).

Prantls Buch führt die aktuellen Diskussionen, die zwischen Sozialneid-Vorwurf und fundamentaler Kapitalismus-Kritik hin und her wogen, auf eine sachliche Ebene zurück. Mit Leidenschaft und Engagement vertritt er seine Positionen, und es ist zu wünschen, dass sein Buch viele Leser gewinnt. Denn bereits das Zitat auf der Vorderseite des Buches macht die Problematik in ihrer ganzen Brisanz deutlich: „Der Sozialstaat ist Heimat. Beschimpfen kann ihn nur der, der keine Heimat braucht. Und den

Abriß wird nur der verlangen, der in seiner eigenen Villa wohnt. Ob er sich dort noch sehr lange wohl fühlen würde, ist aber fraglich."

RAMGE, Thomas: Die großen Polit-Skandale. Eine andere Geschichte der Bundesrepublik

---

Frankfurt: Campus 2003. 278 S., geb.

Ein großer Politskandal alle viereinhalb Jahre – ist das die Geschichte der Bundesrepublik Deutschland? Ja sie ist es, zumindest wenn man dem Buch von Thomas Ramge folgt. Insgesamt zwölf Skandale großen und ganz großen Kalibers hat er ausgewählt und ruft sie dem Leser wieder in Erinnerung. Von 1949, der Wahl Bonns zur Bundeshauptstadt über die Spiegelaffäre (1962), den Fall Guillaume (1974), die Machenschaften Uwe Barschels (1987) bis zu Helmut Kohls „Ehrenwort" und seinen schwarzen Kassen reicht die Palette.

Anhand der jeweiligen, ggf. mehrfach auftretenden Protagonisten (Helmut Kohl) nimmt Ramge den Leser mit auf diese Zeitreise, skizziert den zeitlichen Hintergrund und beschreibt dann das skandalöse Geschehen. Beabsichtigt ist dabei keineswegs eine vollständige Aufarbeitung des Einzelfalls, sondern mehr ein Kurzbericht, der sich nur auf das Wesentliche konzentriert.

Insgesamt ist es ein etwas merkwürdiges Buch, das da vor einem liegt: Einerseits signalisiert es, dass Skandale etwas durchaus übliches sind, schließlich kommen sie ja häufig genug vor. Andererseits, so Ramge unter Verweis auf Theodor Fontane am Schluss seines Vorwortes, machen Skandale das ganze Leben erst richtig spannend und aufregend. Etwas gewöhnungsbedürftig ist auch die von Ramge gewählte Form der Reportage, denn durch das „Begleiten der Protagonisten" entsteht eine gewisse Nähe zur Kolportage der Skandale: Aufregend, bunt, spannend, aber ohne große Nachwirkung und schon gar nicht so ganz ernst zu nehmen. Dementsprechend ist auch das Buch sehr spannend und gut lesbar ausgefallen, aber von begrenztem Erinnerungswert.

RICHTER, Jörg: Grundsätze ordnungsmäßiger Finanzberatung. Normensystem zur Gestaltung und Prüfung von Finanzberatungen

---

Bad Soden: Uhlenbruch 2001. 359 S., br.

Angesichts der sich in Deutschland recht lebhaft entwickelnden Finanzberatungsbranche hat sich Jörg Richter eines wesentlichen Themas angenommen, nämlich der Entwicklung eines Systems von Grundsätzen für die ordnungsmäßige Durchführung von Finanzberatungen. Hintergrund für diese Bemühungen sind zum einen Richters eigene Aktivitäten in diesem Sektor, zum anderen die vielfältigen Skandale in Zusammenhang mit Finanzberatungsdiensten. Die dafür von ihm gewählte Vorgehensweise ist geradezu klassisch zu nennen: Das erste Kapitel dient der Einführung und skizziert dafür den theoretischen Rahmen ebenso wie den Gang der Untersuchung. Das zweite Kapitel definiert den Untersuchungsgegenstand „Finanzberatung" und ordnet ihn in ein Koordinatensystem aus Dienstleistungstheorie, Bank- und Versicherungsbetriebslehre sowie der Finanzökonomie ein. Das dritte Kapitel dient der Festlegung eines Determinantenrahmens, innerhalb dessen die im folgenden Abschnitt herausgearbeiteten Grundsätze angesiedelt sind. Vor dem Hintergrund dieser Grundsätze konkretisiert Richter im fünften Kapitel ihre Anwendung in Form von Verhaltenspflichten, während das sechste Kapitel der Zusammenfassung dient.

Die wesentlichen Teile der Arbeit finden sich in den Kapiteln drei, vier und fünf. Dabei kommt insbesondere dem dritten Kapitel ein erhebliches Gewicht zu, denn Richter steht vor der Herausforderung, Grundsätze ordnungsmäßiger Finanzberatung nicht nur festzulegen, sondern ebenso nachvollziehbar wie überzeugend in einen theoretischen fundierten Rahmen einzubetten. Hierin liegt übrigens auch bereits einer der Hauptunterschiede zwischen den von ihm erarbeiteten Grundsätzen ordnungsmäßiger Finanzberatung und verwandten Grundsätzen, wie z. B. jenen der ordnungsmäßigen Buchhaltung: Die Grundsätze sind neu und bedürfen einer stringenten Herleitung, um jenseits pragmatischer Anwendung Gewicht zu erlangen. Konsequenterweise stellt Richter sich die Frage, welche verschiedenen Einflussbereiche es bei der Grundsatzentwicklung zu beachten gilt. Er gelangt dabei zu dem Schluss, dass sich fünf verschiedene Einflüsse isolieren lassen. Im Einzelnen handelt es sich dabei um (1) die Ethikforschung, (2) die Qualitätsforschung, (3) die Verhaltensforschung, (4) die Verbraucherpolitik und (5) die Rechtswissenschaft. Richter führt somit gezielt Bestimmungsfaktoren aus verschiedenen Disziplinen zusammen, mit der Konsequenz, dass die von ihm erarbeiteten Grundsätze sowohl theoretisch wie auch praktisch auf einem stabilen Fundament basieren. Dies wird noch einmal anschaulich verdeutlicht in der das Kapitel beendenden Übersicht, die die einzelnen Determinanten aufführt und ihre jeweilige Ursprungsdimension nennt.

Im vierten Kapitel werden dann endlich die Grundsätze selbst entwickelt und formuliert. Insgesamt gelangt er zu zwölf Grundsätzen. Deren oberster ist der (1) Grundsatz der Beratung im bestmöglichen Kundeninteresse. Seinen „Widerpart" im Sinne eines „das Grundsatzsystem begrenzenden Grundsatzes" bildet der (2) Grundsatz der Legalität. Dann finden sich vier Grundsätze zur Berufsausübung des Finanzberaters, nämlich der (3) Grundsatz der Beratung mit der notwendigen Qualifikation, der (4) Grundsatz der Sorgfalt und Gewissenhaftigkeit, der (5) Grundsatz der Verschwiegenheit sowie der (6) Grundsatz der Unabhängigkeit des Beraters. Aufgrund der Dienstleistungsart, die von Finanzberatern angeboten wird, kommt der Kommunikation eine besondere Bedeutung zu. Dies führt zu vier Grundsätzen der Kommunikation, nämlich des (7) Grundsatzes der wahren und vollständigen Information, des (8) Grundsatzes der verständlichen Kommunikation, des (9) Grundsatzes der sachlichen Kommunikation und des (10) Grundsatzes der Dokumentation. Da die Finanzberatungsdienstleistung nur unter Mitwirkung des Kunden erbracht werden kann, schließt Richter verdienstvollerweise diesen in seine Grundsätze mit ein. Konsequenterweise führt er einen (11) Grundsatz der Mitwirkungspflicht des Kunden ebenso auf wie den abschließenden (12) Grundsatz der Aufklärungspflicht über mögliche Verstöße gegen Grundsätze ordnungsmäßiger Finanzberatung. Diese Grundsätze werden einzeln hergeleitet und begründet.

Aber mit diesen Ausführungen gibt sich Richter noch nicht zufrieden, denn Grundsätze ordnungsmäßiger Finanzberatung sind wenig hilfreich, wenn sich aus ihnen nicht konkrete Verhaltenspflichten ergeben. Diesen wiederum geht Richter im fünften Kapitel nach und gelangt dabei zu 21 Verhaltenspflichten, die sich über den gesamten Zeitraum von der Auftragsklärung über die Datenerfassung und Beratung bis zur Umsetzung erstrecken. Im Ergebnis wird ein Handlungsrahmen von ihm skizziert, der die Rechte und Pflichten der an einer Finanzberatung Beteiligten genau abstecken.

Vor diesem Hintergrund hat Richter ein beispielhaftes Buch vorgelegt, das sowohl durch seinen theoretischen Anspruch überzeugt, insbesondere in der Herleitung der verschiedenen Grundsätze aus unterschiedlichen Disziplinen und Forschungsbereichen, aber zugleich auch einen sehr konkreten praktischen Nutzen aufweist. Dieser Nutzen der Grundsätze ordnungsmäßiger Finanzberatung erstreckt sich wiederum auf mehrere Dimensionen: Erstens weiß der Finanzberater, welche Aufgaben und Pflichten er hat – und kann diese anhand der Grundsätze überprüfen und sich auf diese Weise auch rechtlich absichern. Zweitens können Kunden von Finanzberatern anhand der publik gemachten Grundsätze ihre Erwartungen konkretisieren sowie das Verhalten des Beraters überprüfen. Drittens ist für die Wissenschaft, insbesondere für die Bank- und Versicherungsbetriebslehre, wertvolle Grundlagenforschung für eine weitergehende Beschäftigung mit dem Bereich der Finanzberatung durchgeführt worden. Viertens, und dies ist angesichts der derzeit laufenden Prozesse gegen Finanzberater von außerordentlicher Aktualität, wird Richtern, Staatsanwälten und Verteidigern ein Instrumentarium an die Hand gegeben, mit dessen Hilfe sie das Verhalten der Finanzberater überprüfen können.

Richter ist auf diese Weise nicht nur ein Theoriefortschritt gelungen, sondern vor allem auch ein wesentlicher Beitrag zur Rechtsentwicklung – sofern die von ihm aus der Theorie abgeleiteten Grundsätze auch in der Rechts- und Wirtschaftspraxis Anwendung finden. Dies wäre den Grundsätzen nicht nur aufgrund der Mühe zu wünschen, die Richter in ihre Erarbeitung investiert hat, sondern auch wegen der Chance die sie für den gesamten Finanzberatungssektor darstellen. Vor diesem Hintergrund ist das Buch eine empfehlenswerte Lektüre nicht nur für Wirtschaftswissenschaftler, sondern auch für alle Finanzberater, sondern auch für die einschlägigen Verbandsfunktionäre, Fachjuristen sowie – last but not least – die Vertreter der prüfenden und beratenden Berufe.

RISSE, Stefan: Manager außer Kontrolle. Wie Gier und Größenwahn unsere Wirtschaft ruinieren

---

München: Econ 2003. 256 S., geb.

Und noch ein Buch mehr, in dem auf die Topmanager eingehauen wird, ist man zunächst versucht zu stöhnen. Schließlich gibt es im Gefolge der „Nieten in Nadelstreifen" und des Börsenabschwungs zahlreiche Autoren, die mehr oder weniger sachlich deutsche und internationale Unternehmensleiter kritisieren. Es ist zwar in der Regel ganz nett zu lesen, wenn auf die Reichen und Mächtigen eingedroschen wird, aber letztendlich doch etwas unbefriedigend – und zum Teil schwingt bei den Anklägern auch mehr als nur ein Quäntchen Neid mit.

Auf den zweiten Blick ist das von Stefan Riße, dem Wirtschaftsjournalisten von n-tv, vorgelegte Buch aber dann doch wesentlich gehaltvoller als die meisten anderen, stärker populistisch angehauchten Werke zu dieser Materie. Zwar arbeitet auch Riße vorzugsweise mit Beispielen und mit wenig Bezug zur betriebs- oder verhaltenswissenschaftlichen Theorie, aber er bleibt nicht darin stecken. Deutlich wird jedenfalls, dass bei vielen Unternehmen ein Auseinanderfallen zwischen dem getragenen Risiko und erzielten Einkommen besteht: Deutschlands größte Unternehmen werden geleitet von Angestellten, die nur in geringem Maße an dem von ihnen geführten Unternehmen auch beteiligt sind. Zugleich ist es ihnen aber gelungen, ihr eigenes Einkommen sowohl von der allgemeinen Lohnentwicklung als auch vom Aktienkurs so weitgehend abzukoppeln, dass die Financial Times Deutschland bereits gelästert hat, dass fallende Aktienkurse zu steigenden Topmanagergehältern führen. Risse belegt dies an zahlreichen Beispielen und mit einer Tendenz zur Verallgemeinerung – so weit nichts Neues. Der wesentliche Gehalt des Buches besteht denn auch weniger in den Beispielen selbst, die letztlich zumindest für den Leser der Wirtschaftspresse nichts Neues darstellen, sondern in einer informativ aufbereiteten Zusammenfassung bekannter Missstände. Der besondere Wert des Buches liegt denn auch in der Präsentation von Vorschlägen, wie die bekannten Missstände beseitigt werden können. Riße legt hier einen Acht-Punkte-Katalog vor, der in äußerster Kürze auf Veränderungsmöglichkeiten im Haftungs-, Vertrags-, Aufsichts- und Strafrecht hinweist, wobei er sich allerdings die mühsame Formulierung von Detailvorschlägen spart.

Zusammenfassend lässt sich konstatieren, dass Riße ein hervorragend lesbares und hoch informatives Buch über tendenziell bekannte Missstände bei Aktiengesellschaften vorgelegt hat, abgerundet durch knappe, aber durchaus praktikable Vorschläge zu deren Beseitigung. Aufgrund dieser Mischung ragt der Band nicht nur aus der Vielzahl ähnlicher Bücher zu diesem Thema heraus, sondern bietet einen durchaus ernstzunehmenden ersten Diskussionsbeitrag zur Diskussion über die Unternehmensüberwachung, den sich Politiker, Wissenschaftler und Unternehmensaufseher zu Herzen nehmen sollten.

ROSE, Mathew D.: Eine ehrenwerte Gesellschaft. Die Bankgesellschaft Berlin

---

Berlin: Transit 2003. 232 S., geb.

Die Pleite hatte eine lange Vorgeschichte, aber dafür wurde sie umso teurer: Die Bankgesellschaft Berlin, entstanden durch einen eher formalen denn tatsächlichen Zusammenschluss dreier Banken, hat es geschafft, gleichzeitig die größte Bankenpleite Deutschlands zu werden und die Berliner Bevölkerung auf Jahrzehnte hinaus in wirtschaftlicher und sozialer Hinsicht zu schädigen.

Möglich wurde dies durch eine Verbindung von wirtschaftlichem und politischem Größenwahn einerseits und dem für das Land Berlin typischen doppelten Politfilz in den Farben schwarz und rot andererseits. Vor diesem Hintergrund hatten bereits die ursprünglichen drei Einzelbanken (Berliner Bank, Landesbank Berlin und der Berliner

Hypotheken- und Pfandbriefbank) die sich alle vollständig oder zumindest überwiegend in staatlichem Eigentum befanden, mehr oder weniger große wirtschaftliche Probleme: Alle drei Institute waren geprägt vom geografischen wie politischen Eingeschlossensein der Stadt Berlin und eingebunden in das politische Beziehungs- und Entscheidungsnetzwerk. Durch ihre Fusion entstand zwar 1994 eine der größten deutschen Banken, aber als ein Institut ohne klare Konzeption, das sich zumindest teilweise sogar bereits in wirtschaftlichen Schwierigkeiten befand. Diese Schwierigkeiten wurden durch schlechte Unternehmensführung und die Instrumentalisierung der Bank für politische Zwecke gefördert und verstärkt, bis es letztlich zum spektakulären Zusammenbruch der Bank kam.

Voller Engagement und Detailkenntnis schildert Rose, wie es zu einem derartig gewaltigen Schaden in wirtschaftlicher, finanzieller und auch politischer Hinsicht kommen konnte. Angesichts des Ausmaßes der Affäre stören seine gelegentlichen polemischen Überspitzungen nicht; hilfreich wären aber angesichts der Komplexität der Materie die Bereitstellung von Übersichten über personelle und wirtschaftliche Verflechtungen im Berliner Finanz- und Politklüngel sowie ein Register.

Insgesamt entwirft das Buch von Rose das Doppel-Porträt einer Stadt und ihrer Bank, geführt und verführt von Selbstbedienungsmentalität, Größenwahn und Unvermögen – zum Schaden all derer, denen sie eigentlich hatten dienen sollen, nämlich den Bürgern und Steuerzahlern.

RUNKEL, Gunter: Genossenschaft, Repräsentation und Partizipation

Münster/Hamburg/London: LIT 2003, 200 S., br.

Runkel befasst sich in dem vorliegenden Buch mit einem ebenso spannenden wie klassischen Thema, nämlich dem Wandel von Genossenschaften im Laufe der Zeit. Diese Problematik stellt Runkel in einen Bezug zur soziologischen Thematik von Repräsentation und Partizipation, also den Vertretungs- und Mitwirkungsstrukturen. Als Untersuchungsobjekt zieht er dafür eine klassischen Organisationsform heran, nämlich die Form der Produktivgenossenschaft – hier am Beispiel des Gerätewerks Matrei. Ausdrücklich hebt er in der Einleitung hervor, die gegenseitige Beeinflussung von Theorie und Praxis von Genossenschaften untersuchen zu wollen, da „ein großer Bedarf der Umsetzbarkeit und Nutzbarkeit der theoretischen, empirischen und praktischen Analysen für Genossenschaften" besteht (S. 5). Versucht wird nicht mehr und nicht weniger als eine „Soziologie der Genossenschaft", um mit Hilfe des Untersuchungsobjektes Produktivgenossenschaft „neue Perspektiven für Fragen der Gemeinschaftsbildung, Repräsentation und Partizipation zu eröffnen" (S. 5).

Der erste Teil des Buches steht unter dem Titel Soziologie und Genossenschaft. In diesem Abschnitt finden sich knapp gefasste und durchaus informative Kurzdarstellungen wesentlicher Analyse-Konzepte. Runkel skizziert hier die struktur-funktionale Theorie von Talcott Parsons, die Systemtheorie von Niklas Luhmann sowie die Rational Choice Theorie und die Spieltheorie, um auf diese Weise die theoretischen Grundlagen für die nachfolgenden Betrachtungen zu legen.

Der zweite Teil steht unter dem Titel Genossenschaft und Genossenschaftstheorie, der konzeptionell durchaus gelungen ist. So wird die Genossenschaftstheorie bis hin zur Anwendung des Prinzipal-Agenten-Ansatz dargestellt und verschiedene Formen der Genossenschaft (Konsumgenossenschaften, Wohnungsbaugenossenschaften, Produktivgenossenschaften) vorgestellt. Dass diese Auswahl etwas willkürlich erscheint und die klassischen Fördergenossenschaften sowie die Kreditgenossenschaften nicht auftauchen, ist angesichts der thematischen Zielrichtung, nämlich der Produktivgenossenschaft Gerätewerk Matrei durchaus verkraftbar. Für eine „Soziologie der Genossenschaft" wären nach Meinung des Rezensenten allerdings auch diese Formen zu betrachten, stellen sie doch die Mehrheit der derzeit existierenden Genossenschaften dar, ganz zu schweigen von ihrer ökonomischen Bedeutung. Etwas überraschender ist in diesem Kontext allerdings schon, dass Runkel anlässlich der Anwendung der Prinzipal-Agenten-Theorie auf die Genossenschaften lediglich auf James S. Coleman und Rudolf Richter verweist (S. 43), aber die einschlägigen genossenschaftsspezifischen Arbeiten, u. a. von Holger Bonus und Rolf Greve, nicht anspricht.

Im dritten Teil wird explizit auf die Verknüpfung der Organisationsform Genossenschaft mit den Aspekten Repräsentation und Partizipation eingegangen, wofür eine Brücke geschlagen wird zwischen den soziologischen Klassikern seit dem Anfang des 20. Jahrhunderts bis zu den Genossenschaftsforschern. Diese Ausführungen sind im wesentlichen durchaus interessant, auch wenn sich der fachkundige Leser wundert, dass bei den genossenschaftsspezifischen Verweisen fast ausschließlich auf Literatur zurückgegriffen wird, die bis 1990 erschienen ist. Diese Vorgehensweise überrascht insofern, da gerade im Gefolge der deutschen Vereinigung durch die ostdeutschen Genossenschaften eine Vielzahl von Produktivgenossenschaften für eine Bereicherung des Typenspektrums und erhebliche Diskussionen in Wissenschaft und Praxis sorgten.

Vollständige Verblüffung stellte sich allerdings bei der Lektüre des vierten Teils, der empirischen Untersuchung des Gerätewerks Matrei ein. Diese empirische Untersuchung hatte nämlich nicht , wie bei einem Buch aus dem Jahr 2003 zu vermuten gewesen wäre, Anfang des 21. Jahrhunderts statt gefunden. Die erste Erhebung war im Mai 1985 durchgeführt worden (S. 111), die zweite im Frühjahr 1989 (S. 111). Die Ergebnisse dieser Befragung in Verbindung mit Daten aus den Jahresabschlüssen der selben Jahre werden umfangreich und detailliert präsentiert. Der Umstand, dass seit den beiden Erhebungen mehr als ein Dutzend Jahre vergangen ist, in denen sich die Welt, die Genossenschaften und mit Sicherheit auch das Gerätewerk Matrei weiterentwickelt haben, wird von Runkel mit keinem Wort erwähnt!

Wie es Runkel schaffen will, auf der Basis veralteter Daten und unter nahezu vollständiger Vermeidung aktueller Literatur „neue Perspektiven für Fragen der Gemeinschaftsbildung, Repräsentation und Partizipation zu eröffnen" (S. 5) ist dem Rezenten nicht ersichtlich. Insgesamt erweckt das Buch erweckt den Eindruck, als habe der Verfasser weite Teile davon noch in seiner Schublade liegen gehabt und hätte dann den Wunsch verspürt, diese notdürftig zusammengeleimt und unter Verzicht auf Aktualisierungen oder das Studium jüngerer einschlägiger Literatur zu veröffentlichen. Dass die Herkunft mancher Daten im Dunkeln bleibt (z. B. die Angaben über die polnischen Genossenschaften auf S. 58) und manche Graphiken nicht nachvollziehbar sind (z. B. eine Tortengraphik auf S. 139: Die Legende zeigt fünf Werte, die Torte enthält aber nur vier Zahlen und farblich lassen sich nur zwei Segmente unterscheiden) rundet den schlechten Gesamteindruck ab.

SACHS, Jeffrey D.: Das Ende der Armut: Ein ökonomisches Programm für eine gerechtere Welt

---

Berlin: Siedler 2005. 477 S., geb.

Es ist ein sehr ehrgeiziges Ziel, das Jeffrey Sachs hier verfolgt: Ein Konzept vorzulegen, bei dessen Befolgung die extreme Armut in der Welt innerhalb der nächsten 20 Jahre abgeschafft wird!

Unter extremer Armut wird dabei ein Zustand verstanden, bei dem die Haushalte die Grundbedürfnisse zum Überleben nicht befriedigen können (S. 33). Als Maßgröße für diesen Zustand der Armut wird ein Einkommen von unter einem Dollar pro Tag und Kopf verwendet. Die anderen Formen der Armut, die gemäßigte und die relative, sind im Vergleich bereits mit höheren Einkommen verbunden. Sachs weist in diesem Zusammenhang darauf hin, dass während der letzten Jahre die Zahl und der Bevölkerungsanteil der gemäßigt Armen deutlich zugenommen hat – weil während der letzten 20 Jahre Zahl und Anteil der extrem Armen abgenommen hat. Beispielhaft hierfür sind insbesondere die Regionen in Ost- und Südasien, wo es vielen Ländern gelungen ist, die ersten Sprossen der Entwicklungsleiter zu erklimmen. Verschärft hat sich hingegen die Situation in Schwarzafrika, wo die extreme Armut erheblich zugenommen hat.

Aber auch hier ist die Situation nicht hoffnungslos. Grundsätzliche Ansatzpunkte sind wie überall: Sparen, Handel, Technik und Wirtschaft sowie Ausbau der Ressourcen. Dass die schwarzafrikanischen Länder trotzdem bisher nur geringe Fortschritte, wenn nicht sogar Rückschritte gemacht haben, liegt – wie Sachs überzeugend nachweist – nicht an schlechten Regierungen oder eigener Lethargie, sondern darin, dass sie in einer Armutsfalle gefangen sind: Die Armut selbst ist Ursache wirtschaftlicher Stagnation (S. 75) – in Verbindung mit ungünstigen geoklimatischen Bedingungen.

Vor diem Hintergrund konstatiert Sachs: „Das Hauptziel besteht darin, den ärmsten Ländern dabei zu helfen, den Fuß auf die unterste Sprosse zu setzen. Die reichen Länder sind nicht aufgefordert, so viel Geld in die armen Länder zu stecken, dass diese schnell reich werden; sie müssen nur so viel investieren, dass diese Länder überhaupt auf die Leiter kommen." (S. 95) Erforderlich ist somit auf globaler Ebene eine Hilfe zur Selbsthilfe!

Dass dies möglich ist, belegen die von Sachs vorgetragenen eigenen Erfahrungen ebenso wie die referierten eigenen und fremden Forschungsergebnisse. Das Wichtigste in diesem Zusammenhang ist dabei die Erkenntnis, dass eine solche Unterstützung eindeutig auch im Interesse der designierten Zahler-Länder ist: Denn dadurch würden sich nicht nur die Absatzchancen für Produkte der Industrieländer verbessern, sondern zugleich dürfte der Migrationsdruck nach Amerika und Europa abnehmen.

Hinsichtlich des erforderlichen Finanzvolumens ergeben die Berechnungen von Sachs, dass beispielsweise für das Jahr 2006 öffentliche Entwicklungshilfe in einem

Umfang von 135 Milliarden Dollar erforderlich wäre, was in etwa einer Verdoppelung der aktuellen Mittel entspricht – aber noch unterhalb dessen, wozu sich die Industrieländer bereits vor Jahrzehnten verpflichtet haben!

Anders ausgedrückt: Wenn erstens die Industrieländer tatsächlich ihrer eingegangenen Verpflichtung nachkommen würden, Entwicklungshilfe in Höhe von 0,7 Prozent des Bruttoinlandsproduktes zu zahlen, und zweitens diese Mittel auch gezielt und bewusst eingesetzt würden, wäre in der Tat eine Beseitigung der extremen Armut weltweit und innerhalb absehbarer Zeit möglich. Es ist an der Zeit, dies zu tun – auch im eigenen Interesse!

---

*SCHEDIWY, Robert: **Hundertwassers Häuser**. Dokumente einer Kontroverse über zeitgemäße Architektur*

Berlin: Edition Tusch 1999. 247 S., geb.

Dem Berliner Maler Heinrich Zille wird die Feststellung zugeschrieben, man könne einen Menschen mit einer Wohnung erschlagen wie mit einer Axt. Die Arbeiten vieler moderner Architekten erscheinen dem Betrachter vor diesem Hintergrund eher wie ein Streit über die Schärfe der Axt, als darüber, wie man das Erschlagen der Menschen verhindern könne.

Die sich darin widerspiegelnde fehlende Beachtung der Menschen als Bewohner und Nutzer der Häuser ist gleichsam der rote Faden in Schediwys Buch. Er zeigt anhand der künstlerischen Entwicklung Hundertwassers und dessen Einstellung zur Architektur einen möglichen Gegenentwurf zur Nüchternheit und Kälte der modernen Architektur, der dem Künstler viel Ablehnung und teilweise die erbitterte Feindschaft etablierter Architekten eingebracht hat. Die unterschiedlichen Einstellungen gegenüber der von Hundertwasser propagierten Art des Bauens werden umfangreich und in großer Bandbreite dem Leser vorgestellt, wobei lobenswerterweise auch Gegner des Künstlers zu Worte kommen.

Dem Leser wird es aufgrund der Vielzahl von Interviews ermöglicht, seine eigene Ansicht zur Thematik zu bilden, wobei es durchaus förderlich ist, dass Schediwy selbst ebenfalls kein unkritischer Befürworter dieser speziellen Architektur ist.

Am Ende des Buches stehen zwei Erkenntnisse: Erstens, dass Hundertwassers Häuser ein durchaus berechtigter Gegenentwurf zur traditionellen modernen Architektur sind, ohne dass damit bereits gesagt ist, dass es sich um den richtigen oder gar den einzig gangbaren Weg handelt. Zweitens, dass viele moderne Architekten zwar Vitruvs Forderungen nach Haltbarkeit und Schönheit aufgegriffen, seine Forderung nach Zweckmäßigkeit jedoch nicht genügend beachtet haben: Denn zur Zweckmäßigkeit gehört auch, dass sich die Bewohner der Gebäude darin wohl fühlen – und daraufhin durchaus auch ein Anrecht auf „Behübschung" haben.

SCHEDIWY, Robert Kritisches Glossar

Münster: AT Edition 2005. 201 S., kt.

Immer wieder wird behauptet, dass nichts so alt ist wie die Zeitung vom gestrigen Tag. Mit diesem Argument wird in der Regel begründet, dass Artikel für eine Zeitung – die also für den Tag geschrieben wurden – sehr schnell überholt und veraltet sind. Dass dies keineswegs der Fall sein muss, belegt das „kritische Glossar" von Robert Schediwy, denn die hier versammelten Glossen, Skizzen und Gedankensplitter sind gut abgehangen, stammen sie doch aus den ausgehenden 1970er Jahren.

Ursprünglich aus aktuellem Anlass entstanden, merkt man ihnen diesen zeitlichen Bezug heute zwar durchaus an – wie z. B. bei der Beschäftigung mit der Sowjetunion. Gleichzeitig aber wirken sie über den Tag hinaus, denn auch nach fast 30 Jahren ist es lohnend, sich mit Schediwys Beobachtungen und Überlegungen zu befassen. So z. B., wenn sich Schediwy mit dem Mythos der Originalität befasst oder an Camillo Sitte erinnert, der in der Architektur die gewachsene Unregelmäßigkeit italienischer Städte lobte, greift er Themen auf, die ihre Aktualität bewahrt haben. Ob es sich dabei um Zeugnisse einer Periode der Selbstfindung handelt, wie der Herausgeber Thomas Mally meint, kann und soll an dieser Stelle nicht thematisiert werden – für den unbefangenen Leser wichtiger sind die Anregungen zum Selberdenken, mit denen die einzelnen, jeweils nur zwei bis drei Seiten langen Beiträge aufwarten.

Und so ist Robert Schediwy mit diesem kleinen, lange gelagerten Büchlein ein Lesebuch im besten Sinne des Wortes gelungen: Eine Vielzahl von Themen wird in ansprechendem literarischem Stil dem Leser unterbreitet – damit dieser die Überlegungen des Verfassers aufgreifen, kommentieren, widerlegen oder weiterführen kann!

SCHEDIWY, Robert: Städtebilder. Reflexionen zum Wandel in Architektur und Urbanistik

Wien: LIT 2004. 392 S., br.

Unter dem Titel „Städtebilder" hat Schediwy ein Lesebuch journalistischer Arbeiten aus den Jahren 1977 bis 2004 zu städtebaulichen Themen zusammengetragen. Untergliedert in die vier Rubriken „Städte-Alphabet", „Regionen", „Blickpunkt Wien" und „Grundsätzliches" versammeln sich hier die Anmerkungen eines Beobachters, der gleichzeitig Wiener und Weltbürger ist: Er registriert, was um ihn herum vorgeht, macht sich seine Gedanken und lässt den Leser an diesen Reflexionen – seien sie humorvoll oder kritisch – teilhaben.

So wandert er, wie das Städte-Alphabet verdeutlicht, morgens um 6 Uhr um den Kölner Dom und betrachtet die „Klagemauer für den Frieden", errichtet von einem Obdachlosen. Oder er meditiert im Schlossgarten von Kromsdorf bei Weimar über die Auswirkungen einer Goethe-Industrie. Besonders Paris hat es ihm angetan, das er immer wieder besucht – mal ein Museum besichtigt, mal den Spuren der alten Markthallen folgt, mal ein Pariser Manhattan betrachtet.

Die bunte Vielfalt dessen, was Schediwy an Städten fasziniert und erschreckt, wird noch deutlicher in seinen Beschreibungen, wenn er auf Hundertwassers Spuren durch Deutschland reist, in Estland gezielt alte Schlösser besichtigt oder in Frankreich die Historisierung neuer Gebäude betrachtet. Gerade der Spannungsbogen, der sich erstreckt zwischen dem Alten (oder zumindest seinen noch vorhandenen Resten) und dem Neuen, geprägt von architektonischen Moden und wirtschaftlichen Interessen, aber auch der Sehnsucht vieler Menschen nach einer „hübschen Umgebung" – er spiegelt sich in Schediwys Betrachtungen und Analysen, wo auch immer er sich gerade befindet.

Dass sein Herz gerade an der Entwicklung seiner Heimatstadt hängt, zeigen die Diskussionsbeiträge zur Entwicklung Wiens, das für ihn in besonderer Weise einen Ort des Streites zwischen Modernisierung und Museum verkörpert. Dabei steht er weder in dem einen noch in dem anderen dieser Lager, sondern auf der Seite der demokratischen Mehrheit, die sich in vielen Fällen gegen elitäre Vorgaben angeblichen „guten Geschmacks" zu wehren hat.

Diese Ausführungen werden abgerundet von einigen grundsätzlichen Beiträgen zu Fragen des Denkmalschutzes, der Kunst und der Architektur. Gerade in diesen Artikeln wird das von Schediwy verteidigte Bürgerrecht auf Behübschung der städtischen Architektur besonders deutlich – zum Nutzen aller Architekten, Stadtplaner und -bewohner!

SCHEUCH, Erwin K. & Ute: Deutsche Pleiten. Manager im Größen-Wahn oder Der irrationale Faktor

---

Berlin: Rowohlt Berlin 2001. 415 S., geb.

Ute und Erwin Scheuch beschäftigt die Frage, wie sich die großen Pleiten der deutschen Nachkriegszeit erklären lassen. Dazu haben sie Dokumentationen von Pleiten zusammengetragen und sortiert. Konzeptionell ist das Buch in vier zeitliche Abschnitte untergliedert: Am Anfang steht die Aufbauphase mit Stinnes, Schlieker und Borgward, die „Normalisierungsphase" mit den Pleiten von Herstatt, der Neuen Heimat und co op, die Umbau- und Wiedervereinigungsphase mit den Fällen Schneider, Vulkan, Balsam und Flowtex sowie als viertes der Absturz des Neuen Marktes. Ergänzt wird das Buch durch ein „kollektives Porträt" deutscher Manager sowie einiger weiterer Fallgeschichten, vorwiegend aus dem Bereich des Automobilbaus.

Das Buch lässt sich ausgesprochen gut lesen und die gerade bei Autoren wie Ogger häufige Schuldzuweisung an die „Nieten in Nadelstreifen" wird vermieden. Dennoch bleiben einige Vorbehalte, die zunächst aus dem eher willkürlichen Charakter der Fallauswahl resultieren. So ist beispielsweise in der Frühphase nach dem Zweiten Weltkrieg keinesfalls klar, ob es tatsächlich nur die skizzierten drei großen Pleiten gab, oder ob die anderen, vielleicht auch im Vergleich eher kleineren, nur stärker in Vergessenheit geraten sind. In umgekehrter Sicht heißt dies auch: Sind uns die Fälle aus dem Neuen Markt deshalb so gut in Erinnerung, weil sie so bedeutsam waren oder weil sie so aktuell sind?

Unklar bleibt auch, ob einige von Ute und Erwin Scheuch angesprochene Häufungen von Fehlschlägen und Managementfehlern in jüngeren Jahren auf eine abnehmende Qualität der Manager zurückzuführen ist, oder auf die Auswahl der Manager oder auf geänderte Bedingungen im Umfeld, die die Wahrscheinlichkeit des Scheiterns erhöht haben. Hinzu kommt, dass das Scheitern einzelner, wie bereits Schumpeter erläutert hat, keineswegs ein Beleg dafür ist, dass im System an sich etwas falsch geregelt ist: Zu einem freiheitlich gestalteten System gehört eben auch die Freiheit, in die falsche Richtung zu laufen – allerdings gekoppelt an die Bedingung, dann daraus auch die Konsequenzen tragen zu müssen. Vor diesem Hintergrund stellt sich das vorliegende Buch als eine ausgesprochen interessante Lektüre dar, dem aber an verschiedenen Stellen eine bessere Verknüpfung gerade mit der jüngeren wirtschaftswissenschaftlichen Theorie zu wünschen wäre.

SCHILDBACH, Thomas: US-GAAP. Amerikanische Rechnungslegung und ihre Grundlagen

München: Franz Vahlen 2000. 352 S., geb.

Ausgangspunkt des Buches von Schildbach ist die Erkenntnis, dass die Rechnungslegung in Deutschland zukünftig weniger von HGB und den Grundsätzen ordnungsmäßiger Buchführung bestimmt sein wird, als von den internationalen Rechnungslegungsstandards, die wiederum maßgeblich von den US-GAAP beeinflusst werden. Vor diesem Hintergrund hat das Buch die Aufgabe, jenen, die bereits mit der Rechnungslegung für den Einzelabschluss nach deutschem Recht vertraut sind, die amerikanische Konzeption nahe zu bringen - und dabei bewusst nicht nur die Unterschiede, sondern auch die Schwächen und Defizite der amerikanischen Konzeption offen zu legen.

Zur Erreichung dieses Zieles ist das Buch in fünf Teile gegliedert, die sich wiederum aus verschiedenen Kapiteln zusammensetzen. Im Zuge des ersten Teils, der Grundlagen, wird so zunächst auf die aktuelle Bedeutung der Rechnungslegung gemäß der US-GAAP eingegangen. Anschließend wird die Rolle der US-GAAP im Rahmen der amerikanischen Rechnungslegung beleuchtet. Während diese Vorgehensweise nahezu klassisch ist für ein Lehrbuch, dass sich mit der us-amerikanischen Rechnungslegung befasst, fallen die beiden nächsten Kapitel innerhalb des Grundlagen-Teils durchaus aus dem Rahmen: Im dritten Kapitel wird nämlich die formelle Unabhängigkeit der „Standardsetzer", speziell des Financial Accounting Standards Board (FASB), untersucht, wobei Schildbach zu dem Schluss gelangt, dass das FASB de facto insbesondere von der Börsenaufsicht durch die Securities and Exchange Commission (SEC) abhängig ist. Zudem machen auch die von der Standardsetzung Betroffenen, namentlich die rechnungslegenden Unternehmen und die Wirtschaftsprüfer ihren Einfluss geltend. Hinzu kommt außerdem noch der Einfluss der Politik, wodurch sich Schildbach zufolge insgesamt die „Unabhängigkeit" der Standardsetzer als Fiktion entpuppen würde. Das vierte Kapitel zu den theoretischen Leitlinien der Rechnungslegung beleuchtet einen weiteren Problembereich, nämlich die Zurückführung der Rechnungslegung allein auf die Informationsfunktion, was zwar theoretisch einleuchtend ist, sich allerdings praktisch nicht widerspruchsfrei realisieren lässt.

Der zweite Teil des Buches stellt die allgemeinen Regeln der Rechnungslegung nach US-GAAP vor, wobei eine Konzentration auf die drei Themenbereiche Bilanzansatz, Bewertung und Gewinnrealisation sowie Gliederung von Bilanz und Gewinn- und Verlustrechnung statt findet. Methodisch geht Schildbach dabei so vor, dass zunächst die Grundlinien aufgezeigt werden, bevor jene Inhalte dargestellt werden, die sich von der deutschen Vorgehensweise unterscheiden. Daran schließt sich jeweils eine Beurteilung an, die insbesondere auf die Probleme und kritischen Aspekte abstellt.

Diese Vorgehensweise wiederholt sich auch im dritten und vierten Teil des Buches, wobei auf die Sonderprobleme bzw. auf die vom Jahresabschluss abweichenden Elemente der us-amerikanischen Rechnungslegung eingegangen wird. Im dritten Teil sind dies namentlich die Themenkomplexe Leasing, latente Steuern, Pensionsverpflichtungen, Derivate, aktienkursgebundene Vergütungen des Managements sowie das Problem der Kongruenz im Jahresabschluss. Im vierten Teil befasst Schildbach sich mit der Kapitalflussrechnung, der Segmentberichterstattung, der Berechnung des Erfolgs je Aktie und der Problematik „nahestehender Parteien". Im abschließenden fünften Teil stellt er sein Ergebnis vor, dass, wie bereits die Beurteilungen der einzelnen angesprochenen Themenbereiche, weitestgehend kritisch ausfällt.

So konstatiert er (S. 319), dass die US-GAAP den Informationsgehalt des Jahresabschlusses im Vergleich zum derzeitigen deutschen Recht sowohl positiv als auch negativ beeinflussen. Positiv hervorzuheben ist seiner Ansicht nach insbesondere die Ausweitung der Offenlegungspflichten und die tiefergehende Aufgliederung der außergewöhnlichen und/oder betriebsfremden Erfolge. Negativ zu beurteilen sei hingegen insbesondere die Einräumung vielfältiger Ermessensspielräume, der Verzicht auf klare Definitionen, die Uneinheitlichkeit bei der Gewinnabbildung und die vielen an Stellen zu beobachtende Widersprüchlichkeit der insgesamt als äußerst komplex eingeschätzten us-amerikanischen Rechnungslegungsregeln.

Vor diesem Hintergrund gelangt er zu der Schlussfolgerung, dass „der unaufhaltsam erscheinende Trend hin zu einer internationalen Harmonisierung der Rechnungslegung auf Basis der US-GAAP als Leitbild - direkt oder indirekt über die IAS - ... uns nicht in eine bessere, sondern nur in eine andere und komplexere Welt der Rechnungslegung (führt)" (S. 315). Insbesondere stellen die US-GAAP in ihrer Gesamtheit keinesfalls eine Verbesserung gegenüber dem derzeitigen Stand in Deutschland dar, weil zwar einige Probleme beseitigt, aber andere neu eingeführt würden. Hilfreicher wäre da eine gezielte Beseitigung der Schwachstellen, namentlich der vielfältigen Wahlrechte.

Besonderes Gewicht kommt Schildbachs Analyse anlässlich der Frage zu, ob zukünftig nicht nur Konzernabschlüsse, sondern auch Einzelabschlüsse nach us-amerikanischer Rechnungslegung zulässig sein sollten. Dies wird von ihm vehement abgelehnt, da die US-GAAP in ihrer derzeitigen Form bestimmt sind von den Informationsanforderungen seitens der SEC und für die Börsenaufsicht; diese Anforderungen decken sich jedoch keineswegs mit dem Zweck von Einzelabschlüssen. Insbesondere sei es erforderlich, klar zu stellen, welche US-GAAP-Bestimmungen mit der ordnungsmäßigen Buchführung eines Kaufmanns nicht vereinbar seien.

Schildbach hat insgesamt ein Buch vorgelegt, dass in mehrfacher Hinsicht beeindruckend ist: So hat er nicht nur eine aufschlussreiche Darstellung der US-GAAP, ihres Anwendungsbereichs, ihrer Vorzüge und Nachteile verfasst, sondern zugleich massive Vorbehalte gegenüber der bisweilen recht unkritischen Rechnungslegungs-Diskussion in Deutschland geäußert. Zwar kann man sich an manchen Stellen des Eindrucks nicht erwehren, dass er gezielt die Schwachstellen herausgepickt hat, während die unproblematischen Bereiche nur sehr knapp dargestellt werden, weshalb eine umfassendere Darstellung - auf der Basis auch dieser Bereiche - vielleicht zu einem etwas freundlicheren Urteil gelangen könnte. Dessen ungeachtet handelt es sich um ein sehr lesenswertes Buch, dass nicht nur wichtige, kritische Anmerkungen zu einer aktuellen Diskussion beiträgt, sondern sich aufgrund der Darstellung und der einschlägigen Beispiele gerade zu komplexen Fragestellungen auch als weiterführende Literatur gut eignet.

SCHIRRMACHER, Frank: Minimum. Vom Vergehen und Neuentstehen unserer Gemeinschaft

München: Blessing 2006. 185 S., fest geb., € 16,50 (GS)

Schirrmacher ist besorgt, das merkt man seinem Buch an. Und was ihm Sorgen macht ist die demographische Entwicklung, genauer gesagt die demographische Entwicklung in Deutschland. Denn diesbezüglich sieht er die Gefahr, dass die Familien aussterben. Dabei geht er interessanterweise im Ansatz nicht von der niedrigen Geburtenrate aus, sondern von der Familie als Kerngruppe und Schutzgemeinschaft.

Bildlich stellt sich diese für ihn dar am Beispiel eines Siedler-Trecks, der im November 1846 in den USA in einer Bergkette stecken bleibt. Hier hat sich seiner Ansicht nach die Familie als Schicksalsgemeinschaft bewährt, denn überlebt haben nicht in erster Linie die alleinreisenden „starken Männer", sondern die Mitglieder, die in Familien eingebunden waren. Darauf aufbauend und in Verbindung mit der niedrigen Geburtenzahl in Deutschland spielt er verschiedene Szenarien durch, in denen sich die Familien in der Vergangenheit als Schicksalsgemeinschaft bewährt haben und dies in Zukunft seiner Meinung nach nicht mehr können – weil es eben immer weniger Familien mit Kindern gibt und diese Familien zudem Kleinfamilien sind – während sich in diesem Treck doch gerade Großfamilien mit mehr als zehn Mitgliedern die größte Überlebenschance hatten.

Für das von ihm skizzierte Bedrohungsszenario entwickelt Schirrmacher aber auch eine Lösung, die allerdings relativ platt in der Forderung nach mehr Familien mündet. Denn Familienmitglieder sorgen sich umeinander – und so profitiert die gesamt Gesellschaft von dem, was Familien leisten.

Die Vorzüge von Schirrmachers Buch lassen sich dementsprechend auch schnell und leicht ausmachen: Es ist flüssig geschrieben, gut lesbar und Schirrmachers Botschaften werden klar transportiert.

Schwieriger wird die Angelegenheit allerdings, wenn man Schirrmachers Argumentationslinien einer genaueren Betrachtung unterzieht. Denn dann fällt ein ausgesprochen freihändiger Umgang mit Allegorien und Fakten auf. Beispielhaft wird dies an dem oben skizzierten Treck-Beispiel: Auf den ersten Blick tragen die von Schirrmacher vorgetragenen Daten seine Argumentation der Familie als Schicksalsgemeinschaft. So verweist er auf Seite 19 seines Buches auf eine mehrfach von ihm zitierte Studie von Donald Grayson, wonach die größte Überlebenschance bei Familienverbänden mit mehr als zehn Mitgliedern existierte.

Auf den zweiten Blick macht aber genau diese Argumentation stutzig, denn exakt zwei Seiten vorher sagt Schirrmacher, dass bei einer Familie mit neun Personen alle überlebten, während bei einer Familie mit zwölf Personen nur acht überlebt haben. Dies verträgt sich nicht schlüssig mit der zuvor referierten These.

Beschäftigt man sich dann eingehender mit dem Siedler-Treck, fallende noch weitere Merkwürdigkeiten in Schirrmachers Argumentation auf: Dies beginnt damit, dass es sich bei den Siedlern lediglich um eine Gruppe von 81 Menschen handelte. Von einer derartig kleinen Gruppe Schlussfolgerungen auf Deutschland mit einer Bevölkerung von über 80 Millionen zu ziehen ist in statistischer Hinsicht ausgesprochen gewagt, weil sich in kleinen Gruppen Zufälle stark auswirken können, die bei großen Gruppen kaum eine Bedeutung haben. Außerdem bleibt unklar, warum die Geschehnisse, die einem Auswanderertreck von ca. 160 Jahren in den USA zustießen, auf die moderne deutsche Gesellschaft übertragbar sein sollen. Und bei genauerem Hinsehen erscheint auch die Familienthese nur bedingt tragfähig, denn anders als von Schirrmacher suggeriert, handelte es sich bei den Familien nicht um eine Struktur mit Vater, Mutter und vielen Kindern, sondern um bis zu drei Generationen mit Stiefgeschwistern, Kindern aus ersten Ehen etc., die in Teilen bereits dem Bild einer modernen Patchwork-Familie entsprachen.

Vor diesem Hintergrund bleibt bei einer eingehenden Beschäftigung mit Schirrmachers Buch ein eher ungünstiger Eindruck zurück: Ein Mischmasch aus gewagten Thesen, leichtfertigem Umgang mit Fakten und Statistiken und möglicherweise gezielter Ausblendung von Faktoren, die im Widerspruch zu seinem Anliegen stehen.

SCHMIDT, Helmut: Globalisierung. Politische, ökonomische und kulturelle Herausforderungen

---

Stuttgart: Deutsche Verlags-Anstalt 1998. 144 S., geb.

In dem knappen Bändchen sind drei Vorlesungen wiedergegeben, die der frühere deutsche Bundeskanzler in der Düsseldorfer Universität Ende 1997, Anfang 1998 gehalten hat. Die einzelnen Beiträge befassen sich mit dem „Phänomen Globalisierung", den „politischen und ökonomischen" sowie den „kulturellen Herausforderungen", wobei die Qualität unterschiedlich ausfällt.

Während zum „Phänomen Globalisierung" vorwiegend bereits Bekanntes referiert wird, fallen die Anmerkungen zu den Herausforderungen wesentlich interessanter aus. Dies gilt insbesondere für die sieben Ansätze zur Bekämpfung der Arbeitslosigkeit (Notwendigkeit der Deregulierung, Umsetzung des Subsidiaritätsprinzips, Aufgaben- und Ausgabenbegrenzung des Staates vor Steuersenkung, Abschaffung von Steuerschlupflöchern, Überarbeitung des Arbeitsrechts, Erneuerung der sozialen Sicherungssysteme, Förderung von Forschung und Entwicklung), zumal Schmidt hier durchaus selbstkritisch Fehler der eigenen Politik zugibt. Zwar sind auch diese Konzepte nicht völlig neu, aber sowohl in der Darstellung als auch in der Argumentation höchst lesenswert.

Am originellsten fallen die Vorschläge im Bereich der kulturellen Herausforderungen aus. Schmidt entwirft nicht allein Bedingungen für ein leistungsfähigeres Bildungs- und Wissenschaftssystem, sondern plädiert vehement für größere Toleranz, verbunden mit einer eindringlichen Warnung vor militantem religiösem Fundamentalismus, egal ob christlicher oder islamischer Ausprägung. Es gelte die Tatsache zu verbreiten, dass es eine große Gemeinsamkeit bei den ethischen Grundüberzeugungen gibt. Globalisierung als Möglichkeit, von einander zu lernen, bedeute eine große Chance, könnte jedoch auch zur Bedrohung der eigenen Identität werden. Konsequenz dieser Herausforderungen wären vier Anforderungen an Politiker, denen diese sich nicht entziehen dürften: „Was wir ihnen nicht nachsehen dürfen, ist ein Mangel an Urteil, ein Mangel an Courage, ein Mangel an Tatkraft. Niemals dürfen wir ihnen einen Mangel an Verantwortungsbewußtsein durchgehen lassen." Hier spiegelt sich nicht nur Schmidts Grundüberzeugung wider, dass das öffentliche Wohl das oberste Gesetz sei, sondern auch die von ihm mit beeinflusste „Allgemeine Erklärung der Menschenpflichten."

Schmidts Vorlesungen sind zwar nicht der vom Verlag behauptete große Wurf, aber insgesamt ein ebenso lesbares wie informatives Buch zur Globalisierung, das in knapper Form einige der wesentlichen Probleme und mögliche Ansätze zu ihrer Bewältigung skizziert. Eine gelungene Einführung in die Problematik!

SCHMIDT, Helmut: Auf der Suche nach einer öffentlichen Moral. Deutschland vor dem neuen Jahrhundert

Stuttgart: Deutsche Verlags-Anstalt 1998. 268 S., geb.

Anlass des vorliegenden Buches ist Schmidts Auffassung, dass in Deutschland (aber auch in anderen Ländern) zwar die private Moral weitgehend in Ordnung sei, es im Bereich des öffentlichen Lebens jedoch gravierend anders aussehe. Daher befasst er sich ausführlich mit der Rolle von Eliten, Wirtschaft, Moral, wobei Kern seiner Überlegungen der Ausruf John F. Kennedys ist: „Fragt nicht, was euer Land für euch tun kann, sondern fragt, was ihr für euer Land tun könnt!"

Er konstatiert, dass viele Menschen Macht und Einfluss allein aufgrund der von ihnen ausgeübten Funktionen besitzen („Funktionseliten"). Hierzu zählen neben Politikern insbesondere Unternehmensleiter, Medienvertreter und Kirchenrepräsentanten, aber auch Richter, Ärzte, Lehrer und Professoren. Ihnen „ist gemeinsam, daß sie nicht nur mit Macht und Einfluß ausgestattet, sondern ebenso mit Verantwortung für das Gemeinwohl betraut sind" (S. 51f). Dieser Pflicht werden sie jedoch aufgrund der Verfolgung von Gruppenegoismen nicht immer angemessen gerecht.

Dies gilt insbesondere bei der Bekämpfung des derzeit größten Problems im Wirtschaftsgeschehen, der Massenarbeitslosigkeit. Sie erfordert eine strukturelle Erneuerung der sozialen Marktwirtschaft, für die Reformschwerpunkte skizziert werden.

Zwar sind diese nicht ganz originell und finden sich in ähnlicher Form bereits bei anderen Verfassern, doch sind sie bis jetzt nur in geringem Maße realisiert worden und daher leider nach wie vor von großer Aktualität.

Hauptanliegen des Buches ist die Aufforderung zu einer verbesserten öffentlichen Moral, zur Akzeptanz von Pflichten und Verantwortung und zur Orientierung an den Tugenden. Hierbei differenziert Schmidt zwischen den „theologischen Tugenden" Glaube, Liebe und Hoffnung, den „Kardinaltugenden" Klugheit, Gerechtigkeit, Tapferkeit und Maß sowie den „bürgerlichen Tugenden", zu denen u. a. Wahrhaftigkeit, Ehrlichkeit, Kompromissfähigkeit, Toleranz und Solidarität zählen. Gefordert sind nicht nur Verfassung und Gesetze, sondern das verantwortliche Handeln des einzelnen. „Ohne Pflichten können unsere Rechte auf die Dauer nicht gesichert werden. Ohne Tugenden kann auf die Dauer keine Gesellschaft freier Bürger Bestand haben. Ohne Erziehung wird es auf die Dauer keine Tugenden geben" (S. 218). Nur so könne es gelingen, die Herausforderungen des nächsten Jahrhunderts auch zu bewältigen.

Insgesamt hinterlässt das Buch nach der Lektüre einen etwas schalen Geschmack: Eine Verbesserung der öffentlichen Moral ist mit Sicherheit positiv zu werten, aber stellt sie wirklich bereits die Lösung der anstehenden Probleme dar?

SCHÖB, Ronnie: Steuerreform und Gewinnbeteiligung. Neue Wege aus der Beschäftigungskrise

---

Tübingen: J. C. B. Mohr (Paul Siebeck) 2000. 234 S., geb.

Schöb hat sich als Thema seiner Habilitationsschrift eines aus wirtschaftstheoretischer wie auch aus wirtschaftspolitischer Sicht relevanten Themas angenommen, nämlich der Bekämpfung von Arbeitslosigkeit unter den derzeit in Deutschland herrschenden ordnungs- und finanzpolitischen Rahmenbedingungen. Dabei ist es sein ausdrückliches Ziel, einen Reformvorschlag für das deutsche Steuer- und Sozialversicherungssystem zu entwickeln, das zu einer Steigerung der Beschäftigungsquote beitragen kann ohne dabei das derzeitige Nettoeinkommen der Arbeitnehmer oder die Gewinne der Unternehmen zu reduzieren.

Ausgangspunkt dieses ehrgeizigen Ziels ist eine Analyse der derzeitigen Lage auf dem deutschen Arbeitsmarkt, an die sich eine Analyse der Tarifautonomie anschließt. Dabei gelangt Schöb zu der Erkenntnis, dass die Arbeitslosigkeit in großem Maße strukturell bedingt ist und sich somit auch nur bedingt durch konjunkturelle Einflüsse abbauen lässt. Im Unterschied zu den USA ist zudem der deutsche Arbeitsmarkt nur sehr begrenzt dem freien Spiel der Marktkräfte zugänglich, da durch das System der Tarifautonomie eine Starrheit der Löhne bewirkt wird. Arbeitslosigkeit lässt sich in einem derartigen System nicht durch Senkung der Löhne beseitigen, außer unter Inkaufnahme von Inflationswirkungen. Dennoch sieht Schöb Möglichkeiten, zu einer Vollbeschäftigungssituation zurückzukehren, ohne den sozialen Frieden durch eine massive Umverteilung von Lohneinkommen hin zu Kapital- und Gewinneinkommen zu gefährden. Als Ansatzpunkt für ein entsprechendes Vorgehen sieht er die Abkoppelung des Verteilungskampfes um den Sozialproduktzuwachs von jenem um das Sozialproduktniveau. Ermöglicht wird ein erfolgversprechendes Vorgehen dadurch, dass neben den Tarifparteien auch das staatliche Handeln einen Einfluss auf den Arbeitsmarkt hat, der sich seinen Anteil am Sozialprodukt durch hoheitliches Handeln sichert (S. 12). Grundsätzlich führt diese Erkenntnis zu der von vielen Autoren geforderten Reduzierung der Steuersätze auf Arbeit wie auch auf Kapital, einhergehend mit einer Reduzierung staatlicher Leistungen. Schöb sieht in diesem Kontext jedoch eine Alternative, da nicht nur das Finanzierungsvolumen, sondern auch die Finanzierungsart von Bedeutung ist (S. 13).

Konsequenterweise untersucht Schöb zunächst unter dem Titel „Theorie und Praxis der Faktoreinkommensbesteuerung" den Handlungsspielraum des Staates, wobei als Prämisse gesetzt wird, eine Infragestellung der durch die Tarifautonomie festgeschriebenen Lohn- und Kapitaleinkommensverteilung zu vermeiden. Der Autor gelangt dabei zu dem Ergebnis, dass aufgrund der Verbindung mit den bestehenden Marktunvollkommenheiten auf dem Arbeitsmarkt Lohnsteuer und Kapitaleinkommensteuer die Arbeitslosigkeit vergrößern. „Akzeptiert man, daß der Arbeitsmarkt zu der Institution geworden ist, in der die Verteilung des Volkseinkommens auf Arbeitseinkommen und Kapitaleinkommen durch die Festlegung des Lohnsatzes ausgefochten wird, so zeigt sich, daß der Sozialstaat um so größeren Einfluß auf die Kosten des Verteilungskampfes – in Form höherer Arbeitslosigkeit – ausübt, je größer sein Bedarf an Steuermitteln ist" (S. 45). Eine Senkung der Staatsausgaben und ein damit verbundener Abbau des Sozialstaates wäre danach ein, aber nicht der alleinige Beitrag der Steuerpolitik zur Senkung der durch sie (mit-) verursachten Arbeitslosigkeit.

Nach unten starre Löhne sind aber, wie Schöb betont (S. 48), keineswegs ein hinreichender Grund für Arbeitslosigkeit. So könnte der Staat ggf. durch eine alle gleichermaßen betreffende Inflationspolitik eine Reallohnreduzierung herbeiführen. Alternativ könnte aber eine Umstellung des Steuersystems durch Übergang von einem Lohnsteuersystem zu einem Kapitalsteuersystem auch eine Entlastung des Arbeitsmarktes bewirken. Eine derartige Umgestaltung müsste sich sinnvollerweise graduell vollziehen (S. 61). Für die Finanzpolitik bedeutet ein derartiger Vorschlag nicht nur, dass die derzeitige Subventionierung inländischen Kapitaleinsatzes unbedingt abzubauen ist (S. 76), sondern aufgrund der Marktunvollkommenheiten Arbeit und Kapital grundsätzlich gleichmäßig zu besteuern sind – anders als es die traditionelle Lehre aufgrund der Elastizität des Kapitals fordert. Der Umstand, dass aufgrund der Kapitalbesteuerung Kapital ins Ausland abwandert wird expressis verbis nicht als wohlfahrtsrelevant angesehen, da die Nettoentlohnung des von Inländern investierten Kapitals immer dem Weltmarktzins entspräche, egal wo es letztlich zum Einsatz kommt (S. 78).

Unter der Voraussetzung konstanter Nettolöhne würde somit der Übergang zu einem Steuersystem, das sowohl Arbeit als auch Kapital als Säulen nützt, die steuerverursachte Arbeitslosigkeit abbauen und die Wohlfahrt erhöhen. Dazu ist es jedoch erforderlich, dass die Gewerkschaften eine mit der Kapitalsteuererhöhung verknüpfte Lohnsteuersenkung nicht zur Durchsetzung höherer Nettolöhne nützen (S. 85). Dies gilt insbesondere im Hinblick auf längere Zeiträume, da sich durch den bereits kurzfristig erreichten positiven Beschäftigungseffekt die Verhandlungsposition der Gewerkschaften verbessert. Schöb sieht als adäquaten Ausweg die Einbeziehung einer derartigen Steuerreform in ein umfassendes Bündnis für Arbeit.

Ergänzend stellt er einen weiteren Hebel zur Reduzierung der Arbeitslosigkeit dar, nämlich die Gewinnbeteiligung der Arbeitnehmer. Hierdurch würde in erster Linie die konjunkturelle Arbeitslosigkeit reduziert, wie bereits Vorschläge von Weitzman[25] aus dem Jahre 1983 gezeigt hatten. Problematisch ist dabei jedoch, dass diese Form der Gewinnbeteiligung nicht neutral ist hinsichtlich der im Laufe der Zeit erreichten Verteilung des Sozialprodukts zwischen Arbeitnehmern und Unternehmern. So würden beim Weitzman-Vorschlag die bisher Arbeitslosen profitieren, während die Arbeitsplatzbesitzer Lohneinbußen zu tragen hätten. Alternativ schlägt Schöb eine staatliche Gewinnbeteiligung vor, bei der die derzeitige Verteilung der Einkommen aus Arbeit und Kapital nicht angegriffen wird. „Finanziert sich die Bundesanstalt für Arbeit anstatt durch lohnabhängige Beiträge durch Gewinnanteile an den Unternehmen, so kann der Bruttolohn mit einem Schlag um 5,4% gesenkt werden. Dadurch steigt, sofern der Nettolohn konstant bleibt, nicht nur die Beschäftigung, sondern aufgrund der verbesserten Wettbewerbssituation der deutschen Unternehmen nehmen auch die Investitionen, das Produktionsniveau und letztlich die Unternehmensgewinne zu." (S. 163). Auch dieser Vorschlag würde tendenziell auf längere Sicht zu einer Verbesserung der gewerkschaftlichen Verhandlungssituation führen, so dass Unternehmen einer derartigen Umstellung nur dann zustimmen könnten, wenn sie sicher sein können, dass ihre Gewinne langfristig nicht fallen. Entsprechend dem Vorgehen bei der Steuerreform wäre dies ebenfalls im Rahmen eines Bündnisses für Arbeit zu garantieren (S. 163).

Ein derartiges Bündnis für Arbeit würde eine längerfristige Tarifpolitik verbindlich festlegen, „die im Grunde ein verteilungspolitisches Stillhalteabkommen mit einer aktiven staatlichen Arbeitsmarktpolitik verbindet" (S. 193). Dazu unterbreitet Schöb folgenden Vier-Punkte-Vorschlag:

- „Die Gewerkschaften vereinbaren mit den Arbeitgebern einen Lohnabschluß, der die jährliche Nettolohnerhöhung auf den Inflationsausgleich zuzüglich des jährlichen Produktivitätszuwachses beschränkt. Die Laufzeit wird auf mindestens fünf Jahre festgelegt." (S. 193f).

- „Die Bundesanstalt für Arbeit bietet allen Branchen eine branchenspezifische Umstellung der beitragsfinanzierten Arbeitslosenversicherung in eine durch Gewinnanteile finanzierte Arbeitslosenversicherung an." (S. 194).

- „Die Bundesregierung erklärt sich im Bündnis für Arbeit dazu bereit, die Lohnsteuersätze schrittweise abzusenken. Als Zielgröße kann hierbei eine jährliche Absenkung der Lohnsteuer um zwei Prozentpunkte ins Auge gefaßt werden." (S. 195).

- „Die Bundesregierung erklärt sich im Bündnis für Arbeit dazu bereit, ein aus der Absenkung der Lohnsteuer resultierendes Budgetdefizit durch eine Erhöhung der effektiven Kapitaleinkommensteuer gegenzufinanzieren." (S. 195).

---

[25] Weitzman, Martin L. (1983): Some Macroeconomic Implications of Alternative Compensation Systems, Economic Journal 93, pp. 763-783; Weitzman, Martin L. (1984): The Share Economy, MIT Press, Harvard, Mass. (zitiert nach Schöb).

Offen bleibt bei diesem Vorschlag jedoch, wie Schöb auch selbst betont (S. 204), was nach Ablauf des Vertragszeitraums passiert. Das Bündnis für Arbeit würde de facto lediglich die Auswirkungen der veränderten Verhandlungspositionen zeitlich verschieben. Problematisch ist auch, ob sich diese Vorgehensweise mit den Grundsätzen der Tarifautonomie noch vereinbaren lässt (S. 200-202). Daneben bestehen auch verschiedene weitere Probleme, auf die Schöb im Rahmen seiner Arbeit nicht eingegangen ist, wie z. B. die Situation in allen Organisationen des Nonprofit-Bereichs sowie bei den Beschäftigten des öffentlichen Dienstes, wo eine Umstellung der Arbeitslosenversicherung auf eine Gewinnbeteiligungsbasis schwierig wird. Zudem ist die Problematik der Heterogenisierung des Arbeitsmarktes nur bedingt angesprochen worden, denn auch heute lässt sich zeigen, dass einem Arbeitsüberangebot bei bestimmten Qualifikationen oder Nicht-Qualifikationen ein Nachfrageüberhang bei anderen Qualifikationen gegenübersteht.

Dessen ungeachtet ist mit dem theoretischen Modell von Schöb ebenso wie mit dem von ihm skizzierten Lösungsvorschlag eine politische Herausforderung an die Tarifparteien wie auch an das Bundesfinanzministerium herangetragen worden, die große Beachtung verdient. Neben den auf die Individualebene abstellenden Vorschlägen, vorrangig die Qualifizierung der Arbeitslosen betreffend, liegt nun ein Konzept vor, wie durch engagiertes Handeln auf Makroebene ein Abbau der Arbeitslosigkeit bewirkt werden kann. Diese wissenschaftliche Arbeit verdient es allemal, intensiv von allen beteiligten Parteien diskutiert und durchgerechnet zu werden, um sie auch im Detail auf ihre Umsetzbarkeit zu überprüfen.

SCHÜLER, Thorsten: Rating und Kreditvergabe an mittelständische Unternehmen

---

Lohmar/Köln: Josef Eul 2002. 264 S., br.

In Zusammenhang mit den durch Basel II beförderten Entwicklungen im Kreditgeschäft hat insbesondere die Bedeutung von Ratings deutlich zugenommen. An dieser Stelle setzt auch die Studie von Schüler an. Ausgangspunkt seiner Überlegungen ist die Annahme, dass mittelständische Unternehmen im Vergleich zu Großunternehmen über ein eingeschränktes Portfolio an Finanzierungsmöglichkeiten verfügen, unter denen die Kreditaufnahme bei der Hausbank die wichtigste ist. Gleichzeitig erschwert diese Hausbankbeziehung aufgrund der asymmetrischen Informationsverteilung einen Wechsel des Kreditinstituts durch den Kreditnehmer. Schüler geht des weiteren davon aus, dass ein anderes Kreditinstitut nur bereit sein wird, den Aufwand für eine Kreditwürdigkeitsprüfung „vorzuschießen", wenn es grundsätzlich davon ausgehen kann, dass der Kreditnachfrager ein bonitätsmäßig befriedigender Kunde sein wird.

Vor diesem Hintergrund entwickelt Schüler ein Konzept, wie an Stelle der traditionellen Kreditwürdigkeitsprüfung durch die Bank eine Kreditwürdigkeitsprüfung durch eine Ratingagentur treten kann, die zwar vom Kreditnachfrager explizit bezahlt werden muss, aber dafür seine Verhandlungsposition gegenüber den Banken deutlich verbessert. Voraussetzung für eine derartige Konstruktion ist allerdings eine Haftung der Ratingagenturen für die von ihnen gefällten Urteile.

Der Vorschlag von Schüler weist auf den ersten Blick zumindest für die Kreditkunden einen gewissen Charme auf, der allerdings aufgrund der offen bleibenden Fragen schnell verfliegt: So thematisiert Schüler weder, ob die Ratingagenturen zu der von ihm vorgesehenen Haftungsübernahme bereit sein würden, noch die Kosten, die durch eine solche Konstruktion vom Kreditnachfrager zu tragen wären oder ob für die Banken eine solche Auslagerung der Kreditwürdigkeitsprüfung auf Dritte rechtlich überhaupt zulässig ist. Angesichts dieser Fragen ist die Arbeit eher von theoretischem als von praktischem Wert.

SCHUR, Raimund: *Kreditgenossenschaftliches Frühwarnsystem: Vermeidung, Identifikation und Bewältigung von Krisengefahren bei Kreditgenossenschaften durch Genossenschaftsverbände*

Berlin: Berlin Verlag Arno Spitz 2000. 375 S., br.

Schur hat sich mit seiner Arbeit eines der wichtigsten Probleme angenommen, die derzeit im genossenschaftlichen Bankenbereich die Diskussion beherrschen: Der Früherkennung von Fehlentwicklungen auf der Ebene der Primärbanken.

Zwar ist grundsätzlich jedes System des Einlegerschutzes daran interessiert, dass möglichst wenige Mitgliedsinstitute in wirtschaftliche Schwierigkeiten geraten, und wenn doch, dass sich diese möglichst geräuschlos und mit geringem finanziellen Aufwand bewältigen lassen. Schon vor diesem Hintergrund besteht ein deutliches Interesse an einem effizienten Frühwarnsystem. Für die Kreditgenossenschaften einerseits und die Sparkassen andererseits geht das Interesse aber noch deutlich darüber hinaus: Aufgrund des Zusammenschlusses zu Verbundsystemen, deren Sicherungskonzept auf die Institutssicherung abstellt, ist das Frühwarninteresse noch erheblich größer, da Krisen bei einzelnen Mitgliedsbanken sowohl finanziell (durch Sanierungsbeiträge) als auch durch die Öffentlichkeitswirkung dem gesamten Verbund schaden. Gleichzeitig setzt sich aber der kreditgenossenschaftliche Verbund aus einer Vielzahl selbständiger Banken zusammen, die weitestgehend einer direkten Beeinflussung durch ihre Partner im Verbund (Zentralbanken, Genossenschaftsverbände, Bundesverband) entzogen sind.

Folgerichtig befasst sich Schur mit den durch die komplexe Verbundstruktur vorhandenen Einwirkungsmöglichkeiten, wobei sein Hauptaugenmerk aufgrund seiner Tätigkeit als Wirtschaftsprüfer den genossenschaftlichen Prüfungsverbänden gilt. Er diagnostiziert drei unterschiedliche Stufen des Umgangs mit Krisengefahren, nämlich Vermeidung, Frühidentifikation und Bewältigung, wobei er jeweils im Einzelnen die entsprechenden Möglichkeiten der Genossenschaftsverbände analysiert und sich aufgrund von dessen hervorgehobenen Bedeutung auf den Kreditbereich konzentriert.

Im Bereich der Vermeidung sieht er u. a. erfolgversprechende Potentiale bei den Ausbildungsprogrammen der genossenschaftlichen Akademien, in einem zugleich erfolgsorientierten und risikoadjustierten Vergütungssystem für die Bankleiter und in einer Intensivierung der Betreuung von Aufsichtsräten. Die vom Prüferstandpunkt aus interessantesten Vorschläge finden sich in einer Zusammenstellung anreizorientierter und risikobegrenzender Kennzahlen, die für ein Benchmarking der Banken einsetzbar sind.

Dieses Kennzahlensystem dient Schur im weiteren Verlauf seiner Untersuchung als Ausgangsbasis für einen Vergleich zwischen drei unterschiedlichen Ansätzen statistischer Frühwarnung mit Hilfe der logistischen Regression, der linearen Diskriminanzanalyse und eines Neuronalen Netzes. Auf der Basis eines überregionalen empirischen Tests gelangt er zu dem Ergebnis, dass das Neuronale Netz am besten zur Differenzierung zwischen gesunden und insolvenzgefährdeten Banken geeignet sei. Eine bundesweite Übertragung dieses Systems würde es nach Schurs Ansicht ermöglichen, alle Genossenschaftsbanken danach zu klassifizieren, ob sie gesund sind oder sich ein, zwei oder drei Jahre vor einer akuten Krise befinden. Unklar bleibt bei diesem Ansatz allerdings, in welcher Klasse sich die Banken wiederfinden, die sich bereits in einer akuten Krise befinden und nicht mehr davor stehen.

Im dritten Hauptkapitel seiner Arbeit unterbreitet Schur einige Vorschläge, wie die Genossenschaftsverbände sich bei der Bewältigung der Krisengefahren engagieren können, wobei diese Einbindung zeitlich und inhaltlich einer etwaigen Sanierung vorgelagert ist. Schur betont dabei insbesondere die Notwendigkeit eines risikoabhängigen Beitrags zur Sicherungseinrichtung des Bundesverbandes, des potentiellen Sanierers, sowie deren frühzeitige Einbeziehung in Krisenfällen.

Die Arbeit von Schur ist informativ und aufgrund seiner Vorschläge für den genossenschaftlichen Verbund eine wertvolle Untersuchung und Hilfestellung. Das von ihm vorgeschlagene Kennzahlensystem kann gerade für die Verbandsprüfer hilfreiche Informationen zur Verfügung stellen, wobei seine Überlegenheit gegenüber verwandten Ansätzen wie dem Analysesystem des Deutschen Genossenschafts- und Raiffeisenverbandes noch der empirischen Überprüfung bedarf. Gewisse Bedenken bleiben jedoch hinsichtlich des Einsatzes des statistischen Frühwarnsystems, zumal gerade das von Schur aufgrund der erzielten überzeugenden Ergebnisse präferierte Neuronale Netz erhebliche Mindestanforderungen an die Zahl der zu untersuchenden Banken stellt. So sind aufgrund der einbezogenen 60 Kennzahlen (S. 204) nach Angaben der Firma SPSS über 600 Banken allein für das Training des Netzes notwendig, zusätzliche Banken würden für die Validierung und den Test benötigt.[26] Dies lässt sich jedoch in den einzelnen Prüfungsverbänden nicht realisieren, da deren jeweilige Mitgliederzahl immer unter dieser Grenze liegt. Eine entsprechende Umsetzung wäre somit nur auf Bundesebene möglich.

---

[26] „Allgemein kann man aber als Daumenregel verwenden, dass Sie bei N Eingabevariablen und M Ergebnisklassen mindestens 10*(N+M) Trainingsdatensätze haben sollten." SPSS: Datenanalyse mit neuronalen Netzen – Kursunterlagen, München 1998, S. 5.3. Die Zahl der Eingabevariablen beträgt bei Schur 60 und die Zahl der Ergebnisklassen 2; somit wären mindestens 620 Banken für das Training erforderlich. In der Standardeinstellung des Programms (80 % Trainingsdaten, 10 % Validierungsdaten, 10 % Testdaten) wären somit mindestens 775 Banken für die Untersuchung erforderlich.

SCHWARZ, Friedhelm: Wirtschaftsimperium Kirche. Der mächtigste Konzern Deutschlands

Frankfurt: Campus 2005. 230 S., geb.

Na ja, etwas gelogen ist der Titel schon. Denn um einen Konzern handelt es sich bei der Kirche – oder genauer gesagt bei den verschiedenen Kirchen und den mit ihnen verbundenen Unternehmen und anderen Organisationen – weder in rechtlichem, noch in wirtschaftlichem Sinne. Doch trotz dieses etwas reißerischen Titels hat Friedhelm Schwarz eine wichtige Studie vorgelegt, lenkt er doch sein Augenmerk auf einen wirtschaftlich, sozial und politisch tätigen Akteur, der ansonsten kaum ins Licht der Wirtschaftsliteratur gerät. Dies übrigens durchaus zu Unrecht: „Die Menge des kontrollierten Geldes, Umsatz, Marktmacht und Mitarbeiterzahl machen die Kirche zu einem Wirtschaftsgiganten." (S. 11)

In Zusammenhang mit Kirche und Wirtschaft denkt man in Deutschland in erster Linie an die Kirchensteuer. Tatsächlich finanzieren sich die Kirchen aber keineswegs überwiegend aus dieser Steuerart. Hinzu kommen Einnahmen aus staatlichen Zuschüssen in Form von Finanzierungszusagen und Subventionen im weitesten Sinne, Einnahmen aus Dienstleistungen, aus Vermietung und Verpachtung, sowie aus produktiver Tätigkeit und – last but not least – aus Spenden, Schenkungen und Stiftungen. Neben den Kirchen im engeren Sinne kommen weitere Organisationen hinzu wie Caritas und Diakonie mit ihren Verbänden und gemeinnützigen Einrichtungen, aber auch Banken, Medien und sonstige Unternehmen.

Problematisch ist in diesem Zusammenhang weder die Kirche als solches, die wichtige und notwendige Aufgaben erfüllt, noch die Existenz eines heterogenen Konglomerats von Organisationen in unterschiedlichsten Rechtsformen, als die geringe Transparenz, die sich aus der zersplitterten Struktur ergibt: Die römisch-katholische und die evangelische Kirche bestehen in Deutschland aus rund 30.000 regionalen Körperschaften, 51 Gebietskörperschaften und 2 Verbandskörperschaften – jede für sich weitgehend eigenständig. Dies verursacht größere Probleme sowohl in der Finanzierung als auch in der Abstimmung der Aktivitäten und ihrer Kontrolle – und hier sieht Schwarz auch die größten Herausforderungen (S. 218): „Die Kirche sollte dort, wo sie wirtschaftlich aktiv ist, höchst effizient sein, was nicht ausschließt, ein menschliches Gesicht zu bewahren. Es ist in hohem Maße unsozial, Finanzmittel in ineffektiven Strukturen zu vernichten, wenn man weiß, wie man sie sinnvoller einsetzen könnte. Insofern hat die Kirche, abgeleitet aus ihrem christlichen Auftrag, auch ganz weltliche, ökonomische Pflichten zu erfüllen."

SEN, Amartya: Ökonomie für den Menschen. Wege zu Gerechtigkeit und Solidarität in der Marktwirtschaft

München: Hanser 2000. 424 S., geb.

Das Schlechteste an diesem Buch, dies sei ganz an den Anfang gestellt, ist der Titel, der in keinem nachvollziehbaren Zusammenhang zu Inhalt oder Originaltitel des

Werkes steht. Sen geht es nämlich keineswegs um die Festlegung einer „Ökonomie für den Menschen", sondern um die Herausarbeitung der Zusammenhänge zwischen Entwicklung und Freiheit.

Ausgehend von der These (S. 13), dass sich Entwicklung als Prozess der Erweiterung realer Freiheiten verstehen lasse, untersucht Sen einerseits verschiedene Dimensionen von Entwicklung und andererseits verschiedene Arten instrumenteller Freiheiten. Folgerichtig verwirft er die häufig gestellte Frage, ob bestimmte politische oder soziale Freiheiten (z. B. Möglichkeit politischer Partizipation; Chance auf Schulbildung) für eine Entwicklung förderlich sind oder nicht, als am Kern des Themas vorbeigehend. Denn sowohl die Möglichkeit zur politischen Partizipation als auch die Chance auf Schulbildung sind selbst Elemente von Entwicklung. Fehlen sie, findet auch Entwicklung – zumindest in diesem Bereich – nicht statt.

Sen löst auf diese Weise den Entwicklungsgedanken weitgehend von der Konzentration auf eine rein ökonomische Entwicklung im Allgemeinen und die Steigerung des Bruttosozialprodukts im Besonderen. Statt dessen bietet er ein multidimensionales Ziel- und zugleich Messsystem, dessen Basis fünf Arten instrumenteller Freiheiten sind (S. 52). Dazu zählen politische Freiheiten, ökonomische Einrichtungen, soziale Chancen, Transparenzgarantien und soziale Sicherheit. Ihre weitest mögliche Ausdehnung ist einerseits das Ziel von Entwicklung und andererseits kann zugleich am Ausmaß ihrer Realisierung gemessen werden, wo und wie viel Entwicklung statt gefunden hat.

Hervorzuheben ist, dass sich diese fünf Arten instrumenteller Freiheit nur bedingt substituieren lassen, wie Sen am Beispiel der amerikanischen Sklaven während des Bürgerkriegs belegt: Ihr Güterkonsum war im Vergleich mit dem Einkommen freier Landarbeiter durchaus gut und ihre Lebenserwartung übertraf die von Industriearbeitern sogar deutlich; dennoch liefen sie weg und nach Abschaffung der Sklaverei scheiterten alle Versuche, sie wieder auf die Felder zu bringen. Selbst hohe Löhne konnten dies nicht bewerkstelligen (S. 42). Die gebotenen ökonomischen Vorteile und die soziale Sicherheit reichten nicht aus, um die anderen Freiheitseinbußen auszugleichen.

Sen hat ein spannendes Buch vorgelegt, das ein wichtiges Konzept für die gesamte wirtschafts- und entwicklungspolitische Diskussion vorstellt. Denn der Anwendungsbereich seiner These, wonach reale Freiheiten das Ziel von Entwicklung sind, lässt sich mit Fug und Recht nicht nur auf die so genannten „Entwicklungs"länder übertragen, sondern durchaus auch als Maßstab für den Entwicklungsstand unseres eigenen Landes einsetzen (wie Sen am Beispiel der Arbeitslosigkeit demonstriert).

SIEBERT, Horst: Der Kobra-Effekt. Wie man Irrwege der Wirtschaftspolitik vermeiden kann

---

Stuttgart/München: Deutsche Verlags-Anstalt 2001. 292 S., geb.

Die Kernfrage von Sieberts Buch findet sich groß und deutlich bereits auf dem Rücken des Schutzumschlages: „Was passiert eigentlich, wenn eine ganze Volkswirtschaft verfehlten Vorstellungen folgt?" Der Rest des Buches untersucht anhand des deutschen Beispiels, wo derzeit in der volkswirtschaftlichen Diskussion – und insbesondere in deren wirtschaftspolitischer Umsetzung – Fehlorientierungen, abwegige Konzeptionen, Trugschlüsse und Irrtümer zu finden sind.

Das Zusammenführen von praktizierter Politik und wirtschaftswissenschaftlichen Erklärungen hat durchaus Methode, denn Siebert stellt bereits früh in dem Buch fest: „Die Politik spricht gerne von „Missbrauch", wenn Menschen sich nicht so verhalten, wie sich der Politiker dies bei dem Entwurf des Gesetzes vorgestellt hat. In Wirklichkeit reagieren die Menschen jedoch lediglich auf die Anreize, die ihnen von der Politik gesetzt worden sind. Vor allem wollen sie sich in dem Spiel David gegen Goliath eigene Freiräume erhalten, in denen sie ohne staatliche Bevormundung schalten und walten können." (S. 14).

An diese grundlegende Einführung in den Umgang der Menschen mit Regeln, der leider Politikern häufig nicht vertraut zu sein scheint, knüpfen sich fünfzehn weitere Kapitel an, in denen so unterschiedliche Themenkomplexe wie Geld-, Arbeitsmarkt-, Gesundheits- und Zuwanderungspolitik behandelt werden. Dabei wird jeweils die Wirkungsweise der jetzt vorhandenen Regelungen beleuchtet und erklärt, aber auch Alternativen vorgeschlagen, die die bessere Funktionsfähigkeit einer Volkswirtschaft, eines Landes erwarten lassen. Gleichzeitig, und dies zeichnet Siebert gegenüber anderen Ökonomen und insbesondere gegenüber dem so genannten Neoliberalismus aus, betont er die Notwendigkeit eines institutionellen Rahmens.

Hier kommt zugleich die Politik in höchstem Maße ins Spiel, denn die Festlegung dieser Rahmenbedingungen ist nicht Aufgabe der Wirtschaft, sondern eben der Politik – auch in Zeiten der Globalisierung. Sieberts Buch ist eine gelungene Handreichung dafür, die Politik zur Selbstbesinnung zu Führen, den Ausbreitungsdrang der Wirtschaft gleichzeitig zu steuern und zu begrenzen – und in höchstem Maße lesbare Erkenntnisvermittlung obendrein!

SMITH, David: Wirtschaftswissen leicht serviert. Die perfekte Einführung in die Welt der Wirtschaft

---

Hamburg: Murmann 2005. 320 S., br.

Die Wissenschaft der Ökonomie erweckt bei Außenstehenden gelegentlich den Eindruck, als sei das alles fürchterlich kompliziert und vor allem unverständlich. Dazu trägt in aller Regel auch die Darstellungsform bei, denn die meisten einführenden Werke wimmeln von abstrakten Darstellungen und mathematischen Formeln. Da stellt sich dann doch recht bald die Frage: Muss denn das so sein?

David Smith zeigt mit seinem Buch, dass diese Form der Leserabschreckung keineswegs zwingend ist. Hintergrund ist dabei, dass Smith als Leiter der Wirtschaftsredaktion einer großen englischen Zeitung vielfach gebeten worden war, eine leicht verständliche Einführung in die Wirtschaftswissenschaft für Nicht-Ökonomen zu empfehlen. In Ermangelung eines geeigneten Vorschlags entschloss er sich dazu, ein solches Werk dann eben selbst zu verfassen.

Ausgangspunkt ist dabei der Spruch „Kein Lunch ist gratis". Dies bedeutet zum einen, dass man auf die eine oder andere Weise für alles zahlen muss, zum anderen brachte es Smith auf die Idee, die Wirtschaftswissenschaft in Form eines mehrgängigen Menüs zu servieren. Entstanden ist somit ein Werk, das tatsächlich in Form von dreizehn Gängen dem Leser durchaus eingängig die ökonomischen Erkenntnisse in ihrer zeitlichen Abfolge präsentiert. Dabei werden nicht nur die Theorien einfach, aber durchaus adäquat vermittelt, sondern auch die wichtigsten Theoretiker vorgestellt und in die Gedankenwelt ihrer Epoche eingeordnet.

Entstanden ist ein Werk, dem es tatsächlich gelingt, auf ebenso unterhaltsame wie informative Weise in die Wirtschaftswissenschaft einzuführen. Dies ist darüber hinaus tatsächlich nahezu ohne Formeln geschehen – und vielleicht gerade deswegen sehr gut verständlich. Bei kritischer Durchsicht fällt natürlich auf, dass die ein oder andere Person auch noch hätte erwähnt werden sollen (wie z. B. der gebürtige Österreicher F. A. von Hayek) und dass gerade der momentan einflussreichste Theorieansatz, die Neue Institutionenökonomie, nicht erwähnt wird. Aber trotz derartiger Feinheiten ist das Buch ausgesprochen empfehlenswert – und zwar nicht nur für Nicht-Ökonomen; auch manchem ausgewiesenen Wirtschaftswissenschaftler können bei der Lektüre vergessene Grundkenntnisse wieder einfallen.

SOLSCHENIZYN, Alexander: Rußland im Absturz

Wien: Böhlau 1999. 220 S., geb.

Die Frage nach den Fehlern in der russischen Entwicklung, insbesondere während der letzten zehn Jahre, und die Angst vor dem Verlust des russischen Nationalcharakters beherrschen das Buch von Solschenizyn. Vehement wird Kritik geübt: An Kommunismus und Sowjet-Ideologie, am Entstehen von Pseudo-Demokratie und wirtschaftlicher Habgier nach dem sowjetischen Zusammenbruch der Sowjetunion und insbesondere an dem „Verrat" Russlands gegenüber der russischen Bevölkerung in den unabhängigen Staaten. All diese und zahlreiche weitere Faktoren (z. B. Tschetschenien-Krieg, nationalistische Strömungen, mangelnder Patriotismus) erfüllen Solschenizyn mit Zukunftsangst, die in der Frage kumuliert, ob die Russen in Zukunft noch Russen sein werden.

So schwierig die Lage aber auch ist, so gering ist sein Vertrauen in das Wollen und das Können der früheren oder der derzeitigen Machthaber in der Moskauer Zentrale. Zu einer Verbesserung der Lage und einer möglichen Lösung der Probleme kann es, so Solschenizyn, nur auf dem Wege lokaler Selbstverwaltung, der „Semstwo-Vertikale" kommen.

Solschenizyns Buch ist Ausdruck der brennenden Sorge, die ihn beim Anblick Russlands befällt. Diese Angst und die Nähe zur Verzweiflung sind in jeder Zeile spürbar, wodurch das Buch zu einer ebenso faszinierenden wie bedrückenden Lektüre wird, bei der man die Schwächen des Werkes (Wiederholungen, mangelnde Strukturierung) kaum noch wahrnimmt. Ärgerlicher hingegen ist seine Einstellung, dass alle Nicht-Russen dem Lande Böses wollen.

SPINNEN, Burkhard: Der schwarze Grat. Die Geschichte des Unternehmers Walter Lindenmaier aus Laupheim

Frankfurt am Main: Schöffling 2003. 305 S., geb.

Es ist ein merkwürdiges Buch, das Burkhard Spinnen hier vorgelegt hat – für den Leser wohl ebenso wie für den Autor. Denn eigentlich erfindet Spinnen – wie fast alle Romanautoren – seine Figuren und begegnet ihnen nicht in der Realität. Diesmal aber hat er, zunächst als Auftragsarbeit, die Lebensgeschichte eines wirklich existierenden Menschen geschrieben – was für ihn, wie er mehrfach im Buch betont, durchaus ungewohnt war und Probleme bereitete.

Herausgekommen ist bei diesen Bemühungen allerdings etwas höchst Faszinierendes. Denn Burkhard Spinnen beschreibt das Leben und Wirken eines mittelständischen Unternehmers, des im Untertitel erwähnten Walter Lindenmaier aus Laupheim – und diese Biographie beschreibt ein zugleich gewöhnliches und außergewöhnliches Leben: Walter Lindenmaier musste die von seinem Großvater gegründete Firma für Feinmechanik übernehmen. Dafür war er seit dem Tod seines Vaters ausersehen und ausgebildet worden. Dennoch klappte der Übergang alles andere als reibungsfrei, nicht nur wegen des überraschenden Todes des Großvaters. Und auch danach war seine Lebensgeschichte, die zugleich auch die Geschichte der „Lindenmaier Präzision AG" ist, immer ein Auf und Ab.

So entsteht für den Leser innerhalb des Allgemeinen (mittelständische Unternehmen in Deutschland und deren Entwicklung nach dem Zweiten Weltkrieg) ein Bild des Besonderen (dieser Unternehmer in dieser Zeit in dieser Region). Nach der Lektüre steht man staunend vor dem Mut von Autor und Hauptperson, denn Spinnen ist es gelungen, den Leser zu fesseln und in das Geschehen um das Lindenmaiersche Familienunternehmen einzuspannen. Und so ist es ein rundum gelungenes Buch geworden, dieser Ausflug eines Romanautoren in das authentische Unternehmerleben: Spannend, faszinierend, teilweise erschreckend, aber immer mitreißend und stets begleitet von dem Wissen – dies ist kein Roman!

STEDING, Rolf: Das Recht der eingetragenen Genossenschaft. Ein Überblick

Berlin: Institut für Genossenschaftswesen an der Humboldt-Universität zu Berlin 2002. 58 S., br.

Das vorliegende Buch von Steding nimmt sich der in Deutschland in jüngster Zeit etwas vernachlässigten Rechtsform der eingetragenen Genossenschaft (eG) an. Konzeptionell ist das Buch in drei Teile untergliedert, von denen die ersten beiden sich inhaltlich mit der eingetragenen Genossenschaft auseinandersetzen, während das dritte in Form eines Rechtsglossars die voranstehenden Ausführungen abrundet. Im ersten Teil wird die eG in ihrer historischen Entstehung und späteren Entwicklung vorgeführt, während im zweiten Teil die wesentlichen Merkmale und Charakteristika dieser Rechtsform vorgestellt und erläutert werden.

Das erste Kapitel steht entsprechend seinem Schwerpunkt unter dem Titel „Die eG – eine Rechtsform zwischen Personen- und Kapitalgesellschaft". Inhaltlich stellt Steding dabei zu-nächst den Entstehungsansatz der Genossenschaft, also ihren Ursprung als Selbsthilfeorganisation zur wirtschaftlichen Förderung ihrer Mitglieder, vor, bevor er sich mit den Veränderungen befasst, die diese Rechtsform im Laufe der letzten Jahrzehnte durchgemacht hat. Die von ihm betonte Einzigartigkeit wird insbesondere im zweiten Kapitel deutlich, wo der Verfasser in Form von Fragen und Antworten die typischen Charakteristika von Rechtsformen abhandelt. Unterteilt in fünf Abschnitte (1. Begriff, Art und Entwicklung, 2. Gründung, Satzung und Eintragung, 3. Beitritt, Mitgliedschaft und Haftung, 4. Organe und 5. Kapitalbasis, Prüfung und Beendigung) informiert dieses Kapitel über die wichtigsten Merkmale der Genossenschaft. Insgesamt macht Steding deutlich, dass es sich bei der eingetragenen Genossenschaft um ein Unikat unter den Rechtsformen handelt, das zwar durchaus einige Probleme aufweist, aber zugleich auch immense Chancen für wirtschaftliche Selbsthilfe von Gruppen eröffnet.

Insgesamt erhält der Leser nicht nur eine Einführung in den rechtsförmlichen Charakter der Genossenschaft, sondern wird zugleich mit ihren Stärken, Schwächen und dem aktuellen Entwicklungsstand vertraut gemacht. Aufgrund seines Aufbaus und der gewählten didaktischen Vorgehensweise ist das Buch gleichermaßen für Studierende der verschiedenen gesellschaftswissenschaftlichen Disziplinen als auch für Wirtschaftspraktiker geeignet.

STIGLITZ, Joseph E.: Die Schatten der Globalisierung

Berlin: Siedler 2002. 304 S., geb.

Globalisierung ist eines der derzeit am heißesten diskutierten Themen und Stiglitz hat dazu den Bericht eines Insiders vorgelegt. Dabei ist der Autor selbst ein Wanderer zwischen den Welten, denn er verließ die Hochschule, um Mitglied in Präsident Clintons Sachverständigenrat zu werden und war dann Chefvolkswirt der Weltbank, bevor er zur akademischen Tätigkeit zurückkehrte. Vor diesem Hintergrund hat er sich sowohl theoretisch als auch praktisch mit Entwicklungsfragen befasst – und demzufolge auch mit Globalisierung.

Unter Globalisierung versteht Stiglitz „die Beseitigung von Hemmnissen für den freien Handel und die Integration der nationalen Volkswirtschaften durch vielfältige Institutionen", und er sieht darin eine sehr gute Chance, den Wohlstand aller Menschen auf dem Planeten zu steigern. Gleichzeitig – und dies unterscheidet ihn von vielen anderen politiknahen Ökonomen – sieht er aber auch die Probleme, die eine ungebremste und vor allem ungelenkte Globalisierung mit sich bringt. Seine Beschäftigung mit Äthiopien, Russland, Osteuropa und insbesondere den asiatischen Ländern bringt ihn zu dem Fazit, dass erfolgreiche – und für die Menschen in diesen Ländern hilfreiche – Globalisierung die Einbindung in ein festes Regelwerk erfordert.

Dies ist zwar keineswegs eine neue Erkenntnis; sie lässt sich im Gegenteil bereits bei Adam Smith, dem Vater der modernen Volkswirtschaftslehre finden – aber sie scheint in jüngster Zeit im politisch-ökonomischen Bereich in Vergessenheit geraten zu sein. Entsprechend findet sich bei Stiglitz eine massive Kritik des US-amerikanischen Finanzministeriums, des Internationalen Währungsfonds und auch der Weltbank. Konsequenterweise fordert Stiglitz einen veränderten Umgang mit der Globalisierung, der insbesondere Veränderungen bei den internationalen Institutionen erfordert: Dies beinhaltet beispielsweise mehr Transparenz und Überwachung der internationalen Organisationen sowie Schuldenerlass und Finanzhilfe für die ärmsten Länder. Wichtiger aber noch erscheint ein anderer Punkt: Die Abkehr von einem Marktfundamentalismus, der jegliche staatliche Interventionen unter Verweis auf die Autonomie und die Effizienz der Märkte ablehnt.

Denn diese Effizienz ist nur auf vollkommenen Märkten gegeben – also genau jenen Märkten, die es höchstens als Modell in der Theorie, aber keineswegs im Alltagsleben gibt. Auf unvollkommenen Märkten hingegen, die geprägt sind von unvollkommener Information der Akteure, können sich gezielte und vernünftige staatliche Eingriffe durchaus als segensreich erweisen!

STIGLITZ, Joseph E.: Die Roaring Nineties. Der entzauberte Boom

Berlin: Siedler 2004. 348 S., geb.

Die wohl wichtigste Frage in der Ökonomie dürfte sein: „Was ist falsch gelaufen?" Und genau diese Frage ist es, die der Wirtschafts-Nobelpreisträger Stiglitz hinsichtlich des Wirtschaftsbooms der Neunziger Jahre des letzten Jahrhunderts stellt. Die Verbindung von explodierenden Aktienkursen und einem massiven Wirtschaftswachstum auf der einen Seite und einem ebenso dramatischen Absturz auf der anderen Seite hatte vielfältige Auswirkungen, die bis heute spürbar sind. Dazu zählen beispielsweise die hohen Arbeitslosenzahlen, die stark gewachsenen Aktiendepotbestände und ein erhebliches Misstrauen gegenüber den Bilanzzahlen von Großunternehmen.

Stiglitz zeichnet mit seinem Buch nicht nur die Entwicklung dieser Dekade nach, sondern sucht nach Ursachen für die Entwicklung. Dabei gilt sein Augenmerk insbesondere dem Geschehen in den USA, da diese Vorreiter und zugleich Motor der weltweiten Entwicklung war. Er zeigt dabei auf, dass der Kern des Zusammenbruchs bereits in denselben Umständen angelegt war, die den Aufschwung hervorriefen. Die Ursachen waren dabei durchaus vielfältig: So wirkte die Geldpolitik der US-Notenbank ebenso mit wie die Steuersenkungspolitik der Regierung und der Abbau von regulierenden Schutzvorschriften. Gleichzeitig erwiesen sich die zuvor hochgelobten Buchführungsvorschriften als nicht annähernd so stabil wie unterstellt. In einer ganzen Anzahl von Fällen, unter denen Enron und Worldcom nur die spektakulärsten waren, ermöglichten sie das Aufblähen von Gewinnen und das Verstecken von Risiken.

Die wichtigsten Ausführungen finden sich im zwölften Kapitel, wo es darum geht, aus den Erfahrungen zu lernen. Stiglitz entwickelt hier das Konzept eines Neuen Demokratischen Idealismus. Konkret geht es ihm darum, Marktstörungen zu beheben und zugleich Umverteilung zu erzielen. Dafür sind funktionsfähige Märkte erforderlich, die allerdings lediglich Mittelcharakter haben – und im Gegensatz zur neoliberalen Ideologie keineswegs einen Selbstzweck darstellen. Der von Stiglitz propagierte

Lösungsansatz setzt nicht auf Markt oder Staat, sondern verbindet beide – um Egoismus gleichzeitig zu nutzen und zu zügeln! Nur so, davon ist er überzeugt, lässt sich eine bessere Welt mit weniger Doppelmoral und Ungerechtigkeit erreichen!

STRATHERN, Paul: Schumpeters Reithosen. Die genialsten Wirtschaftstheorien und ihre verrückten Erfinder

---

Frankfurt: Campus 2003. 331 S., geb.

Wer auch immer sich diesen Titel ausgedacht hat, sollte sich schämen! Auf diese Weise segelt das Buch, das in seinem englischen Titel auf den berühmten Dr. Seltsam aus Stanley Kubricks Film verweist und eine Geschichte der Wirtschaftstheorie verspricht, gleichsam unter falscher Flagge. Denn es handelt sich keineswegs um eine Ansammlung von Anekdoten über Ökonomen oder die Veralberung der verschiedenen Wirtschaftstheorien, sondern um eine durchaus ernst gemeinte und ernst zu nehmende Reise durch die Ideengeschichte der Ökonomie. Dabei werden im Unterschied zu vielen anderen Werken dieser Ausrichtung nicht nur die Ideen vorgestellt, sondern auch die Personen und deren Lebensumstände. Kaum verwunderlich ist es, dass auch in dieser Wissenschaftsdisziplin einige Exzentriker anzutreffen sind – zu denen u. a. auch der ehemalige österreichische Finanzminister Joseph Schumpeter gehört, der seine Vorlesungen im Reiterkostüm hielt – allerdings wohl nicht auf einem Pferd sitzend, wie es der Umschlag suggeriert.

Inhaltlich handelt es sich um eine kurz gefasste Geschichte der Wirtschaftstheorien, die in den vierziger Jahren des 20. Jahrhunderts mit John von Neumann und der Vorstellung der Spieltheorie beginnt, dann zurückkehrt in das 12. Jahrhundert und sich über Adam Smith, Robert Malthus, Robert Owen, Karl Marx, Vilfredo Pareto und John Maynard Keynes bis in die Gegenwart zu Milton Friedman vorarbeitet. Insofern bietet das Buch für alle an den Wirtschaftswissenschaften Interessierten eine gute Einführung in die Theoriengeschichte.

Problematisch ist allerdings, dass das Buch mit Friedman und der durch ihn verkörperten neoklassischen Theorie endet. Denn seitdem ist auch die Welt der ökonomischen Theorien keineswegs stehen geblieben, wofür insbesondere die so genannte Neue Institutionenökonomie steht. Deren Ansätze, wie z. B. die Prinzipal-Agenten-Theorie oder das Konzept der Transaktionskosten, stellen nicht allein wirtschaftstheoretische Weiterentwicklungen dar, sondern haben – wie das vieldiskutierte Shareholder Value-Konzept zeigt – seit geraumer Zeit einen bedeutsamen Einfluss auf das praktische Wirtschaftsgeschehen. Dass diese jüngsten Entwicklungen in Stratherns Buch in keiner Weise angesprochen werden stellt neben dem misslungenen Titel den einzigen Schwachpunkt in einem ansonsten ausgesprochen lesbaren und lesenswerten Werk dar.

STRAUB, Eberhard: Albert Ballin. Der Reeder des Kaisers

Berlin: Siedler 2001. 271 S., geb.

Straub hat sich als Thema seines neuesten Buches eine der faszinierendsten Persönlichkeiten aus der wilhelminischen Epoche ausgesucht: Albert Ballin, den Mann, der aus kleinbürgerlichen Verhältnissen kommend, es nicht nur an die Spitze einer Reederei gebracht hat, sondern diese, die Hapag, aus relativer Bedeutungslosigkeit zur größten und bedeutendsten Schifffahrtsgesellschaft vor dem ersten Weltkrieg führte.

Das Wirken Ballins, sowohl aufgrund der wirtschaftlichen Bedeutung der Hapag als auch insbesondere auf Grund des großen nationalen Interesses an der Handelsflotte, war eng verknüpft mit der Politik des deutschen Kaiserreichs. Entsprechend beschränkt Straub sich nicht darauf, Aufstieg und Fall der Person Albert Ballin darzustellen, sondern befasst sich auch mit Wilhelm II und der von ihm getragenen Politik, die vielfältige Rivalitäten und Spannungen verursachte. Ihren sichtbarsten Ausdruck fanden diese in der doppelten Rivalität mit England auf dem Gebiet der Handels- wie auch der Kriegsflotte. Diese Spannungen werden von Straub ebenso geschildert wie die nationalen Übersteigerungen und Fehleinschätzungen in der Politik jener Jahre, die letztlich zum Ersten Weltkrieg geführt haben.

In diesem Panorama wird vor den Augen des Lesers nicht nur der Mensch Albert Ballin deutlich, sondern auch die Ära, in die er eingebunden war und die er zugleich auch spürbar beeinflusste. Faszinierend und zugleich erschreckend bei der Darstellung der Person Ballins ist, wie er einerseits pragmatisch-intuitiv Personen, ihre Motive und ihre Handlungsweisen im Wirtschaftsleben richtig einschätzen konnte, während ihm diese Fähigkeit, die seinen Aufstieg erst ermöglicht hatte, auf politischer Ebene vollständig zu fehlen schien, was wiederum zu seinem Sturz beitrug.

Straubs Buch ist ein ebenso spannender wie erschreckender Rückblick nicht nur auf eine herausragende Person der Zeitgeschichte, sondern auch auf die politischen Fehler dieser Ära, die zu der Katastrophe des Ersten Weltkriegs führten.

STROMMER, Franz & Roswitha: Im Vertrauen auf die Macht der Hausfrau. Die Rolle der Frauen in den österreichischen Arbeiterkonsumvereinen 1856 bis 1977

Wien: Eigenverlag des FGK 2001. 185 S., br.

Manche wissenschaftlichen Studien sind im Wesentlichen aus der Neugierde der Forschenden heraus entstanden. Dies ist auch beim vorliegenden Werk der Fall: Ursprünglich hatte Roswitha Strommer ihren Mann lediglich bei der Literatursuche unterstützen wollen, hatte sich dann aber so in die Thematik vertieft, dass sie nach dem Tod ihres Mannes dessen Forschungsinteressen weiterführte. Aufgrund eines anderen wissenschaftlichen Hintergrundes verschob sich dabei allerdings der Analyse-Ansatz: weg von der psychologischen Studie, warum Familien über Generationen hinweg einer bestimmten Einkaufsform treu bleiben hin zu einer Untersuchung der Beziehungen zwischen dem (überwiegend weiblichen) Konsumgenossenschaftspublikum, der

Genossenschaft selbst und ihren Print-Medien. Dabei wird nicht nur die Geschichte der österreichischen Konsum-Vereine neu und gewissermaßen „von unten", sondern zugleich der Beitrag dieser „Genossenschaften zur Schaffung eines neuen weiblichen Selbstverständnisses – über die Agitation zur Emanzipation" (S. 11) untersucht.

Inhaltlich ist das Buch in vier Abschnitte untergliedert, die jeweils unterschiedliche geschichtliche Abschnitte in der Genossenschaftsentwicklung umfassen. Im ersten Kapitel unter der Überschrift „Abseits der Ringstraße" geht Strommer auf die „Frühgeschichte" der Konsumvereine ein. In ihrer Entstehungsgeschichte unterscheiden diese sich nämlich stark von den meisten anderen Genossenschaften, sind sie doch überwiegend auf Initiative von Arbeitern gegründet worden, um sich selbst eine günstigere Einkaufsalternative zu verschaffen. Gleichzeitig waren Arbeiterkonsumgenossenschaften jedoch recht umstritten: Dass die konkurrierenden Kaufleute ihnen ablehnend gegenüberstanden, verwundert wenig; dass aber zugleich auch die sozialistischen und sozialdemokratischen Parteien sowie die Gewerkschaften misstrauisch waren, resultierte aus deren Ablehnung gegenüber wirtschaftlicher Betätigung ebenso wie aus Sorge vor Konkurrenten in der Aufmerksamkeit der Arbeiterschaft.

In dieser Situation kam den Arbeiterfrauen in doppelter Hinsicht eine wichtige Bedeutung zu: Erstens waren sie in den Arbeiterfamilien für den Einkauf von Haushaltsbedarf zuständig, zweitens wurden sie in der Regel von Gewerkschaften und Parteien ignoriert. Für die Konsumvereine wurden sie dadurch zu einer umso interessanteren Zielgruppe: „Sie werden eifrig umworben, um zunächst für den Einkauf im nahen „Konsum", später für die Genossenschaftsidee als solche und weiters für eine Verbreitung genossenschaftlicher – und sozialistischer – Ideale gewonnen zu werden." (S. 30). Die Aufmerksamkeit, die seitens der Konsumgenossenschaften dieser bisher vernachlässigten Personengruppe gewidmet wurde, bewirkte einerseits genau das, was sich der Konsum erhofft hatte, nämlich die Nutzung von Frauen als Multiplikatoren, die den gewünschten wirtschaftlichen Aufschwung herbeiführten. Andererseits führte diese Aufwertung ihrer Rolle zu einem Effekt, mit dem man nicht gerechnet und den man seitens der männlichen Führungspersonen so wohl auch nicht gewünscht hatte, nämlich die Steigerung des Selbstwertgefühls und der erste Schritt zur Emanzipation.

Die sich wandelnde Rolle und das sich ändernde Selbstverständnis der Arbeiterfrauen als Zielgruppe der Konsumvereine spiegeln sich auch in der Namensgebung der auf sie ausgerichteten Zeitschriften wider. Hieß die Zeitschrift zunächst noch „Der Pionier" – vor der Entdeckung der Frauen als Zielgruppe, wurde sie dann in „Für unsere Hausmütter" umbenannt. Nach dem Ersten Weltkrieg wandelte sie sich in „Für Haushalt und Heim": Statt der ausgebeuteten Arbeiterfrau war jetzt die sparsame, aber modeinteressierte Frau aus einfachen Verhältnissen angesprochen. „Ihr Leben wird beherrscht von den vier K „Kinder, Küche, Kleider, Kaufen" (S. 76). Im Gefolge des Zweiten Weltkriegs blieb zwar zunächst der Titel gleich, aber wieder einmal hatte sich das Frauenbild gewandelt: Die tatkräftige, junge Hausfrau mit Kindern erhält Ratschläge für ein „modernes Leben", das sich zunächst noch in sehr bescheidenen Verhältnissen abspielt, später aber auch größere Wohnungen, kleine Häuser und den eigenen Garten umfasst. Konsequenz war Mitte der sechziger Jahre die Umbenennung in „Schöner Leben", die sich aber nach wie vor an Hausfrauen und Mütter wandte. Alleinstehende und/oder berufstätige Frauen wurden (bewusst?) nicht angesprochen. Erst in den siebziger Jahren versuchte die Konsumpresse wieder den Anschluss an die „Frau in der Leistungsgesellschaft" zu finden, wobei man allerdings den sich vehement vollziehenden Emanzipationsbestrebungen spöttisch bis ablehnend gegenüberstand. Und auch in der eigenen Organisation zeigte sich dieses Spannungsverhältnis: Zwar wandte man sich an Frauen und auch in den Zeitschriften arbeiteten Frauen in leitenden Positionen mit, ansonsten führten sie aber in der Genossenschaftsorganisation eher eine Nischenexistenz.

Mitte der siebziger Jahre, also noch vor dem Aufstieg des österreichischen Konsum zum sprichwörtlichen „Roten Riesen" und seinem anschließenden Niedergang endet die Geschichtsschreibung von Strommer.

Das vorliegende Buch ist eine durchaus beeindruckende Studie über den Aufstieg der österreichischen Konsumgenossenschaftsbewegung, wobei verdienstvollerweise diese Erfolgsgeschichte „von unten" – aus der Perspektive von Frauen als Kunden und Zielgruppen der Konsumbewegung geschrieben wurde. Vor diesem Hintergrund ist das Buch gleich in mehrfacher Weise eine durchaus anregende Lektüre: Erstens ist es flüssig und unterhaltsam geschrieben, was für wissenschaftliche Werke keineswegs eine Selbstverständlichkeit ist. Zweitens nimmt es den Leser mit auf eine Zeitreise durch mehr als 120 Jahre österreichische Konsum-, Genossenschafts-, Arbeiter- und Wirtschaftsgeschichte. Drittens wurde für die Forschung ein bisher eher vernachlässigtes Medium herangezogen, nämlich die Kunden- bzw. Mitgliederzeitschriften einer Organisation. Viertens, und das dürfte trotz der anderen Verdienste wohl der wichtigste Aspekt sein, ist es gelungen, in einer geschichtlichen Betrachtung wirtschaftliche (Entwicklung einer Unternehmensgruppe) und sozialwissenschaftliche Erkenntnisinteressen (Rolle der Frau) auf originelle Weise miteinander zu verknüpfen.

Strommer hat ein durchaus gelungenes Beispiel für die Gewinnung und Vermittlung neuer sozialhistorischer Erkenntnisse vorgelegt, dem man viele Nachahmer wünscht – ob nun in dieser speziellen Disziplin oder in einer anderen. Dies gilt selbst dann, wenn man sich als männlicher Leser und Rezensent gelegentlich eine etwas genauere Beleuchtung des männlichen Führungspersonals gewünscht hätte.

SUTER, Martin: Business Class. Geschichten aus der Welt des Managements

Zürich: Diogenes 2000. 231 S., geb.

Suter erzählt Geschichten: Kurz, beißend und pointiert berichtet er aus der Welt der Manager, die sich dem Leser als eine Art Panoptikum darbietet, bevölkert von (Halb-) Göttern und Lohnsklaven, Strebsamen und Ängstlichen, Intriganten und Schleimern, Anpassern und Selbstdarstellern; eine Welt, die bestimmt wird von offenen wie auch von verdeckten Regeln: Gewinnorientierung, Hackordnung, Statussymbole und vielem, vielem mehr.

Der Leser lernt dank Suter die Bedeutung verschiedenster Faktoren kennen: Von der Schönheit des Mannes über den Stressfaktor, die Büroeinrichtung, die Grüßrituale bis hin zum Design jenes berühmten Vorhangs im Flugzeug, der die „Economy Class" von der „Business Class" trennt.

Der „Waschzettel" auf der Rückseite des Buches nennt diese Sammlung von Kolumnen zu Recht einen „Knigge für Angestellte und Führungskräfte". Doch es ist sogar noch mehr als dies: Es sind anonymisierte soziologische Fallstudien aus dem Management, die menschliches Verhalten und Rituale entlarven.

Suter gebührt für diese Texte ein großes Lob: Er beobachtet genau, schreibt prägnant, pointiert und kenntnisreich, mit der Konsequenz, das die Geschichten nicht nur gut lesbar und unterhaltsam sind, sondern zugleich auch wahr – wie eigene Beobachtungen anlässlich meiner jüngsten Dienstreise bestätigen. Martin Suters Sammlung von Kolumnen hat mir für viele Facetten des Geschäftslebens die Augen geöffnet – und dafür gebührt ihm Dank.

SUTER, Martin: Business Class. Neue Geschichten aus der Welt des Managements

Zürich: Diogenes 2002. 230 S., geb.

Mit dem vorliegenden Band hat Suter die zweite Sammlung seiner Skizzen und Glossen aus dem Leben der Manager veröffentlicht. Wie bereits im ersten Band ist es ihm auch diesmal gelungen, die Spezies „Manager" in ihren vielfältigen Erscheinungsformen, vom Jungspund über den Krisenmanager bis hin zum Vorstandsvorsitzenden, treffend zu charakterisieren. Lobenswerterweise tauchen bei Suter – der Wirklichkeit angepasst – inzwischen auch die ersten weiblichen Exemplare in seinen Erzählungen auf – und sie weisen dieselben Ängste, Begierden und Neurosen auf, die uns schon bei ihren männlichen Artgenossen so fasziniert haben.

Suter erweist sich auch in dieser neuen Sammlung von Zeitungskolumnen wieder als ein erschreckend genauer Beobachter der Managerklasse und gewährt uns einen Einblick in deren Innenleben: Wie Schuldzuweisungen funktionieren, wie man Konkurrenten auflaufen lässt, wieso Führungspersonen beim Büroschlaf nicht gestört werden dürfen und wie man durch Jobhopping Karriere macht, ohne je eine angefangene Aufgabe zu beenden.

Vor diesem Hintergrund ist der Titel „Alltagssoziologe ersten Ranges", die das Managerfachblatt Financial Times Deutschland dem Autor verliehen hat, voll und ganz berechtigt – schließlich beschreibt er Feldforschungen in der unmittelbaren Nachbarschaft. Und bei alledem lernt der Leser auf gleichzeitig erheiternde wie erschreckende Weise, wie angewandter Machiavellismus heute funktioniert!

THEURL, Theresia (Hrsg.): Internet – Chance für Genossenschaften. Beiträge des Oberseminars zum Genossenschaftswesen im Sommersemester 2000

Münster: Institut für Genossenschaftswesen der Westfälischen Wilhelms-Universität Münster, Regensberg 2000. 145 S., br.

Der neueste Band der Münsteraner Veröffentlichungen zum Genossenschaftswesen widmet sich dem gerade von Genossenschaften als Herausforderung empfundenen

Thema Internet und gibt die von Wissenschaftlern wie auch von Praktikern gehaltenen Vorträge einer Seminarreihe wieder.

Inhaltlich wird ein breiter Bogen gespannt, der von einem organisationstheoretischen Vergleich des Genossenschaftswesens mit dem Internet bzw. einer Netzwerkorganisation im allgemeinen (Rahmen-Zureck) bis hin zur Offenlegung der durch das Internet eröffneten neuen Vertriebsmöglichkeiten (Martin, Böhnke) reicht. Auf diese Weise werden sowohl dem wissenschaftlich Interessierten als auch dem Genossenschaftspraktiker wichtige Anregungen gegeben, wobei insbesondere die Beiträge von Grob und Greve bzw. von Stabolewski hervorzuheben sind.

Der erste dieser beiden Beiträge bietet dem Leser eine ebenso knappe wie umfassende Einführung in die „Bauteile" und Perspektiven des Internets, ergänzt durch einzelne Beispiele des Internetauftritts von genossenschaftlichen Organisationen. Der zweite Beitrag hingegen zeigt am Beispiel einer Bank auf, wie gezielt versucht wird, E-Commerce nicht als Bedrohung, sondern als Chance wahrzunehmen – als Chance nicht nur in Ergänzung oder als Abrundung des bisherigen Geschäftes, sondern auch als Möglichkeit, neue Marktfelder zu eröffnen und gleichzeitig Kundenbindung zu betreiben.

Zwar ist mit diesem Buch keineswegs bereits eine umfassende Dokumentation oder die abschließende wissenschaftliche Aufarbeitung zum Thema „Genossenschaften und Internet" vorgelegt worden, aber die in diesem Band versammelten Beiträge sind deutliche Belege dafür, dass der gewählte Titel „Internet – Chance für Genossenschaften" keineswegs übertrieben ist. Das Buch ist daher allen zu empfehlen, die sich mit Internetauftritten befassen – oder eben noch nicht befassen.

TÜRCKE, Christoph: Rückblick aufs Kommende. Altlasten der neuen Weltordnung

Frankfurt/Wien: Büchergilde Gutenberg 1998. 168 S., geb.

Zu den Gebieten Geist, Moral und Politik findet sich im vorliegenden Bändchen eine Sammlung sehr unterschiedlicher Texte Türckes. Verbunden werden diese über den Untertitel „Altlasten der neuen Weltordnung" und zusammengefasst als „sozialphilosophisch engagierte Kritik".

Die Vielzahl der angerissenen Themen ist beeindruckend und viele der Artikel klingen vielversprechend („Geniekult", „Wie moralisch ist Umweltschutz?", „Zukunftsmusik. Dritte Welt als Modell der ersten"), aber nach der Lektüre stellt sich Ernüchterung ein: Die Argumentation ist geprägt durch eine gewisse Wehleidigkeit, und der böse Schurke ist – wieder einmal – die Marktwirtschaft, oder, schlimmer noch, der Kapitalismus höchstselbst.

Fundierte Kapitalismuskritik ist notwendig und hilfreich, kann sogar spannend sein, aber in der hier präsentierten Form ist sie lediglich enttäuschend.

VESTER, Frederic: Die Kunst vernetzt zu denken. Ideen und Werkzeuge für einen neuen Umgang mit Komplexität

Stuttgart: Deutsche Verlags-Anstalt 1999. 315 S., geb.

Hurra, die eierlegende Wollmilchsau ist endlich gefunden worden! Oder zumindest ist dies der Eindruck, der beim Lesen des Buches entsteht. Inhaltlich geht es eigentlich um eine durchaus sinnvolle Angelegenheit, nämlich die Lösung komplexer Probleme in den unterschiedlichsten Gebieten (Unternehmenssteuerung, Umweltverträglichkeit, Verkehrsplanung etc.) mit Hilfe einer systemischen Betrachtung. Dazu befasst sich Vester eingehend mit den zu vermeidenden Fehlern der traditionellen Planungstechniken, der Notwendigkeit eines kybernetischen Denkens und dem von ihm entwickelten und als Lösungsansatz empfohlenen Sensitivitätsmodell. Auf diese Weise lassen sich die komplexen Zusammenhänge besser als mit linearen Planungstechniken abbilden, da die inneren Zusammenhänge eines Problemkomplexes offen gelegt und somit nachvollziehbar werden. Zur Veranschaulichung ebenso wie zur Begründung werden alle Argumente mit Beispielen unterfüttert.

So weit, so gut. Nervig wird das Buch – und die darin enthaltenen Gedanken – durch die ständigen Wiederholungen und durch das Auswalzen der Zusammenhänge: Eine Reduzierung des Umfanges um ein Drittel wäre ohne Verluste verkraftbar gewesen. Ärgerlich macht sich zudem die unkritische Herangehensweise des Autors bemerkbar, da etwaige Schwächen des Sensitivitätsmodells, wie z. B. eine Tendenz zur Beliebigkeit des Dateninputs und der Konstruktion von Zusammenhängen, völlig unerwähnt bleiben. Dadurch kommt es zwischenzeitlich beim Leser zu dem Eindruck, er würde nicht ein Sachbuch, sondern eine Reklameschrift lesen.

Sieht man über diese Schwächen hinweg, bleibt zwar kein Wunderwerk übrig, aber doch die interessante Einführung in eine Planungstechnik, mit deren Hilfe sich schwerwiegende Fehler vermeiden und wertvolle Erkenntnisse gewinnen lassen.

WALLIMANN, Isidor/DOBKOWSKI, Michael N. (Hrsg.): Das Zeitalter der Knappheit. Ressourcen, Konflikte, Lebenschancen

Bern/Stuttgart/Wien: Paul Haupt 2003. 254 S., br.

Die grundlegende Erkenntnis ist nicht neu: Die Ressourcen der Erde sind begrenzt, ob es sich um Land, Nahrungsmittel, Rohstoffe, Wasser oder Energie handelt. Bei der Suche nach einer Lösung, wie diese Engpässe zu überwinden sind, scheiden sich allerdings die Geister. Grundsätzlich lassen sich dabei zwei konträre Standpunkte identifizieren, die man plakativ als Optimisten bzw. als Pessimisten bezeichnen könnte. Während die Optimisten davon ausgehen, dass die Engpässe und Knappheitszustände zwar grundsätzlich existieren, sind sie gleichwohl überzeugt, dass sie sich in der Zukunft durch die Verbindung von materiell-technischen und sozio-ökonomischen Innovationen überwinden lassen. Die Pessimisten hingegen sehen einen per se unauflösbaren Widerspruch zwischen einer auf Wachstum ausgerichteten Entwicklung und der Begrenztheit der Ressourcen. Zu ihnen zählen auch die Herausgeber und Autoren dieses Bandes: Sie diagnostizieren eine zunehmende Knappheit bei verschiedenen Ressourcen, als deren Konsequenz die Konflikte zwischen privilegierten und unterprivilegierten Bevölkerungsgruppen voraussichtlich in ihrer Zahl und Intensität zunehmen werden.

Das Buch hinterlässt einen ausgesprochen zwiespältigen Eindruck. Eindeutig positiv fällt das Urteil über die vier Fallstudien von Roger W. Smith, David Norman Smith, Waltraud Queiser Morales und Leon Rappoport aus. Mit Abstrichen gilt dies auch für den Beitrag von Joseph A. Tainter über die Grundlagen und Zusammenhänge heutiger Konflikte. Selbst wenn man nicht zu den gleichen Schlussfolgerungen gelangt wie die Autoren, erscheint die Argumentation doch sauber und nachvollziehbar.

Anders sieht dies hingegen bei den ersten sechs Beiträgen des Bandes aus, bei denen sich die verschiedensten Fragen aufdrängen, da z. T. Belege für die Behauptungen fehlen oder Gegenargumente unterschlagen werden. Zudem wächst die Vermutung, dass vorgeschlagene Lösungsansätze wie die Vergabe von Geburtslizenzen wohl nur auf diktatorischem Wege durchsetzbar wären. Dass diese Vermutung durchaus nahe liegt zeigen die Ausführungen von Chris H. Lewis, der in korrupten, gewalttätigen und ungerechten Zivilisationen immer noch ein kleineres Problem sieht als in der derzeitigen Industriegesellschaft. Derartige Aussagen in Verbindung mit wissenschaftlich fragwürdigen Methoden wecken Misstrauen gegenüber den unterstellten Zwangsläufigkeiten und ihren Propagandisten.

Weiss, Hans/Schmiederer, Ernst: Asoziale Marktwirtschaft. Insider aus Politik und Wirtschaft enthüllen, wie die Konzerne den Staat ausplündern

---

Köln: Kiepenheuer & Witsch 2004. 342 S., geb., € 20,50 (GW)

Wenn Sie schon immer die Vermutung hatten, dass im Bereich der Steuerpolitik etwas schief läuft – hier ist das Buch, das Ihre Vermutungen bestätigt. Weiss und Schmiederer zeigen, auf welche Weise Unternehmen Steuern vermeiden, ohne sich durch Steuerhinterziehung im eigentlichen Sinne strafbar zu machen. Sie zeigen auch, wo dieses Geld hinwandert – und was dort passiert, wo die Steuereinnahmen weggebrochen sind. Abgerundet werden diese Ausführungen, die in plakativ-journalistischem Stil erfolgen, durch Betrachtungen über die Macht von Lobbys – nicht zuletzt deswegen, weil durch ihre Aktivitäten eine andere Steuerpolitik verhindert wird.

Wenngleich die Ausführungen im engeren Sinne nicht systematisch sind und die Autoren sich lieber auf Einzelfalldarstellungen konzentrieren als auf eine methodisch und konzeptionell umfassende Betrachtung, so wird im Zuge des Buches eines doch sehr deutlich: Die Steuerpolitik ist so wie sie ist, weil es große und einflussreiche Nutznießer gibt, die ihre Macht zum eigenen Vorteil eingesetzt haben – und dies auch weiterhin tun werden. Deutlich wird ebenfalls, dass eine Steuerreform erforderlich ist, die diesem Missbrauch von Macht und Gestaltungsmöglichkeiten entgegenwirkt – wie diese allerdings ausfallen könnte, darauf gehen die Autoren allerdings nicht ein.

So bleiben nach der Lektüre des Buches von Weiss und Schmiederer zwei wesentliche Erkenntnisse: „Die Konzerne plündern den Staat aus, auf jede nur erdenkliche Art und Weise – immer gedeckt durch die Gesetze" (S. 13) und „Ich wusste doch schon immer, dass in der Steuerpolitik etwas schief läuft". Beide Erkenntnisse sind wichtig, bringen den Leser aber nicht so richtig weiter. Gefragt ist statt dessen ein mehrere Dimensionen umfassendes Lösungskonzept, dass nämlich den internationalen Steuerwettbewerb ebenso berücksichtigt wie die Komplexität des geltenden Steuerrechts und den Einfluss von Lobbygruppen. Diesbezüglich ist der Leser dann auf andere Bücher angewiesen, wie z. B. „Der sanfte Verlust der Freiheit. Für ein neues Steuerrecht – klar, verständlich, gerecht" von Paul Kirchhof oder „Die Strippenzieher. Manager, Minister, Medien – wie Deutschland regiert wird" von Cerstin Gammelin und Götz Hamann.

WELCH, Jack: Was zählt. Die Autobiografie des besten Managers der Welt

---

München: Econ 2001. 477 S., geb.

Eigentlich könnte man es fast ein ereignisloses Leben nennen: Geboren, zur Schule gegangen, studiert, bei einem Unternehmen angefangen und dort bis zur Pensionierung geblieben. Hinter diesen dürren Worten verbirgt sich aber das Leben von Jack Welch, der fast die Hälfte seines Berufslebens Vorsitzender von General Electric war.

Welch und sein Co-Autor John Byrne ermöglichen dem Leser einen faszinierenden Einblick in das Wesen dieses Industriemagnaten – und des von ihm geleiteten Unternehmens, das zu den erfolgreichsten der Welt zählt. Im Laufe von 20 Jahren hat Welch dem Unternehmen seinen Stempel aufgedrückt: Ehrgeiz, ein an Arroganz grenzendes Selbstbewusstsein und ein unbezähmbarer Leistungswille, gepaart mit entsprechender Leistungsbereitschaft. Getrieben von dem Wunsch, auf jedem Markt einer der beiden besten zu sein, ergriff man frühzeitig die Chancen der Globalisierung, wurden die Möglichkeiten der elektronischen Geschäftsabwicklung ebenso genutzt wie die Einsparpotenziale durch Qualitätsmanagement. Unter Führung von Welch hat General Electric zudem den für einen Industriekonzern ungewöhnlichen Weg eingeschlagen, konsequent den Dienstleistungsbereich auszubauen.

Diese Erfolge gingen allerdings immer mit Opfern einher, zu denen nicht nur die zerbrochene erste Ehe zählt, sondern auch Massenentlassungen auf allen Konzernebenen. Auf diese Weise erwarb sich Welch auch in den achtziger Jahren den Spitznamen „Neutronen-Jack": Die Gebäude bleiben, die Menschen verschwinden.

Das Buch ist eine faszinierende Lektüre, auch wenn – wie bei Autobiografien üblich – an einigen Stellen auffällige „Glättungen" zu bemerken sind. So bleiben Fragen: Was meinen die Ehefrau(en) zu seiner Arbeitsbelastung? Was sagen die ausgeschiedenen Manager zu ihrem „freiwilligen Rücktritt"? Wäre Welchs Selbstvertrauen auch so stark, wenn ihm irgendwann einmal ein echter Karriereknick passiert wäre? Nichtsdestotrotz ist das Buch hochgradig lesenswert – und geradezu eine Pflichtlektüre für Manager jeder Stufe oder Branche!

WIRTH, Roland: *Marktwirtschaft ohne Kapitalismus. Eine Neubewertung der Freiwirtschaftslehre aus wirtschaftsethischer Sicht*

Bern/Stuttgart/Wien: Haupt 2003. 193 S., br.

Die so genannte Neoklassik als weit verbreitete und dominierende Schule der Wirtschaftswissenschaften ist keineswegs unumstritten, zumal sie unzweifelhaft einige schwerwiegende Mängel aufweist. Dementsprechend gibt es seit vielen Jahren auch Ökonomen, die an den Schwachstellen und Defiziten eben dieser Neoklassik ansetzen und diese entweder zu beheben suchen oder nach anderen, besseren Konzepten suchen. Eine der historisch älteren Ansätze ist die von Silvio Gesell in den 90er Jahren des 19. Jahrhunderts begründete Freiwirtschaftslehre, die sich aber aus unterschiedlichen Gründen nie hatte durchsetzen können, die aber nach wie vor äußerst aktive Anhänger hat.

Auf der auch ihn bewegenden Suche nach überzeugenderen ökonomischen Konzepten ist Roland Wirth auf diese ökonomische Schule gestoßen, zeichnet im vorliegenden Buch ihre wesentlichen Bestandteile nach und überprüft sie sowohl hinsichtlich ihrer ökonomischen Stärken und Schwächen als auch hinsichtlich ihrer philosophischen Grundlagen.

Kern des freiwirtschaftlichen Konzeptes ist die Forderung nach einer Geldreform, die das Geld demselben Wertverfall unterwerfen will, dem auch alle anderen Güter und Dienstleistungen unterliegen. Durch dieses „Rosten" soll Geld nicht als unproduktive Liquidität gehortet, sondern investiert oder konsumiert werden – wovon sich die Freiwirtschaftler eine Ankurbelung der Konjunktur versprechen. Derartige „Schwundwährungen" hat es in der Geschichte tatsächlich gegeben, so zuletzt Ende der 1920er, Anfang der 1930er Jahre in Schwanenkirchen/Deutschland und Wörgl/Österreich. Die Experimente waren auch erfolgreich, wurden allerdings nach kurzer Dauer von den Notenbanken verboten.

Das Buch von Roland Wirth ist ausgesprochen faszinierend, sowohl hinsichtlich der sauberen methodischen Bearbeitung des Themas als auch hinsichtlich des gut lesbaren Stils, der den Leser gut durch die anspruchsvolle Materie geleitet. Wirth stellt mit der Freiwirtschaftslehre eine fast vergessene ökonomische Richtung vor und zeigt, dass diese mehr Aufmerksamkeit verdient, als sie bisher erhalten hat. Sie ist zwar nicht „der Stein der Weisen", wohl aber ein interessantes ethisch-ökonomisches Konzept, das gerade Kritikern der herrschenden Wirtschaftstheorie und -politik wichtige Anregungen geben kann.

WULF, Inge: *Stille Reserven im Jahresabschluss nach US-GAAP und IAS. Möglichkeiten ihrer Berücksichtigung im Rahmen der Unternehmensanalyse*

Wiesbaden: Deutscher Universitäts-Verlag 2001. 400 S., br.

Seit längerer Zeit wird der deutschen Rechnungslegung gemäß den Vorschriften des HGB vorgehalten, dass sie im Vergleich zur internationalen Rechnungslegung deutliche Schwächen aufweist. Diese Kritik entzündet sich im Wesentlichen an drei Punkten: Erstens biete ein Jahresabschluss nach HGB (potentiellen) Investoren wesentlich weniger und schlechtere Informationen als ein Jahresabschluss nach IAS oder US-GAAP, bedingt u. a. durch die Verknüpfung von Handels- und Steuerbilanz. Zweitens würden insbesondere die erheblichen Wahlrechte es den Unternehmen ermöglichen, ihre tatsächliche wirtschaftliche Lage zu verschleiern. Drittens böte darüber hinaus die deutsche Rechnungslegung umfassende Möglichkeiten der Bildung und Auflösung stiller Reserven, wodurch ebenfalls eine Täuschung der am Jahresabschluss Interessierten ermöglicht werde.[27] Vielfach wird in der einschlägigen Diskussion unterstellt, dass diese Problembereiche bei einer Bilanzierung nach IAS oder US-GAAP entfallen würden. Zwar hat Schildbach schon umfassend nachgewiesen, dass eine einfache Übernahme der internationalen Vorschriften keineswegs alle Schwierigkeiten beseitigen würde,[28] aber dadurch wurde der Bedarf an einschlägigen Forschungsarbeiten zu den internationalen Rechnungslegungsvorschriften nur noch offensichtlicher.

Hier schließt das von Wulf vorgelegte Buch eine der wesentlichen Lücken, nämlich hinsichtlich der Frage, wie es denn bei einer Bilanzierung nach IAS oder US-GAAP mit der Möglichkeit der Bildung bzw. Auflösung stiller Reserven aussieht. Lachnit fasst das Erkenntnisinteresse der Studie folgendermaßen zusammen: Es „fällt auf, daß eine nach internationalen Standards erstellte Rechnungslegung in Literatur und Praxis sehr stark mit dem Anspruch auftritt, nach „high quality standards" erstellt zu sein und den Eindruck erweckt, sie sei tatsachengetreu, d. h. weitgehend frei von Verzerrungen durch stille Reserven bzw. stille Lasten. Bei genauerer Kenntnis der IAS und US-GAAP fallen jedoch auch in diesen Rechnungslegungssystemen Abweichungen zwischen betriebswirtschaftlich tatsächlicher und im Jahresabschluß dargestellter wirtschaftlicher Lage auf."[29]

Vor diesem Hintergrund befasst sich Wulf mit zwei speziellen Fragestellungen, nämlich erstens der Frage, ob und wenn ja, in welchen Positionen sich auch bei Jahresabschlüssen nach IAS oder US-GAAP stille Reserven (oder stille Lasten) verbergen können. Zweitens und an die Bejahung der ersten Frage anknüpfend, sucht sie nach Möglichkeiten, wie das Ausmaß solcher stillen Reserven von Unternehmensexternen abgeschätzt werden kann.

Konzeptionell besteht das Buch neben Einleitung und Schlussbetrachtung aus fünf Kapiteln, von denen die ersten drei gewissermaßen den Boden vorbereiten, um die beiden angesprochenen Fragestellungen beantworten zu können. So geht Wulf zunächst grundsätzlich auf die externe Unternehmensanalyse ein, beschreibt ihre Aufgaben und Instrumente. Daran anknüpfend wird das Problem stiller Reserven aus

---

[27] So fordert beispielsweise Born explizit: „Die Bilanzierung nach dem HGB und den sogenannten deutschen Grundsätzen ordnungsmäßiger Buchführung sollte deshalb bald verboten werden, um die Täuschung der Jahresabschlußleser unmöglich zu machen." (Born, Karl: Rechnungslegung nach IAS, US-GAAP und HGB im Vergleich, Stuttgart 1999, S. 121).
[28] Schildbach, Thomas: US-GAAP. Amerikanische Rechnungslegung und ihre Grundlagen, München 2000, insbesondere S. 315-322.
[29] Lachnit, Laurenz: Geleitwort, in: Wulf, Inge: Stille Reserven im Jahresabschluss nach US-GAAP und IAS. Möglichkeiten ihrer Berücksichtigung im Rahmen der Unternehmensanalyse, Wiesbaden 2001, S. V.

bilanztheoretischer wie aus wirtschaftlicher Sicht diskutiert, wobei Wulf zwischen verschiedenen Formen stiller Reserven unterscheidet. Von grundlegender Bedeutung ist hier die Differenzierung zwischen „gesetzlich fixierten" und „bilanzpolitisch motivierten" stillen Reserven. Unabhängig von ihrem jeweiligen Umfang im Einzelfall ergeben sich hier unterschiedliche Verantwortungsbereiche, denn während die bilanzpolitisch motivierten stillen Reserven aus dem Kompetenzbereich und dem Willen der Unternehmensleitung resultieren, trägt der Gesetzgeber die Verantwortung für die gesetzlich fixierten stillen Reserven. Letzteres gilt tendenziell auch für ein entsprechendes Gegenstück zu den gesetzlich fixierten stillen Reserven im Rahmen der international akzeptierten Standards, nur dass hier den jeweiligen Standard setzenden Gremien die Verantwortung zuzuweisen wäre. Konsequenterweise widmet sich Wulf denn auch in ihrem nächsten Arbeitsschritt den Grundlagen der Rechnungslegung nach IAS und US-GAAP, wobei sie sich auf den rechtlichen Rahmen, die Ziele und Grundsätze sowie die Ansatz- und Bewertungsvorschriften konzentriert.

Das folgende Kapitel wendet sich detailliert den verschiedenen Möglichkeiten der Existenz stiller Reserven bei Jahresabschlüssen nach internationaler Rechnungslegungspraxis zu. Beginnend mit dem Anlagevermögen über das Umlaufvermögen bis hin zu den aktiven Rechnungsabgrenzungsposten wird zunächst die Aktivseite der Bilanz analysiert, wobei sich die Autorin nicht weniger als vierzehn Bilanzpositionen annimmt, bei denen in unterschiedlichem Maße stille Reserven bestehen (können) oder zumindest zu vermuten wären. Diese Vorgehensweise setzt sich auf der Passivseite beim Fremdkapital fort und wird abgerundet durch die Berücksichtigung möglicher stiller Reserven aufgrund konzernspezifischer Besonderheiten oder im Rahmen der Bilanzierung von Leasingobjekten und Derivaten. Bei jeder einzelnen von Wulf angesprochenen Position wird nicht nur untersucht, ob stille Reserven bestehen können, ob diese ggf. durch den Gesetzgeber oder durch die Unternehmensleitung zu verantworten sind, sondern auch, welches Ausmaß sie erreichen können und inwiefern sie durch Externe aufgedeckt und geschätzt werden können. Auf diese Weise erhält dieses Kapitel gewissermaßen den Charakter einer Arbeitsanleitung für alle, die sich mit der Analyse von Jahresabschlüssen nach IAS und US-GAAP befassen! Abgeschlossen wird diese exzellente Darstellung durch eine Tabelle, bei der sowohl für US-GAAP als auch für IAS aufgezeigt wird, welche stillen Reserven bestehen (können), ob es sich um Schätzungsrücklagen, Wahlrechtsrücklagen oder sogar Zwangsrücklagen handelt. Darüber hinaus wird nicht nur auf die Existenz stiller Reserven abgestellt, sondern durchaus auf das mögliche Vorhandensein von stillen Lasten. Diese finden sich insbesondere in Zusammenhang mit Pensionsrückstellungen und führen ggf. zu einer massiven Falschdarstellung der wirtschaftlichen Verhältnisse eines Unternehmens.

Zusammenfassend konstatiert Wulf, dass sich sowohl nach IAS als auch nach US-GAAP – und im Gegensatz zum HGB – relativ wenig explizite Wahlrechte finden, dessen ungeachtet aber durchaus Einschätzungsspielräume aufgrund schwer eingrenzbarer Definitionen oder mehrdeutiger Abgrenzungskriterien bestehen (S. 229f).

Anschließend widmet sich die Autorin der Frage, wie bestehende stille Reserven geschätzt werden können. Dabei skizziert sie für alle im voran gehenden Kapitel genannten „Töpfe" Verfahren, wie deren „Inhalt" geschätzt werden kann. Abgerundet wird diese Darstellung von Schätzverfahren durch eine exemplarische Anwendung bei der Aufbereitung des Jahresabschlusses, bei der Erfolgsanalyse und bei der Finanzanalyse. Anhand des DaimlerChryler Konzerns gelangt Wulf beispielsweise zu dem Ergebnis, dass für die Jahre 1997 bis 1999 zwischen dem ausgewiesenen ordentlichen Betriebsergebnis und dem um stille Reserven bereinigten ordentlichen Betriebsergebnis Abweichungen zwischen 30 und 55 % bestehen, wobei diese Abweichungen sowohl nach oben als auch nach unten festzustellen sind (S. 310). Folgerichtig zieht sie als Fazit, dass „trotz aller Einzelprobleme ... die praktischen Beispiele bestätigt (haben), daß durch die Einbeziehung von stillen Reserven die Ergebnisse der klassischen Unternehmensanalyse auch bei Jahresabschlüssen nach US-GAAP und IAS zum Teil erheblich zu relativieren sind. Diese Erkenntnis überrascht um so mehr, als diesen Rechnungslegungssystemen ein hoher Standard beigemessen wird, da diese als *true and fair view* gelten und oft mit der Voreinschätzung verbunden sind, so gut wie nicht durch stille Reserven verzerrt zu sein" (S. 337; Hervorhebung im Original).

Insgesamt hat Wulf mit ihrer Studie nicht nur einen äußerst verdienstvollen Beitrag zur Versachlichung der derzeit laufenden Diskussion über die Internationale Rechnungslegung geliefert, sondern zugleich ein Buch vorgelegt, dessen Lektüre allen nahe zu legen ist, die mit der Analyse von Jahresabschlüssen nach IAS oder US-GAAP befasst sind. Dabei sind in erster Linie die deutschen Banken angesprochen, die sich aufgrund der zunehmenden Verbreitung von nach internationalen Standards erstellten (Konzern)Jahresabschlüssen verstärkt mit diesem Thema beschäftigen (müssen). Bei diesem Adressatenkreis dürfte auch ein erhebliches Interesse an den von Wulf dargestellten Schätzverfahren bestehen, denn mit Hilfe der Schätzverfahren können die derzeit eingesetzten Verfahren der Bilanzanalyse gezielt durch die Berücksichtigung stiller Reserven und stiller Lasten ergänzt werden. Dies gilt insbesondere vor dem Hintergrund der aktuell in Entwicklung oder Überarbeitung befindlichen internen Ratingsysteme europäischer Banken.

YERGIN, Daniel/STANISLAW, Joseph: Staat oder Markt. Die Schlüsselfrage unseres Jahrhunderts

---

Frankfurt: Campus 1999. 609 S., geb.

Das Buch von Yergin und Stanislaw ist im wahrsten Sinne des Wortes ein beeindruckendes Werk, nicht allein vom Inhalt, sondern auch vom Umfang. Mit einer ungeheuren Fleißarbeit ist es den beiden Autoren gelungen, eine (Welt-) Wirtschaftsgeschichte der zweiten Hälfte des 20. Jahrhunderts zu zeichnen, die ihres Gleichen sucht. Ausgehend von den durch die Weltwirtschaftskrise der 20er Jahre ausgelösten Zweifeln am Markt zeichnen sie nach, warum und auf welche Weise sich in den verschiedensten politischen Systemen zunächst der Staat wirtschaftslenkend engagierte und wie die Erfolgsbilanz dabei jeweils ausfiel. Danach befassen sie sich eingehend mit der Ablösung staatlicher Wirtschaftstätigkeit durch zunehmende Nutzung von Märkten, wobei sie die politischen Gründe dafür ebenso aufzeichnen wie die bis dato durch die jeweilige Ausprägung der Marktwirtschaft bewirkten Veränderungen.

Entstanden ist auf diese Weise ein Buch, das für eine beeindruckende Vielzahl von Ländern nicht allein deren wirtschaftspolitische Geschichte skizziert, sondern jeweils auch darstellt, wie das jeweilige Wirtschaftsengagement des Staates aussah und warum es sich speziell in der letzten Dekade verändert hat. Zugleich ist es eine Weltgeschichte dessen, was durch staatliche Eingriffe wirtschaftlich erreicht werden kann, wo die jeweiligen Grenzen sich befinden und was durch Marktwirtschaft ersetzend und/oder ergänzend erreichbar ist. Ergebnis der Bemühungen von Yergin und Stanislaw ist ein Buch, das ebenso faszinierend wie interessant zu lesen ist.

Dennoch bleiben gewisse Vorbehalte gegenüber dem Buch: Zwar haben sich die Autoren durchaus erfolgreich bemüht, die wirtschaftliche Effizienz von Staat und Markt darzustellen, ohne allerdings im Einzelnen zwischen Ordnungspolitik, Makroökonomie und Mikroökonomie zu differenzieren. Unzureichend beleuchtet wurde auch der Instrumentalcharakter von Staat und Markt, denn beide sind nicht Selbstzweck, sondern dienen der Erfüllung von (unterschiedlichen) Aufgaben. So wenig originär wirtschaftliche Fragen durch den Staat dauerhaft lösbar sind, so wenig sind politische Aufgaben über einen Markt lösbar (Wer möchte schon in einem Land leben, wo alle Regierungsentscheidungen auf dem Markt käuflich sind?). Hinzu kommt, dass in vielen sozialpolitischen Bereichen, wie der Gesundheits- und Rentenpolitik, sowohl Staat- als auch Markteinflüsse existieren, ohne dass klar entscheidbar ist, welches Lösungskonzept für ein Land besser ist.

Dieses Dilemma bleibt ungelöst, denn das Interesse der Autoren galt vorrangig dem Scheitern des Staates beim Versuch der Wirtschaftslenkung und seiner weltweit zunehmenden Ablösung durch Märkte. Dies haben sie auf beeindruckende Weise und äußerst umfangreich dokumentiert, so dass letztlich nur eine Frage offen bleibt: Haben die auf dem Umschlag zitierten Prominenten wie Helmut Schmidt, Karl Otto Pöhl und Valery Giscard d´Estaing sich tatsächlich die Zeit zum Lesen des Buches genommen oder stammt ihr Lob für das Werk aus den Interviews durch die Autoren?

YUNUS, Muhammad/JOLIS, Alan: GRAMEEN. Eine Bank für die Armen der Welt

Bergisch Gladbach: Gustav Lübbe Verlag 1999. 352 S., geb.

Das vorliegende Buch ist keine wissenschaftliche Arbeit im engeren Sinne, sondern die Verbindung einer Beschreibung der Grameen Bank in Bangladesch und autobiographischer Notizen des Verfassers und Bankgründers Prof. Muhammad Yunus.

Die Grameen Bank ist entstanden aus der Erkenntnis, dass in vielen Fällen eine Verbesserung der Lebensumstände mit Hilfe geringer finanzieller Mittel möglich ist. Nötig wären danach relativ niedrige Kapitalvolumina, die die Empfänger aus der Abhängigkeit von Geldverleihern befreien und sie in die Lage versetzen würden, durch gezielte Investitionen ihre wirtschaftliche Selbständigkeit zu erlangen. Hierfür haben sich nach Angaben des Bankgründers Kleinstkredite als hilfreicher erwiesen als nicht rückzahlbare Almosen bzw. Subventionen, da mit der Verpflichtung zur Darlehensrückzahlung zum einen eine Gewöhnung der Kreditnehmer an Disziplin und Verantwortung verbunden ist und zum anderen der zurückgezahlte Betrag einschließlich Zinsen erneut verliehen werden kann. Die Vergabe von Kleinstkrediten mit Hilfe der traditionellen Banken stieß jedoch auf erhebliche organisatorische, finanzielle und personelle Schwierigkeiten. Insbesondere war die Bearbeitung bezogen auf ihre Volumina zu teuer. Diese Probleme führten dazu, dass sich das eigentlich nur als Experiment vorgesehene Grameen Programm im Laufe der Jahre verselbständigte und zu einer eigenen Bank entwickelte, die nach wirtschaftlichen Grundsätzen operiert. Ihre Zielsetzung ist die Bekämpfung der Armut gerade in den ärmsten Gebieten der Welt, wobei die Kredite vorrangig an Frauen vergeben werden, um diesen eine eigenständige wirtschaftliche Existenz zu ermöglichen. Zudem haben sich Kreditnehmerinnen als zuverlässiger bei der Rückzahlung erwiesen als Männer.

Das Konzept der Vergabe von Kleinstkrediten an Frauen, wie es detailliert in dem vorliegenden Buch beschrieben und begründet wird, ist durchaus nicht unumstritten. Auf Widerstand stößt die Vorgehensweise insbesondere in ländlichen Regionen, wo die traditionellen Autoritäten in Form geistlicher und politischer Führer in der Regel ablehnend reagieren, da sie ihre Stellung bedroht sehen. Widerstand kommt jedoch auch aus sozialanthropologischen, entwicklungspolitischen und ökofeministischen Kreisen, wobei die Gründe vielfältiger Natur sind: Die Kreditbeträge seien zu gering, um ein Geschäft aufzubauen; die Kredite würden nicht investiv, sondern konsumtiv verwendet; die Rückzahlung erfordere die Verschuldung bei Geldverleihern; wirtschaftliche Betätigung sei für Frauen in Bangladesch mit einem Absinken des Status verbunden; die Kredite würden zwar von den Frauen aufgenommen, aber fast ausschließlich von den Männern genutzt; Frauen würden von den Männern unter Druck gesetzt, um Kredite aufzunehmen; die ärmsten Familien würden mit der Kreditvergabe nicht erreicht; die Versuche, durch Handel Geld zu verdienen, würden zur Vernachlässigung der Subsistenzproduktion führen (S. 118ff, 178, 188ff).[30] Die Kritik kumuliert in der Aussage von Winter: „In Bangladesch zeigt sich, daß eine isolierte Kreditvergabe an Frauen, die in vollständiger Abhängigkeit von ihren männlichen Verwandten leben, nicht zur Armutsbekämpfung geeignet ist, sondern zur Stabilisierung von Abhängigkeitsverhältnissen und zu einer Zunahme der Gewalt gegen Frauen führt. Eine Betrachtung der Tatsachen vor Ort entlarvt die Grameen Bank als ein ganz normales, profitorientiertes Unternehmen."[31]

Eine Bewertung des Grameen Bank-Konzeptes hinsichtlich seiner Eignung zur Bekämpfung von Armut und Unterentwicklung ist auf der Basis des vorliegenden Buches und der oben skizzierten Kritik nicht möglich, zumal Yunus/Jolis auf die Vorwürfe dadurch eingehen, daß sie ihnen in ihrer Gesamtheit widersprechen und die positiven Wirkungen der Banktätigkeit mit Hilfe von Einzelfalldarstellungen belegen. Hilfreich wäre hier eine einschlägige empirische Studie.

Ungeachtet dieser nicht abschließend beurteilbaren Problematik bietet das Buch insgesamt eine umfassende historische und konzeptionelle Darstellung der Entwicklung der Grameen Bank. Interessant ist von genossenschaftlicher Warte aus noch ein weiterer, sehr spezieller Aspekt. Zwar ist die Grameen Bank mit Sicherheit keine Genossenschaft, doch weist sie dennoch bedeutsame genossenschaftsähnliche Züge auf. Sie ist im engeren Sinne kein Institut der Selbsthilfe, aber doch eines der Hilfe zur Selbsthilfe: Die verliehenen Gelder stammen nicht aus dem Mitgliederkreis, sondern werden aus verschiedenen Töpfen der Entwicklungshilfe zur Verfügung gestellt. Die

---

30 Vgl. auch Winter, R.: Legende der guten Bank. Kleinkredite der Grameen Bank in Bangladesch treiben Frauen in die Schuldenfalle und festigen das System, in: die tageszeitung v. 03.03.1999, S. 9.

31 Winter, R.: Legende der guten Bank. Kleinkredite der Grameen Bank in Bangladesch treiben Frauen in die Schuldenfalle und festigen das System, in: die tageszeitung v. 03.03.1999, S. 9.

Bank selbst gehört zu drei Viertel ihren Kundinnen und Kunden, der Rest dem bengalischen Staat, der staatlichen Sonali-Bank und der landwirtschaftlichen Krishi-Bank (S. 217). Die mit Hilfe der Grameen Bank praktizierte Verbindung von Mildtätigkeit und Wirtschaftlichkeit erinnert in vielfacher Hinsicht an Projekte, wie sie von Raiffeisen zur Überwindung der ländlichen Armut ins Leben gerufen wurden. Dieser stellte in einem Brief an Schulze-Delitzsch nämlich ausdrücklich fest: „Der Unterschied zwischen Ihrem und meinem Verfahren scheint mir darin zu liegen, daß Sie das Prinzip Selbsthilfe, welchem ich auch durchaus huldige, bis zur Garantie durchführen, während ich für letztere *auch* den wohlhabenderen Teil der Gesellschaft mit in Anspruch nehme; teils um sie auch tätig zu machen für die gute Sache, an der sie aus vielfachen Gründen Interesse haben müssen, dann aber auch, um der Sache mehr Ansehen und Garantie nach außen zu geben. *Selbsthilfe* ist es immer noch, wenn jemand das, was er anleiht, zurückgeben muß und zurückgibt."[32]

---

[32] Brief von Friedrich Wilhelm Raiffeisen an Hermann Schulze-Delitzsch vom 15. Mai 1862, in: Koch, Walter: F. W. Raiffeisen. Dokumente und Briefe 1818 – 1888, Wien 1988, S. 155.

Angaben zur Erstveröffentlichung

Adam, Konrad: Die Republik dankt ab. Die Deutschen vor der europäischen Versuchung, 19. November 2002, unter: http://www.amazon.de.

Angres, Volker/**Hutter**, Claus-Peter/**Ribbe**, Lutz: Bananen für Brüssel. Von Lobbyisten, Geldvernichtern und Subventionsbetrügern, in: Bücherschau, Heft 3/1999, S. 77-78.

Arbeitskreis Nonprofit-Organisationen (Hrsg.): Nonprofit-Organisationen im Wandel. Ende der Besonderheiten oder Besonderheiten ohne Ende?, in: management revue, Jg. 11, Heft 2/2000, S. 119-122.

Asprin, Robert: Die Chaos-Kompanie/Das Chaos-Casino: Erstveröffentlichung.

Atmaça, Delal/**Stoffregen**, Heinz: Produktivgenossenschaften. 11 Beiträge zu Einzelfragen, Originalbeitrag.

ATTAC (Hrsg.): Die geheimen Spielregeln des Welthandels. WTO – GATS – TRIPS – M.A.I., in: Bücherschau, Heft 3/2004, S. 48.

ATTAC Schweiz (Hrsg.): Nestlé. Anatomie eines Weltkonzerns, in: Bücherschau, Heft 3/2005, S. 52.

Avenarius, Thomas: Mehr Gottesfurcht als Allah brauchen kann. Afghanische Eindrücke, in: Bücherschau, Heft 3/2002, S. 69.

Backhaus, Klaus/**Bonus**, Holger (Hrsg.): Die Beschleunigungsfalle oder der Triumph der Schildkröte, in: management revue, Jg. 10, Heft 3/1999, S. 170-173.

Badelt, Christoph (Hrsg.): Handbuch der Nonprofit Organisation. Strukturen und Management, in: management revue, Jg. 12, Heft 1/2001, S. 71-75.

Baisch, Friedemann: Implementierung von Früherkennungssystemen in Unternehmen, in: management revue, Jg. 13, Heft 2/2002, S. 109-113.

Bandulet, Bruno: Tatort Brüssel. Das Geld, die Macht, die Bürokraten, in: Bücherschau, Heft 3/1999, S. 78.

Beck, Ulrich: Was ist Globalisierung. Irrtümer des Globalismus – Antworten auf Globalisierung, 27. Februar 2001, unter: http://www.amazon.de.

Ben Jelloun, Tahar: Papa, was ist ein Fremder? Gespräch mit meiner Tochter, in: Bücherschau, Heft 4/1999, S. 88.

Berman, Paul: Idealisten an der Macht. Die Passion des Joschka Fischer, in: Bücherschau, Heft 4/2006, S. 49.

Bialek, Axel: Perspektiven der Genossenschaft als Organisationsform, in: management revue, Jg. 8, Heft 3/1997, S. 207-211.

Birnbaum, Norman: Nach dem Fortschritt. Vorletzte Anmerkungen zum Sozialismus, in: Bücherschau, Heft 4/2004, S. 51-52.

Bitala, Michael: Hundert Jahre Finsternis. Afrikanische Schlaglichter, in: Bücherschau, Heft 3/2005, S. 52.

Blisse, Holger: Eigenkapitalbildung und Mitgliederbindung bei Kreditgenossenschaften, in: Die Gewerbliche Genossenschaft, Jg. 131, Heft 2/2003, S. 28.

Blomert, Reinhard: Die Habgierigen. Firmenpiraten, Börsenmanipulation: Kapitalismus außer Kontrolle, in: Bücherschau, Heft 2/2003, S. 69-70.

Bommarius, Christian: Wir kriminellen Deutschen, in: Bücherschau, Heft 4/2006, S. 49.

Borge, Dan: Wenn sich der Löwe mit dem Lamm zum Schlafen legt. Was Entscheider über Risikomanagement wissen müssen, in: management revue Jg. 14, Heft 4/2003, S. 248-251.

Born, Karl: Bilanzanalyse international. Deutsche und ausländische Jahresabschlüsse lesen und beurteilen, in: management revue, Jg. 14, Heft 1/2003, S. 35-38.

Born, Karl: Rechnungslegung nach IAS, US-GAAP und HGB im Vergleich, in: management revue, Jg. 11, Heft 3/2000, S. 194-196.

Brazda, Johann (Hrsg.): 150 Jahre Volksbanken in Österreich, in: Die Gewerbliche Genossenschaft, Jg. 132, Heft 5-6/2004, S. 56.

Breisig, Thomas (Hrsg.): Mitbestimmung – Gesellschaftlicher Auftrag und ökonomische Ressource. Festschrift für Hartmut Wächter, in: management revue, Jg. 10, Heft 3/1999, S. 221-224.

Brisard, Jean-Charles/**Dasquié**, Guillaume: Die verbotene Wahrheit. Die Verstrickungen der USA mit Osama bin Laden, in: Bücherschau, Heft 2/2002, S. 73-74.

Brockmeier, Thomas: Wettbewerb und Unternehmertum in der Systemtransformation. Das Problem des institutionellen Interregnums im Prozeß des Wandels von Wirtschaftssystemen, in: Osteuropa-Wirtschaft, Jg. 47, Heft 1/2002, S. 93-95.

Brühl, Tanja/**Feldt**, Heidi/**Hamm**, Brigitte u. a. (Hrsg.): Unternehmen in der Weltpolitik. Politiknetzwerke, Unternehmensregeln und die Zukunft des Multilateralismus, in: Bücherschau (eingereicht).

Burghof, Hans-Peter: Eigenkapitalnormen in der Theorie der Finanzintermediation, in: management revue, Jg. 10, Heft 2/1999, S. 85-89.

Busch, Berthold/**List**, Juliane/**Schröder**, Christoph/**Seffen**, Achim/**Weiß**, Reinhold/**Werner**, Dirk: Verdienst, Vermögen und Verteilung. Reichtumsbericht Deutschland: Erstveröffentlichung.

Chomsky, Noam: Hybris. Die endgültige Sicherung der globalen Vormachtstellung der USA, in: Bücherschau, Heft 4/2004, S. 52.

Chomsky, Noam: Media Control. Wie die Medien uns manipulieren, in: Bücherschau, Heft 4/2003, S. 68.

Chomsky, Noam: Power and Terror. US-Waffen, Menschenrechte und internationaler Terrorismus, in: Bücherschau, Heft 1/2005, S. 45-46.

Chomsky, Noam: Profit Over People. Neoliberalismus und globale Weltordnung, in: Bücherschau, Heft 1/2001, S. 57-58.

Chomsky, Noam: War against People. Menschenrechte und Schurkenstaaten, in: Bücherschau, Heft 4/2001, S. 65.

Conniff, Richard: Magnaten und Primaten. Über das Imponiergehabe der Reichen, in: Bücherschau, Heft 3/2004, S. 54-55.

Crescenzo, Luciano de: Und sie bewegt sich doch. Die Anfänge des modernen Denkens: Erstveröffentlichung.

Deckstein, Dagmar/**Felixberger**, Peter: Arbeit neu denken. Wie wir die Chancen der New Economy nutzen können, in: Bücherschau, Heft 1/2001, S. 58-59.

Derber, Charles: One World. Von globaler Gewalt zur sozialen Globalisierung, in: Bücherschau, Heft 4/2004, S. 53.

Doberkat, Ernst-Erich/**Engels**, Gregor/**Grauer**, Manfred/**Grob**, Heinz Lothar/**Kelter**, Udo/**Leidhold**, Wolfgang/**Nienhaus**, Volker (Hrsg.): Multimedia in der wirtschaftswissenschaftlichen Lehre. Erfahrungsbericht, 24. November 2004, unter: http://www.amazon.de.

Emmott, Bill: Vision 20/21. Die Weltordnung des 21. Jahrhunderts, in: Bücherschau, Heft 3/2004, S. 50.

Endlich, Lisa: Goldman Sachs. Erfolg als Unternehmenskultur, in: Bücherschau, Heft 4/2000, S. 65.

Engelhardt, Werner Wilhelm: Sozial- und Gesellschaftspolitik – grundlagenbezogen diskutiert, in: Die Gewerbliche Genossenschaft, Jg. 131, Heft 2/2003, S. 28-29.

Fink, Ulf: Arbeit für alle. Neue Initiativen zur Beschäftigungsförderung, in: Bücherschau, Heft 2/1999, S. 71-72.

Fischer, Joschka: Für einen neuen Gesellschaftsvertrag. Eine politische Antwort auf die globale Revolution, in: Bücherschau, Heft 4/1998, S. 65-66.

Frank, Thomas: Das falsche Versprechen der New Economy. Wider die neoliberale Schönfärberei, in: Bücherschau, Heft 3/2002, S. 69-70.

Frankfurt, Harry G.: Bullshit, in: Bücherschau, Heft 3/2006, S. 57.

Fürstenberg, Friedrich: Arbeitsbeziehungen im gesellschaftlichen Wandel, in: management revue, Jg. 12, Heft 3/2001, S. 281-284.

Gaertner, Wulf (Hrsg.): Wirtschaftsethische Perspektiven IV. Methodische Grundsatzfragen, Unternehmensethik, Kooperations- und Verteilungsprobleme, in: management revue, Jg. 11, Heft 1/2000, S. 53-58.

Gammelin, Cerstin/**Hamann**, Götz: Die Strippenzieher. Manager, Minister, Medien – wie Deutschland regiert wird, in: Bücherschau, Heft 2/2006, S. 52.

Gasche, Urs P./**Guggenbühl**, Hanspeter/**Vontobel**, Werner: Das Geschwätz von der freien Marktwirtschaft. Wie Unternehmen den Wettbewerb verfälschen, die Natur ausbeuten und die Steuerzahler zur Kasse bitten, in: Bücherschau, Heft 4/1998, S. 66-67.

Gaus, Bettina: Die scheinheilige Republik. Das Ende der demokratischen Streitkultur, in: Bücherschau, Heft 2/2001, S. 69-70.

Gaus, Günter: Widersprüche. Erinnerungen eines linken Konservativen, in: Bücherschau, Heft 1/2005, S. 33.

Geißler, Heiner: Intoleranz. Vom Unglück unserer Zeit, in: Bücherschau, Heft 2/2002, S. 75.

Giddens, Anthony: Der dritte Weg. Die Erneuerung der sozialen Demokratie, in: Bücherschau, Heft 1/2000, S. 66-67.

Girard, Joe/**Shook**, Robert L.: Abschlusssicher verhandeln mit Joe Girard. Die goldenen Regeln des besten Verkäufers der Welt, in: Bücherschau, Heft 2/2003, S. 72.

Goeudevert, Daniel: Der Horizont hat Flügel. Die Zukunft der Bildung, in: Bücherschau, Heft 3/2001, S. 69.

Goeudevert, Daniel: Wie Gott in Deutschland. Eine Liebeserklärung, in: Bücherschau, Heft 2/2003, S. 72.

Haensch, Dietrich: Produktivgenossenschaften in Italiens Landwirtschaft – Ursprung, Anspruch und Behauptung im Wandel, in: Zeitschrift für das gesamte Genossenschaftswesen, Jg. 49, Heft 3/1999, S. 254-255.

Hakelmacher, Sebastian: Corporate Governance oder Die korpulente Gouvernante, in: Bücherschau, Heft 1/2003, S. 71-72.

Hakelmacher, Sebastian: Das Alternative WP-Handbuch, 19. November 2002, unter: http://www.amazon.de.

Hamann, Andreas/**Giese**, Gudrun: Billig auf Kosten der Beschäftigten: SCHWARZBUCH LIDL, in: Bücherschau, Heft 1/2005, S. 47.

Hamm, Walter: Das Ende der Bequemlichkeit. Ein Leitfaden zur Modernisierung von Wirtschaft und Gesellschaft, in: management revue, Jg. 12, Heft 1/2001, S. 13-16.

Hawken, Paul/**Lovins**, Amory & Hunter: Öko-Kapitalismus. Die industrielle Revolution des 21. Jahrhunderts. Wohlstand im Einklang mit der Natur, in: management revue, Jg. 11, Heft 4/2000, S. 271-273.

Heinemann, Gustav: Einspruch. Ermutigung für entschiedene Demokraten, 27. Februar 2001, unter: http://www.amazon.de.

Hendrich, Fritz: Horse Sense. Oder wie Alexander der Große erst ein Pferd und dann ein Weltreich eroberte. Drei Schritte zum Charisma der Führung, in: Bücherschau, Heft 2/2004, S. 48.

Henkel, Hans-Olaf: Jetzt oder nie. Ein Bündnis für die Nachhaltigkeit in der Politik, 27.02.2001, unter: http://www2.mediantis.de.

Hertz, Noreena: Wir lassen uns nicht kaufen! Keine Kapitulation vor der Macht der Wirtschaft, in: Bücherschau, Heft 1/2002, S. 67.

Hitchens, Christopher: Die Akte Kissinger, 21. Januar 2003, unter: http://www.amazon.de.

Hoche, Karl: In diesem unserem Lande. Eine Geschichte der Bundesrepublik in ihren Bildern, 27. Februar 2001, unter: http://www.amazon.de.

Hoerner, Rolf/**Vitinius**, Katharina: Heiße Luft in neuen Schläuchen. Ein kritischer Führer durch die Managementtheorien, in: management revue, Jg. 10, Heft 1/1999, S. 28-29.

Ihlau, Olaf: Weltmacht Indien. Die neue Herausforderung des Westens, in: Bücherschau (Bücherschau).

Jäger, Wilhelm (Hrsg.): Freiheit und Bindung als Grundlagen der marktwirtschaftlichen und demokratischen Ordnung. 50 Jahre Institut für Genossenschaftswesen der Westfälischen Wilhelms-Universität Münster: Erstveröffentlichung.

Jay, Peter: Das Streben nach Wohlstand. Die Wirtschaftsgeschichte des Menschen, in: Bücherschau, Heft 2/2001, S. 70.

Johanning. Lutz/**Rudolph**, Bernd (Hrsg.): Handbuch Risikomanagement. Band 1: Risikomanagement für Markt-, Kredit- und operative Risiken. Band 2: Risikomanagement in Banken, Asset Management Gesellschaften, Versicherungs- und Industrieunternehmen: Erstveröffentlichung.

Kirchhof, Paul: Der sanfte Verlust der Freiheit. Für ein neues Steuerrecht – klar, verständlich, gerecht, in: Bücherschau, Heft 1/2005, S. 48-49.

Klein, Dieter/**Kupf**, Martin/**Schediwy**, Robert: Stadtbildverluste Wien. Ein Rückblick auf fünf Jahrzehnte, in: Bücherschau, Heft 1/2005, S. 60.

Kluge, Ulrich: Ökowende. Agrarpolitik zwischen Reform und Rinderwahnsinn, in: Bücherschau, Heft 4/2002, S. 68.

Krämer, Walter/**Mackenthun**, Gerald: Die Panik-Macher, in: Bücherschau, Heft 1/2002, S. 72.

Kreuz, Werner et al.: Mit Benchmarking zur Weltspitze aufsteigen. Strategien neu gestalten – Geschäftsprozesse optimieren – Unternehmenswandel forcieren, in: management revue, Jg. 10, Heft 1/1999, S. 17-23.

Krugman, Paul: Der Mythos vom globalen Wirtschaftskrieg. Eine Abrechnung mit den Pop-Ökonomen, in: Bücherschau, Heft 1/2000, S. 69-70.

Krugman, Paul: Die große Rezession. Was zu tun ist, damit die Weltwirtschaft nicht kippt, 21. Mai 2001, unter: http://www.amazon.de.

Kuhn, Joseph/**Göbel**, Eberhard (Hrsg.): Gesundheit als Preis der Arbeit? Gesundheitliche und wirtschaftliche Interessen im historischen Wandel, in: Bücherschau, Heft 2/2003, S. 74.

Kunath, Ulrich: Der kundige Patient. Wie bekomme ich die optimale Behandlung?, in: Bücherschau, Heft 1/2004, S. 89.

Kuß, Heike: Qualitätscontrolling in der kreditwirtschaftlichen Weiterbildung. Konzeptionelle Überlegungen und empirische Untersuchung am Beispiel der Bildungseinrichtung einer Kreditinstitutsgruppe, in: management revue, Jg. 12, Heft 2/2001, S. 153-158.

Lafontaine, Oskar: Das Herz schlägt links, in: Bücherschau, Heft 1/2000, S. 70.

Lafontaine, Oskar: Politik für alle. Streitschrift für eine gerechte Gesellschaft, in: Bücherschau, Heft 3/2005, S. 54-55.

Lange, Knut Werner/**Wall**, Friederike (Hrsg.): Risikomanagement nach dem KonTraG – Aufgaben und Chancen aus betriebswirtschaftlicher und juristischer Sicht –, in: management revue, Jg. 13, Heft 4/2002, S. 293-296.

Levitt, Steven D./**Dubner**, Stephen J.: Freakonomics. Überraschende Antworten auf alltägliche Lebensfragen, in: Bücherschau (eingereicht).

Lindenthal, Sabine: Die Kontrollfunktion des mitbestimmten Aufsichtsrats. Ein vertragstheoretischer Beitrag zur Corporate Governance-Debatte, in: management revue, Jg. 14, Heft 1/2003, S. 5-8.

Linhart, Sepp: „Niedliche Japaner" oder Gelbe Gefahr? Westliche Kriegspostkarten/"Dainty Japanese" or Yellow Peril? Western War Postcards 1900 – 1945, in: Bücherschau: Erstveröffentlichung.

Luttwak, Edward: Turbo-Kapitalismus. Gewinner und Verlierer der Globalisierung, in: Bücherschau, Heft 2/2000, S. 72-73.

Lütz, Manfred: Der blockierte Riese. Psycho-Analyse der katholischen Kirche, 27. Februar 2001, unter: http://www.amazon.de.

Maier, Corinne: Die Entdeckung der Faulheit. Von der Kunst, bei der Arbeit möglichst wenig zu tun, in: Bücherschau, Heft 3/2005, S. 55.

Mailer, Norman: Heiliger Krieg: Amerikas Kreuzzug, in: Bücherschau, Heft 2/2004, S. 49.

Marshall, Matt: Die Bank. Die Europäische Zentralbank und der Aufstieg Europas zur führenden Wirtschaftsmacht, in: Bücherschau, Heft 2/2000, S. 73.

Mitchell, Lawrence E.: Der parasitäre Konzern. Shareholder Value und der Abschied von gesellschaftlicher Verantwortung, in: Bücherschau, Heft 4/2002, S. 69-70.

Moore, Michael: Querschüsse. „Downsize This!", in: Bücherschau, Heft 4/2003, S. 70.

Münkner, Hans-H. u. a.: Unternehmen mit sozialer Zielsetzung. Rahmenbedingungen in Deutschland und anderen europäischen Ländern, 22. November 2004, unter: http://www.amazon.de.

Münkner, Hans-H.: Organisierte Selbsthilfe gegen soziale Ausgrenzung. „Multistakeholder Genossenschaften" in der internationalen Praxis, in: Zeitschrift für das gesamte Genossenschaftswesen, Jg. 53, Heft 4/2003, S. 312-313.

Murtaugh, Niall: Blauäugig in Tokio. Meine verrückten Jahre bei Mitsubishi, in: Bücherschau (eingereicht).

Neumann, Reiner/**Ross**, Alexander: Der perfekte Auftritt. Erste Hilfe für Manager in der Öffentlichkeit, in: Bücherschau, Heft 4/2005, S. 47.

Nix, Christoph: Deutsche Kurzschlüsse. Einlassungen zu Justiz, Macht und Herrschaft, 27. Februar 2001, unter: http://www.amazon.de.

Ökonomie für Verschwörungstheoretiker: Leserbrief an die tageszeitung zum Artikel von Ricarda Mietzko „Die Lüge der Eliten über Arbeit für alle", taz, 23.09.1997, S. 13: Erstveröffentlichung.

Pauli, Gunter: UpCycling. Wirtschaften nach dem Vorbild der Natur für mehr Arbeitsplätze und eine saubere Umwelt, in: management revue, Jg. 11, Heft 2/2000, S. 122-125.

Pfeffer, Jeffrey/**Sutton**, Robert I.: Wie aus Wissen Taten werden. So schließen die besten Unternehmen die Umsetzungslücke, in: management revue, Jg. 12, Heft 4/2001, S. 352-356.

Piper, Nikolaus: Felix und das liebe Geld. Vom Reichwerden und anderen wichtigen Dingen, 27. Februar 2001, unter: http://www.amazon.de.

Postman, Neil: Die zweite Aufklärung. Vom 18. ins 21. Jahrhundert, in: Bücherschau, Heft 1/2000, S. 72.

Prantl, Heribert: Kein schöner Land. Die Zerstörung der sozialen Gerechtigkeit, in: Bücherschau, Heft 3/2005, S. 56.

Ramge, Thomas: Die großen Polit-Skandale. Eine andere Geschichte der Bundesrepublik, in: Bücherschau, Heft 2/2003, S. 75.

Reich-Ranicki, Marcel: Über Literaturkritik, in: Bücherschau, Heft 2/2003, S. 72.

Richter, Jörg: Grundsätze ordnungsmäßiger Finanzberatung. Normensystem zur Gestaltung und Prüfung von Finanzberatungen, in: management revue, Jg. 14, Heft 1/2003, S. 32-35.

Riße, Stefan: Manager außer Kontrolle. Wie Gier und Größenwahn unsere Wirtschaft ruinieren, in: Bücherschau, Heft 3/2003, S. 63-64.

Rose, Mathew D.: Eine ehrenwerte Gesellschaft. Die Bankgesellschaft Berlin, in: Bücherschau, Heft 3/2003, S. 64-65.

Runkel, Gunter: Genossenschaft, Repräsentation und Partizipation, in: Die Gewerbliche Genossenschaft, Jg. 134, Heft 3/2006, S. 51.

Sachs, Jeffrey D.: Das Ende der Armut: Ein ökonomisches Programm für eine gerechtere Welt, , in: Bücherschau, Heft 3/2006, S. 54.

Schediwy, Robert: Hundertwassers Häuser. Dokumente einer Kontroverse über zeitgemäße Architektur, in: Bücherschau, Heft 1/2000, S. 81-82.

Schediwy, Robert: Kritisches Glossar, in: Bücherschau, in: Bücherschau, Heft 3/2006, S. 54.

Schediwy, Robert: Städtebilder. Reflexionen zum Wandel in Architektur und Urbanistik, in: Bücherschau.

Scheuch, Erwin K. & Ute: Deutsche Pleiten. Manager im Größen-Wahn oder Der irrationale Faktor, 22. November 2004, unter: http://www.amazon.de.

Schildbach, Thomas: US-GAAP. Amerikanische Rechnungslegung und ihre Grundlagen, in: management revue, Jg. 12, Heft 2/2001, S. 175-178.

Schirrmacher, Frank: Minimum. Vom Vergehen und Neuentstehen unserer Gemeinschaft, in: Bücherschau, Heft 3/2006, S. 55.

Schmidt, Helmut: Auf der Suche nach einer öffentlichen Moral. Deutschland vor dem neuen Jahrhundert, in: Bücherschau, Heft 2/1999, S. 74.

Schmidt, Helmut: Globalisierung. Politische, ökonomische und kulturelle Herausforderungen, 27. Februar 2001, unter: http://www.amazon.de.

Schöb, Ronnie: Steuerreform und Gewinnbeteiligung. Neue Wege aus der Beschäftigungskrise, in: management revue, Jg. 12, Heft 3/2001, S. 291-295.

Schüler, Thorsten: Rating und Kreditvergabe an mittelständische Unternehmen, in: Bankinformation und Genossenschaftsforum, Heft 1/2004, S. 79-80.

Schur, Raimund: Kreditgenossenschaftliches Frühwarnsystem: Vermeidung, Identifikation und Bewältigung von Krisengefahren bei Kreditgenossenschaften durch Genossenschaftsverbände, in: management revue, Jg. 11, Heft 3/2000, S. 204-207.

Schwarz, Friedhelm: Wirtschaftsimperium Kirche. Der mächtigste Konzern Deutschlands, in: Bücherschau, Heft 3/2006, S. 56.

Sen, Amartya: Ökonomie für den Menschen. Wege zu Gerechtigkeit und Solidarität in der Marktwirtschaft, in: Bücherschau, Heft 2/2001, S. 74-75.

Siebert, Horst: Der Kobra-Effekt. Wie man Irrwege der Wirtschaftspolitik vermeiden kann, in: Bücherschau, Heft 2/2002, S. 78.

Smith, David: Wirtschaftswissen leicht serviert. Die perfekte Einführung in die Welt der Wirtschaft, in: Bücherschau; im Druck.

Solschenizyn, Alexander: Rußland im Absturz, in: Bücherschau, Heft 1/2000, S. 73.

Spinnen, Burkhard: Der schwarze Grat. Die Geschichte des Unternehmers Walter Lindenmaier aus Laupheim, in: Bücherschau, Heft 2/2003, S. 52.

Steding, Rolf: Das Recht der eingetragenen Genossenschaft. Ein Überblick, in: Die Gewerbliche Genossenschaft, Jg. 131, Heft 2/2003, S. 31.

Stiglitz, Joseph E.: Die Roaring Nineties. Der entzauberte Boom, in: Bücherschau, Heft 2/2005, S. 56.

Stiglitz, Joseph E.: Die Schatten der Globalisierung, in: Bücherschau, Heft 1/2003, S. 74-75.

Strathern, Paul: Schumpeters Reithosen. Die genialsten Wirtschaftstheorien und ihre verrückten Erfinder, in: Bücherschau, Heft 2/2004, S. 50.

Straub, Eberhard: Albert Ballin. Der Reeder des Kaisers, in: Bücherschau, Heft 2/2001, S. 62.

Strommer, Franz & Roswitha: Im Vertrauen auf die Macht der Hausfrau. Die Rolle der Frauen in den österreichischen Arbeiterkonsumvereinen 1856 bis 1977: Erstveröffentlichung.

Suter, Martin: Business Class. Geschichten aus der Welt des Managements, in: Bücherschau, Heft 2/2001, S. 54.

Suter, Martin: Business Class. Neue Geschichten aus der Welt des Managements, in: Bücherschau, Heft 4/2002, S. 50.

Theurl, Theresia (Hrsg.): Internet – Chance für Genossenschaften. Beiträge des Oberseminars zum Genossenschaftswesen im Sommersemester 2000, in: Zeitschrift für das gesamte Genossenschaftswesen, Jg. 51, Heft 2/2001, S. 174.

Türcke, Christoph: Rückblick aufs Kommende. Altlasten der neuen Weltordnung: Erstveröffentlichung.

Vester, Frederic: Die Kunst vernetzt zu denken. Ideen und Werkzeuge für einen neuen Umgang mit Komplexität, in: Bücherschau, Heft 1/2000, S. 73-74.

Wallimann, Isidor/**Dobkowski**, Michael N. (Hrsg.): Das Zeitalter der Knappheit. Ressourcen, Konflikte, Lebenschancen, in: Bücherschau, Heft 3/2004, S. 53.

Warum Rezensionen – und wie? : Erstveröffentlichung.

Weiss, Hans/**Schmiederer**, Ernst: Asoziale Marktwirtschaft. Insider aus Politik und Wirtschaft enthüllen, wie die Konzerne den Staat ausplündern, in: Bücherschau, Heft 4/2006, S. 52.

Welch, Jack: Was zählt. Die Autobiografie des besten Managers der Welt, in: Bücherschau, Heft 1/2002, S. 61.

Wirth, Roland: Marktwirtschaft ohne Kapitalismus. Eine Neubewertung der Freiwirtschaftslehre aus wirtschaftsethischer Sicht, in: Bücherschau, Heft 3/2004, S. 53.

Wulf, Inge: Stille Reserven im Jahresabschluss nach US-GAAP und IAS. Möglichkeiten ihrer Berücksichtigung im Rahmen der Unternehmensanalyse, in: management revue, Jg. 13, Heft 2/2002, S. 113-117.

Yergin, Daniel/Stanislaw, Joseph: Staat oder Markt. Die Schlüsselfrage unsere Jahrhunderts, in: Bücherschau, Heft 3/2000, S. 80-81.

Yunus, Muhammad/**Jolis**, Alan: Grameen. Eine Bank für die Armen der Welt, in: Bücherschau, Heft 3/1999, S. 85.

Prof. Dr. Jost W. Kramer, geb. 1960 in Pinneberg, Abitur in Pinneberg, hat Volkswirtschaft und Politikwissenschaft in Marburg und Lincoln/Nebraska studiert. Seit 2001 lehrt er Allgemeine Betriebswirtschaftslehre an der Hochschule Wismar und ist Mitglied des Instituts für Genossenschaftswesen an der Humboldt-Universität zu Berlin.

Neben zahlreichen wissenschaftlichen Veröffentlichungen hat er während der letzten Jahre in großem Umfang Buchbesprechungen verfasst, u. a. für „Bankinformation und Genossenschaftsforum", „Bücherschau", „Die Gewerbliche Genossenschaft", „Die Wirtschaftsprüfung", „management revue", „Osteuropa-Wirtschaft" „Zeitschrift für das gesamte Genossenschaftswesen", „Zeitschrift für öffentliche und gemeinnützige Unternehmen" sowie www.socialnet.de.